KB216039

동방수도사 서유기 ✝
그리스도교 동유기

곽계일 옮김·지음

동방수도사 서유기 ✝ 그리스도교 동유기

초판1쇄 2021.10.04.

옮김 곽계일 (동방수도사 서유기)
지음 곽계일 (그리스도교 동유기)
편집 김덕원, 김요셉, 이판열, 박이삭

발행처 감은사
발행인 이영욱
전화 070-8614-2206
팩스 050-7091-2206
주소 서울시 강동구 암사동 아리수로 66, 401호
이메일 editor@gameun.co.kr

ISBN 9791190389402
정가 18,000원

Travel of Two Monks into the History of the Church of the East

Kyeil Kwak

© 곽계일 2021
이 책의 저작권은 저자와 감은사에 있습니다. 신 저작권법에 의하여 한국 내에서 보호받는
저작물이므로 무단 전재와 무단 복제를 금합니다.

| 목차 |

추천사

옥성득 교수 (UCLA 한국기독교)

시리아 기독교가 아시아로 전파된 동진의 역사와 중국에서 로마까지 서진한 역사는 세계 기독교 역사를 새롭게 보게 한다. 예루살렘이 선교의 출발점이 되었다가 선교지인 땅끝으로 변했듯이, 이 책의 두 이야기는 모든 곳이 선교의 출발점이자 땅끝이라는 통합적인 사관을 제시해 준다. 경교가 당의 시안으로 동진해 오고, 원 제국의 시리아 기독교가 유럽 기독교에 영향을 미치는 서진의 이야기는 기독교 선교가 이주, 번역, 상호의존, 상호변혁의 세계성과 토착성을 특징으로 한다는 사실을 잘 보여준다. 이 책은 중세 수도사/선교사들이 주역이다. 세속화로 인해 쇠퇴하는 한국 교회를 위한 한 대안이 세속 성자로 살아가는 수도사적 경건한 공동체라면, 이 책은 교회 개혁을 위한 신선한 대안적 관점을 제공할 것이다.

서원모 교수 (장신대학교 교회사)

《동방수도사 서유기》와 《그리스도교 동유기》를 묶은 신비로운 도서가 출간된다. 《동방수도사 서유기》는 13세기에 실존한 몽골인 그리스도교 수도사 스승 사우마와 제자 마르코스가 북경에서 서쪽으로 순례하여 프랑스까지 갔다가 동방으로 돌아온 이야기라면, 《그리스도교 동유기》는 저자 곽계일 교수가 들려주는 그리스도교의 동진에 대한 이야기이다. 13세기와 21세기, 동방 시리아 수도사와 한국 개신교 신학자의 시간과 공간과 문화와 교회전통을 뛰어넘는 이 책은 주지의 관점으로 미지의 세계를 탐구하여 미지의 관점으로 주지의 세계를 재해석하고 재창조하는 야심찬 목표를 지니고 있다.

시리아 교부 에프렘의 영향사를 전공한 추천자에게는 최근 한국 학계에서 시리아 교회에 대한 관심이 높아지는 것이 매우 반가운 일이다. 시리아 교회의 개관적인 역사서로는 사무엘 마펫의 《아시아 기독교회사 제1권》(1996)에 이어 《실크로드 기독교: 동방교회의 역사》(2016)가 나왔고, 특정한 주제를 다룬 도서로는 《동방 기독교와 동서문명》(2002)과 《예루살렘에서 長安까지: 그리스도교의 唐 전래와 景敎 문헌과 유물에 나타난 중국 종교의 영향에 대한 연구》(2005)에 이어 《이슬람 세계 속 기독교: 초기 아랍 그리스도교 변증가들의 역사 이야기》(2019), 《장안의 봄: 기독교동전사》(2019) 등이 출간되었다. 《동방수도사 서유기》는 그동안 정수일과 김호동에게서 언급된 바르 사우마와 마르코스의 여행기 본문을 직접 소개한다는 점에서, 《그리스도교 동유기》는 13세기까지 예루살렘에서 북경까지의, 그리스도교 동전의 이야기를 들려준다는 점에서 또 하나의 이정표를 세웠다고 말할 수 있다.

추천자는 시리아 교회가 아시아 교회의 첫 장이며, 1500년까지의 아시아 교회는 시리아 교회였다고 주장한다. 2016년 11월 10일 장신대 특강에서 코쇼르케(Klaus Koschorke) 교수는 '시리아 교회의 범아시아 연계망'(Pan-Asian Network of Syrian Church)이라는 개념을 소개했다. 중앙아시아에서 인도와 중국에까지 실크로드 주변의 유물과 문헌으로 확인되는 그리스도교는 지배 문화와 종교 아래 생활하는 소수파의 종교였다. 이 그리스도교 공동체는 소그드어, 티벳어, 중국어, 튀르크어, 힌두어, 몽골어 등 다양한 언어를 사용했지만 시리아 문자를 사용했고, 아마도 시리아어로는 의사소통을 할 수 있었을 것이다. 이러한 점에서 본서는 잊힌 아시아 교회의 이야기를 생생하게 되살리고, 아시아 선교와 복음화를 진지하게 성찰하도록 돕는다. 아시아 대륙의 각 민족을 마음에 품고 기도하고 헌신하는 모든 사람들에게 이 책을 권하고 싶다.

본서는 아시아 교회사 연구가 얼마나 지난한 학문인지를 잘 보여준다. 라틴어, 헬라어, 페르시아어, 시리아어, 아랍어, 튀르크어 등 수많은 언어로 된 인명·지명과 용어들을 번역하고 정리했을 뿐만 아니라 방대한 1차 사료에 기초해서 그리스도교 동전의 이야기를 전해 준 것에 놀라움을 금하지 않을 수 없다. 최근 안양대학교 HK + 사업단을 중심으로 동서교류문헌이 활발하게 연구되고 있는데, 본서는 동서교류 연구에도 큰 자극을 줄 것이라고 기대한다. 본서의 출판을 계기로 향후 10년 후에는 실크로드를 통한 동서교류와 아시아 교회, 한자권 그리스도교의 이야기가 전문 연구자뿐만 아니라 대중에게도 친숙한 이야기가 되기를 진심으로 바란다. 또한 본서가 세운 이정표를 따라 "성령 안에서 누리는 의와 평화와 기쁨"(롬 14:17)이 아시아인의 마음에 뿌리내리기를 기원해본다. 하나님이 이루시기를!

이재근 교수 (광신대학교 교회사)

참으로 놀라운 작품이 나왔다. 우리는 예루살렘에서 오순절 성령강림 사건이 일어난 당시, 동방, 즉 로마제국의 동편, 그리고 제국 너머 메소포타미아와 페르시아 지역 유대인 디아스포라 공동체에서 온 이들이 베드로의 설교를 듣고 회심한 후 출신 지역으로 돌아가서 그리스도교 신앙을 전파했다는 이야기를 사도행전에서 확인한다. 그리스도교는 그 첫 시작부터 로마제국의 경계 밖 동방으로까지 전파되었다. 그러나 마케도니아인의 부름을 들은 사도 바울이 선교의 진로를 서쪽으로 확정한 이후, 그리스도교는 주로 서방, 즉 로마제국 경계 안에서 성장한 후 국교가 되었다. 근대에는 세계를 제패한 서유럽 제국들에 뿌리를 내린 교회들이 해외선교에 참여하면서 아시아를 비롯한 비서양 각국에 그리스도교가 전파되었기에, 그리스도교는 일반적으로 서방 종교로 오랫동안 인식되었다.

그러나 역사는 드러나지 않은 다른 이야기를 들려준다. 오순절 강림 당시 동방으로 간 개종자들, 다른 사도들과는 달리 동방을 선교지로 삼은 사도 도마와 다대오, 그리고 고대 기독론 논쟁기 이후 서로마와 동로마 국경 너머 시리아, 아르메니아, 메소포타미아, 페르시아, 중앙아시아의 대초원과 몽골, 급기야 중국까지 진출한 수도사들과 사제들, 상인들의 숨겨진 이야기가 있었다. 거의 알려지지 않았지만, 아시아교회는 16세기 예수회 하비에르의 가톨릭 선교와 18세기 경건주의자 치겐발크와 플뤼차우, 영국인 윌리엄 캐리의 개신교 선교 이전에도, 서방과는 다른 자신들만의 뚜렷한 흔적과 유산을 남기며 오래도록 번성했다.

심지어 고립된 동방교회는 과거 수차례에 걸쳐 서방교회와 조우했다. 본서의 1부에 해당하는 《동방수도사 서유기》에는 몽골 제국 최고위 성직자 일행이 서방 기독교세계로 가서 교회와 국가의 최고 지도자들을 만나 협력을 논하는 생생한 이야기가 담겨있다. 동서문명의 문화적 교류를 넘어서, 오순절 성령강림 이후 나눠져 있던 그리스도 안에서의 한 형제들이 처음으로 공식 절차를 밟아 조우하고 교류한 공교회적 협력의 드문 사례가 담겨있다.

1부에서는 편역자의 역할로 《동방수도사 서유기》를 한국 독자에게 역사상 최초로 소개한 곽계일 교수는, 이어서 2부 《그리스도교 동유기》에서는 저자가 되어 고대로부터 근대에 이르기까지, 타종교인이 최고 통치자였던 시기에 핍박과 고립 속에서 그리스도교가 생존해서 뿌리를 내릴 수 있도록 고군분투한 소수파 동방교회의 역사를 담담한 필체로 엮어낸다. 참고할 관련 사료가 지극히 빈약하여 체계적인 연구가 사실상 불가능했던 한국 학계 현실에서, 전문적 식견을 갖춘 한국인 저자가 편집하고 저술한 이 책은 한국 학계의 동방교회 연구사에 새로운 이정표를 제시했다.

배정훈 교수 (고신대학교 신학과, 교회사)

한국 개신교는 서방교회에 뿌리를 둔 장로교-개혁파 전통이 강하기 때문에 자연스럽게 동방교회에 대한 관심과 연구가 많이 없다. 하지만 세계 기독교라는 관점에서 보면 이는 아쉬움이 크다. 왜냐하면 바울을 시작으로 복음이 서진하는 동안 동일하게 동쪽으로 기독교가 전파되었고 그 역사와 신학이 차지하는 비중이 세계교회에서 적지 않기 때문이다. 이러한 상황에서 곽계일 교수의 《동방수도사 서유기》 † 《그리스도교 동유기》는 너무나 반가운 책이 아닐 수 없다. 저자는 미지의 세계에 대한 관심으로 3세기 헬라 교부 오리겐을 박사과정 동안 연구하였고 그러한 관심이 이번에는 동방 시리아 교회의 역사와 신학으로 확장되었다. 이 책은 동방수도사 서유기와 그리스도교 동유기의 두 이야기를 하나로 엮어 우리에게 거의 알려지지 않은 동방시리아 교회의 역사를 소개하고 세계 기독교적인 전망을 제공한다. 이를 통해 한국교회와 신학계의 기울어진 관심의 축을 교정하는 귀중한 역할을 한다.

이 책은 세 가지 장점을 가지고 있다. 첫째, 동방교회 역사와 전통을 흥미롭게 소개하는 것이다. 13세기 몽골 수도사 사우마와 마르코스의 예루살렘 순례를 담은 《동방수도사 서유기》는 한국에서 처음 번역된 이야기로 독자들에게 미지의 세계에 쉽게 접근할 수 있도록 돕는다. 두 번째 이야기인 《그리스도교 동유기》는 수많은 원전과 학자들의 연구결과를 분석하여 좀 더 전문적으로 동방기독교의 역사, 신학, 수도주의 등을 설명한다. 이 두 이야기를 통해 독자들은 동방교회에 대한 신기하고 재미있는 사실들을 많이 알게 될 것이다. 네스토리오스에 대한 저자의 평가 역시 흥미롭다. 둘째, 1세기부터 시작된 세계 기독교의 지평을 알려주고 동서방 기독교의 교류에 대한 정보를 줌으로 우리의 시야를 넓혀준다. 이 책은 서방에 못지않게 동방 역시 고도로 발달된 교회의 구조와 신앙 전통을 가지고 있었으며 우리가 간과하고 있었던 동서방의 교류가 여러 차례 있었다는 사실을 보여준다. 우리는 이 책을 통해 1세기부터 13세기까지의 로마-예루살렘-베이징(대도)에 이르는 광대한 세계 기독교의 지형을 알 수 있을 것이다. 또한 동서방 교회의 공통점과 차이점을 보면서 기독교의 하나 됨 속에서 다양성을 볼 수 있을 것이다. 셋째, 미지의 세계에 대한 지식으로 친숙한 서방 전통의 의미를 되묻게 한다. 역사공부는 우리가 몰랐던 사실을 새로 알려주어 현실을 바라보고 미래를 대비할 수 있는 동력을 제공한다. 이 책이 좋은 예이다. 또한 신학에 있어서 여러 다양한 입장에 열린 마음을 가지고 경청할 수 있는 자세를 배울 수 있을 것이다.

본인은 이 책을 읽으며 교부학을 처음 공부할 때의 감동과 설렘을 다시 느끼게 되었다. 헬라어와 라틴어뿐만 아니라 시리아어를 쓰면서 펼쳐나간 교회가 비록 지금은 그 모습을 찾아보기 힘들지만 찬란한 역사를 이루었으며 그 무대가 우리의 피부에 직접 맞닿을 수 있는 아시아에서 이루어졌기 때문이다. 이 책을 읽는 독자들 역시 본인과 같은 즐거움을 얻을 것이라고 기대하며 기쁨으로 이 책을 추천한다.

머리말
한 책, 두 이야기

　　한국 그리스도교도들의 절대다수는 가톨릭교도이든지 개신교도이든지 간에, 인식하고 있든지 못하든지 간에 '서방 라틴 그리스도교' 전통에 속해 있다. '서방'은 지리적으로 예루살렘을 기준으로 지중해 북서 지역을 아우르는 유럽권을 가리킨다. '라틴'은 언어적으로 고대 로마인들이 일상어로 사용했고, 중세 유럽인들이 범용어로 사용했으며, 지금은 문어로만 존재하는 라틴어를 가리킨다. 극동권에 속한 한국으로부터 지리, 언어, 문화적으로 가장 멀리 떨어진 권역에서 형성된 이 서유럽 그리스도교 전통이 우리 것의 일부가 되기까지는 그만큼 많은 이야깃거리가 생겨났고, 또한 그만큼 충분히 이야기되어온 것도 사실이다. 미지未知의 것이 이제는 주지周知의 것이 되었다.

　　이 주지의 것에 대해 더 이상 이야기할 필요가 여전히 남아있을런지는 몰라도, 개신교도임에도 나는 그 필요에 응답할 호기심을 더 이상 느끼지 못한다. 나는 개신교 전통이 가톨릭 전통으로부터 이사 나올 때 완전히 버리지는 못하고 그렇다고 활용하기도 애매해서 창고 한 켠에 짐꾸러미처럼 방치해 놓은 듯한 '교부학'patristics을 공부했다. 세부 전공으로 3세기 '서방 헬라혹은, 그리스 그리스도교' 전통을 선택했는데, 그 이유는 순전히 미지의 것에 대한 호기심이었다. 지금으로부터 2년 전 즈음 창고를 뒤적거리다가 우연히 또 다른 미지의 것을 찾게 되었는데, 이 책에서 이야기하려는 '동방 시리아 그리스도교' 전통이 그것이다. 여기서 '동방'은 예루살렘으로부터 가까운 차례대로 근동과 중동 그리고 극동 지역을, '시리아'는 동방 그리스도교도들이 성경과 예전禮典과 신학 언어로 사용했던 시리아어를 가리킨다.[1]

한국 개신교 학계에서 현재 연구 기관에 소속되어 활동하는 학자로서는 거의 유일하다시피 고대 아시아 교회사를 연구하는 서원모 교수는 동방 시리아 그리스도교 전통을 바라보는 한국 그리스도교계의 인식을 다음과 같이 진단한다.

---

1. '동방 교회'라고 하면 대부분의 독자는 아마도 '서방 라틴 교회'(혹은, 로마 가톨릭 교회)와 주요 비교 대상이 되는 '동방 정교회'(혹은, 비잔틴 교회)를 떠올릴 것이다. '서방'과 '동방'이라는 방위는 기준에 따라 달라지는 상대적 개념이다. 예를 들어, 비잔틴 교회는 로마 기준에서 보면 '동방' 교회이지만, 예루살렘 기준에서 보면 '서방' 교회이다. 독자가 가질 수 있는 오해와 혼돈을 미연에 방지하기 위해 명확히 밝히자면, 이 책에서 일관되게 적용한 방위의 기준은 그리스도교의 기원지 예루살렘이다. 따라서 이 책에서 '동방 교회'라 함은 예루살렘을 기준으로 동방 지역에 뿌리를 내리고 발전한 소위 '네스토리오스 교회'를 특정한다. 책을 읽어나가는 중에도 오해와 혼돈이 생기지 않도록 '동방 교회'와 더불어 '동방 시리아 교회'를 혼용하였다.

우리나라에서는 시리아 교회의 역사가 통합적으로 서술되지 못하고, 아시아 교회로서 시리아 교회가 남긴 유산에 대해서 폭넓은 논의가 이루어지지 못하고 있다. 이는 바울을 중심으로 한 그리스도교의 서전(西傳)에 대해서는 잘 알고 있지만, 동전(東傳)에 대해서는 무지하기 때문이요, 시리아 교회를 "네스토리우스파[네스토리오스파] 교회"라는 이름으로만 알고 있어 교회사의 주류에서 벗어난다고 생각하기 때문이다.[2]

2. 서원모, "아시아교회사의 첫 장으로서 시리아 교회", 〈장신논단〉 46.4 (2014, 12), 91. 가톨릭 학계를 대표하는 한국 학자로는 시리아 문헌 연구를 중심으로 유대교 랍비, 마니교, 영지주의 문헌 연구에 기여한 이수민 안드레아아 박사(1937.11-2020.3)가 있다. 그의 주요 저술로는 시리아어 외경 문헌인《보고의 동굴》의 비평본(*La caverne des trésors: Les deux recensions syriaques*, CSCO 486-487)과 주해본(*Commentaire de la caverne des trésors*, CSCO 581)이 있다. 한국어 번역과 주해로《마르 에프렘의 낙원의 찬가》(한님성서연구소, 2010)가 있다. 프랑스 국립 과학연구소 고대/중세 분과 연구원(1992-2002)과 한국 한님성서연구소 선임 연구원(2002-2020)을 역임한 이수민 박사는 가제《동방 그리스도교 입문》을 집필하고 있던 중에 2020년 3월, 프랑스 파리의 근교 앙토니에서 지병으로 별세하였다. 동방 시리아 그리스도교 전통과 교회에 관해 발간된 국내 저서로는 다음과 같은 것이 있다—김호동.《동방 기독교와 동서문명》. 서울: 까치, 2002; 황정욱.《예루살렘에서 長安까지: 그리스도교의 唐 전래와 景敎 문헌과 유물에 나타난 중국 종교의 영향에 대한 연구》. 오산: 한신대학교 출판부, 2005; 임희국 외 8명.《동아시아 기독교와 전교문헌 연구》. 서울: 소망, 2012; 김규동.《장안의 봄: 기독교동전사》. 서울: 쿰란, 2019. 국내 번역서로는 다음과 같은 것이 있다—크리스토프 바우머/안경덕 역.《실크로드 기독교: 동방교회의 역사》. 서울: 일조각, 2016; 수하 랏삼/황석천 역.《이라크의 기독교》. 서울: 레베카, 2019; 시드니 그리피스/서원모 역.《이슬람 세계 속 기독교: 초기 아랍 그리스도교 변증가들의 역사 이야기》, 서울: 새물결플러스, 2019.

그의 진단은 한국 그리스도교계의 주류 혹은 주지가 그리스도교 서전의 수혜자인 서방 라틴 그리스도교 전통임을 반추한다. 그가 전공자 관점에서 '무지'^{알지 못하다}라고 표현한 것을 나는 전공자가 되려는 관점에서 '미지'^{아직 알지 못하다}라고 표현하고 싶다. '아직' 알지 못하는 것이 언젠가 아는 것이 되기를, 미지의 것이 주지의 것이 되기를 내 자신과 이 책의 독자들에게 바라는 것이다.[3]

그런 바람으로 나는 이 책의 독자들에게 이야기 두 개를 들려주려 한다. 첫 번째 이야기 《동방수도사 서유기》는 13세기에 실존한 몽골인 그리스도교 수도사 두 명에 관한 이야기다. 스승 사우마와 제자 마르코스는 원나라 수도 대도^{베이징}에서 예루살렘으로 순례를 떠났다가, 뜻밖에도 제자는 동방 시리아 교회의 수장 총대주교가 되고 스승은 예루살렘 너머 콘스탄티노폴리스^{이스탄불}, 로마, 파리까지 서방 세계를 마저 순례하게 된다. 1228년, 사우마는 동방 교회에서 "가장 큰

---

3. 이런 바람은 그 누구보다 서원모 교수의 것이기도 하다—"아시아교회사의 첫 장으로 시리아 교회를 이해하고 시리아 교회가 남긴 역사적 유산을 올바로 평가하는 작업은 아시아교회사 서술에서 핵심적인 문제이다. 시리아 교회에 대한 정당한 이해는 그리스도교가 아시아 종교라는 사실을 확인시키고, 아시아 그리스도교의 영광과 수난을 잘 보여주며, 오늘날의 아시아 교회와 선교를 위한 깊은 통찰을 제공할 것이다"(서원모, "아시아교회사의 첫 장으로서 시리아 교회", 113). 서원모 교수는 시리아 교회의 역사가 현재 아시아 교회와 선교를 위해 기여할 수 있는 유산의 대표적 예로 시리아 교회의 역사를 통해 자연스럽게 베어든 타종교(특히, 이슬람) 간 관계 방식이라고 손꼽는다(참조, 서원모. "역사신학적 관점에서 본 기독교와 이슬람: 초기 압바스 시대 기독교인의 대응을 중심으로." *Muslim-Christian Encounter* 6.1 (2013), 7-47.

주일날"이라고 부르는 부활절을 교황과 함께 로마에서 맞이하며 미지의 서방 라틴 그리스도교 전통을 온몸으로 체험한다. 반면, 서방라틴 교회는 외계 문명권 몽골에서 온 순례자를 통해 단절되고 잊혀진 동방 시리아 교회 전통과 다시 조우한다. 사우마의 입술에서 나오는 낯선 신앙고백을 들으며 동방과 서방 사이를 가로막는 아득한 거리를 느꼈을 서방 그리스도교도들은 성찬 성례를 집례하는 사우마의 친숙한 몸짓에서 다양한 그리스도교 전통들을 하나로 이어주는 일치성을 가늠해 본다.

스승 사우마는 서방 순례를 마치고 돌아와 지금까지 여정을 페르시아어 기록으로 남겼고, 그의 사후 20여 년 후이자 제자 마르코스총대주교 야발라하 3세의 사후 다음 해인 1318년에 후임 총대주교가 사우마의 기록을 시리아어로 축약하거나 부연하여 두 몽골 수도사의 생애를 기리는 전기로 편찬했다. 《총대주교 마르 야발라하와 랍반 사우마의 생애》라는 제목으로 편찬된 그 기록물은 14세기 중반 정치적 혼란 속에 원본과 사본 모두 자취를 감췄다가 19세기 말에 사본 네 개가 동시다발로 그 모습을 드러냈다.[4] 《동방수도사 서유기》는 세 사

---

4. 한 사본은 우르미아에서 활동하던 미국 개신교 선교사들이 동방 교회 총대주교 쉬몬 17세(재위 1820-1861)의 자택 서재에서 발견해서 현대 시리아어로 교정하여 *Syriac Journal of the Mission* (1885-1886)을 통해 소개했다. 이후 홀(I.H. Hall) 박사가 이 사본을 입수하였으나 현재 소장 정보는 알 수 없다. 다른 사본은 이란 북서부 지역에 살고 있던 한 튀르크인이 소장하고 있던 것으로, 살로몬이란 이름의 현지인이 입수하여 필사한 것을 시리아어 문헌 학자 폴 벳잔(Paul Bedjan)에게 건네주었다. 벳잔은 이 사본을 바탕으로 1888년 *Histoire de Mar Jab-alaha, patriarche, et de Raban Sauma*라는 제목으로 첫 비평본을 발행했다. 이후 사본의 원소유자 튀르크인은 사본과 함께 종적을

본 중 벳잔[Paul Bedjan]의 시리아어 비평본(1895)을 바탕으로 (같은 비평본을 사용한) 샤보[J. B. Chabot]의 프랑스어 번역본(1895) 그리고 몽고메리[James Montgomery]의 영어 번역본(1927)과 대조하여 한글로 첫 번역한 이야기이다.[5] 이야기의 흐름이 끊기지 않고 자연스럽게 들리도록 해제를 위한 각주는 별도로 달지 않았다. 대신 [ ] 기호 안에 해제를 넣고 윗첨자 안에 참고 사항을 넣어 본문과 구별하는 동시에 본문과 자연스러운 일부가 되도록 배려했다. 인명과 지명 그리고 전문 용어는 벳잔 비평본의 시리아어를 한글로 음역하였고, 독자의 이해를 위해 한글 표준어를 병기하였다—일례, 일나그타르[잉글랜드].[6]

이 이야기 속 두 명의 몽골인 수도사는 13세기 동방 세계의 중심

감추었다. 벳잔은 이전 것과 본문이 같은 사본 하나를 추가로 입수하여 1895년 두 번째 비평본을 후속 발행했다. 마지막 사본은 대영 박물관이 구입하여 소장하고 있다(Or. 3636). 두 번째와 세 번째 사본 사이에 중대한 차이는 발견되지 않았다. 원본의 자취는 아직까지 밝혀지지 않았다. 참조, Chabot, *Histoire de Mar Jabalaha III*, 1-5; Montgomery, *The History of Yaballaha III*, 1-2 [n] 2; Rossabi, *Voyager from Xanadu*, xv-xvii.

5. 《동방수도사 서유기》에 앞서 사우마와 마르코스의 이야기를 줄거리 위주로 소개한 한글 참고 문헌은 연대순으로 다음과 같다—모리스 로사비. <랍반 사우마의 서방 견문록>. 서울: 사회평론아카데미. 2021; 김호동. 《동방 기독교와 동서문명》. 서울: 까치, 2002; 정수일. 《실크로드 사전》. 파주: 창비, 2013; 이재화, "동방 경교와 서방 시리아 고대교회: 망각과 투쟁의 역사, 랍반 바르 사우마의 생애를 중심으로." *Muslim-Christian Encounter* 10.2. (2017), 147-183.

6. 이 책의 두 번째 이야기 《그리스도교 동유기》에서 인명·지명은 한국교회사학회가 권고한 통일안을 따랐고, 통일안에 발견되지 않은 인명·지명은 해당 지역 언어(라틴어, 헬라어, 페르시아어, 시리아어, 아랍어, 튀르크어 등)식 명칭을 한글로 음역하였다. 로마 교황의 이름은 로마 가톨릭 교회의 관례를 따라 이탈리아어식 음역으로 통일하였다.

지였던 대도에서 서방 세계의 중심지 로마까지 도보로 북반구를 가로지른 세계 시민이었다. 동시에, 동방 시리아 그리스도교 전통에서 출발하여 서방 헬라 전통을 거쳐 서방 라틴 전통을 경험한 세계 그리스도교도였다. 몽골의 서진과 유럽의 동진이 그리스도교의 기원지 예루살렘을 중심으로 13세기 판 세계화 풍경을 연출했다면, 동방인 마르코스는 로마에서 대도까지 반대 방향으로 여행한 서방인 마르코 폴로와 더불어 이 진귀한 풍경의 유람자였다. 그렇다면《동방수도사 서유기》와 함께 (그보다 《동방견문록》으로 널리 알려진) 마르코 폴로의 《세계 이야기》는 두 동명이인이 들려주는 세계 유람기인 셈이다. 한 사람은 동방 그리스도교 수도사의 관점으로, 다른 사람은 서방 그리스도교 무역상의 관점으로 13세기 그리스도교 세계를 응시한다.

　　13세기 예루살렘을 중심으로 기록된 두 세계 유람기는 1세기 예루살렘으로부터 기원하여 서방의 로마와 동방의 대도까지 이주하여 정착한 세계 그리스도교의 이야기와 공명한다. 몽골 수도사 마르코스가 스승 사우마와 함께 대도에서부터 예루살렘까지 밟아간 서방 길은 다름 아니라 동방 시리아 그리스도교 전통이 1세기부터 13세기까지 예루살렘에서부터 대도까지 전파된 여러 이야기 조각들로 이어 붙인 동방 길이었다. 메소포타미아 지역의 한 주교가 '시나이'南중국 대주교로 가라는 총대주교의 임명을 거부하며 차라리 감옥에 갇혀 죽기를 선택했을 만큼, 당시 근동과 극동 사이 길은 죽는 것보다 무서운 길이었다. 통칭 "비단길"Silk Road로 불리는 이 길은 부드러우면서도 질긴 비단을 실어 나르기에는 거칠면서도 끊어지기 쉬운 길이었다.

이런 역설적인 길을 예루살렘에서 대도까지 끈질기게 덧이어 나간 주역은 다름 아닌 동방 교회의 수도사들이었다. 세속을 떠난 존재임에도 불구하고 타종교 통치자들이 다스리는 세속 아래 숨 쉬는 동방 교회를 이끌어 나갔다는 관점에서 이들은 역설적인 존재였다. 동방 교회의 모든 수도사가 주교는 아니었으나, 4세기부터 전향적으로 그리고 8세기 말부터 공식적으로 (총대주교와 대주교를 포함해) 모든 주교는 수도사 출신이었다. 사산 왕조 페르시아 '샤한샤'('샤'는 통치자를 의미. 그래서 '샤한샤'란 통치자 중의 통치자, 즉 최고 통치자를 의미)의 크테시폰부터 아랍 압바스 왕조 '칼리프'의 바그다드를 거쳐 몽골 일 왕조 '칸'('칸'은 부족의 우두머리를 의미)의 마라가까지, 수도사 출신이자 동방 교회의 최고 권위자인 총대주교는 언제나 세속 최고 통치자의 도시에 거주했다. 동방 교회의 수도사는 주지의 세상에서 미지의 세상으로 떠나 그 중심에 자리 잡는, 탈속적이면서도 동시에 세속적인 존재였다. 역설적인 실크로드를 오가며 동방 시리아 교회 전통을 실어 날랐던 역설적인 무역상은 동방 교회의 수도사들이었다. 사우마 수도사의 목소리와 나의 통역으로 들려줄 《동방수도사 서유기》에 이어서, 나의 목소리로 들려줄 두 번째 이야기 《그리스도교 동유기》는 바로 동방 교회 수도사들에 관한 이야기이다.[7]

《동방수도사 서유기》와 《그리스도교 동유기》, 두 이야기를 듣게 될 독자들은 동방 교회 수도사들을 뒤따르며 1세기부터 13세기까지

---

7.   그러니까 나는 이 책의 첫 번째 이야기에서는 통역자/번역자로, 그리고 두 번째 이야기에서는 화자/저자로 역할 했다.

예루살렘에서 대도로, 그리고 다시 대도에서 예루살렘을 거쳐 로마까지 세계 그리스도교 역사의 지형을 밟아 나가게 될 것이다. 그 길에서 자신이 속한 친숙한 '서방 라틴 그리스도교' 전통의 시선으로 세계 그리스도교 역사의 낯선 풍경을 응시하며, 낯선 풍경으로부터 친숙한 전통의 의미를 되묻게 될 것이다. 주지의 관점으로 미지의 세계를 탐구하는 정신의 궁극은 미지의 관점으로 주지의 세계를 재해석하고 재창조하는 정신일 것이다.

　　한국 독자들에게 미지의 이야기를 들려 드릴 수 있도록 책 한 권의 공간을 정성스럽게 지어주신 감은사 출판사 관계자들, 특별히 김덕원, 김요셉, 박이삭, 이판열 편집자와 이영욱 대표에게 감사드린다. '서방 라틴 그리스도교' 전통 안에서 자란 나에게 주지의 세계를 넘어 미지의 세계를 탐험할 호기심을 일깨워 주시는 인도 출신의 교부학자이자 나의 멘토인 자야키란 세바스찬J. Jayakiran Sebastian 교수에게 감사드린다. 귀중한 연구 시간을 쪼개어 원고를 밀착해 읽어주셨고, 날카로운 비평 위에 건설적인 고견을 얹어주셨으며, 본인 주연구 분야의 관점에서 기고문 같은 추천사로 이 책의 완성도를 높여주신 배정훈 교수(고신대), 서원모 교수(장신대), 옥성득 교수(UCLA), 그리고 이재근 교수(광신대)에게 감사드린다. 연구와 집필 작업을 지원하고 격려해 주신 조지아 센트럴 대학교Georgia Central University의 동료 교수와 교직원 그리고 총장에게 감사드린다. 교회사 수업에서 원고 초안을 읽고 저마다 통찰력 있는 의견을 보내준, 이 책의 첫 독자 된 학생들에게 감사드린다. 교수직을 겸임할 수 있도록 배려해 주시고, 부족한 나를 목회자로 세워 주시며, 코로나 대유행 가운데 교회 개척이라는 미지의 길을 용감하게 동행하시는 〈엠마오 가는길 교회〉 성도들에게 감사드린다. 몽골 수도사 스승과 제자의 발걸음을 한 눈에 살펴볼 수 있도록 지도 자료를 제작해준 그래픽 디자이너 배현진 hyunjinbae.com에게 감사드린다.

　마지막으로, 언제나 놀라운 미지의 존재인 아내 조현과 두 자녀 현서와 민서에게 사랑을 담아 특별히 감사드린다.

서력 2021년 3월 21일

동방수도사 사우마가 서방 로마에서 성찬례를 집례했던,

교회력 사순절 다섯째 주일 아침

곽계일

약어표와 일러두기

약어표

ACW	Ancient Christian Writers Series
ANF	Ante-Nicene Fathers Series
CSCO	Corpus Scriptorum Christianorum Orientalium
CSEL	Corpus Scriptorum Ecclesiasticorum Latinorum
CSS	Cistercian Studies Series
GCS	Die Griechischen Christlichen Schriftsteller
LCL	Loeb Classical Library
ME	Mōrān 'Eth'ō
MGH	Monumenta Germaniae Historica
NPNF	Nicene and Post-Nicene Fathers
OPO	Orientalia - Patristica - Oecumenica
PG	Patrologia Graeca
PL	Patrologia Latina
PO	Patrologia Orientalis
SC	Sources Chrétiennes
SNT	Supplements to Novum Testamentum
STAC	Studien und Texte zu Antike und Christentum
TTH	Translated Texts for Historians

일러두기

1. 특정 외국어의 한글 음역은 번역어의 어깨에 윗첨자로 표시하고 앞에 약어로 출처가 되는 언어를 표시했습니다(라. 라틴어; 몽. 몽골어; 시. 시리아어; 이. 이탈리아어; 헬. 헬라어).

2. 윗첨자 안에 종종 나타나는 물음표(?)는 유력하지만 확증되지 않은/불확실한 정보를 가리킵니다.

3. 성경 장절 표기는 '콜론' 대신 '마침표'를 사용했습니다. 예, 창 1.1

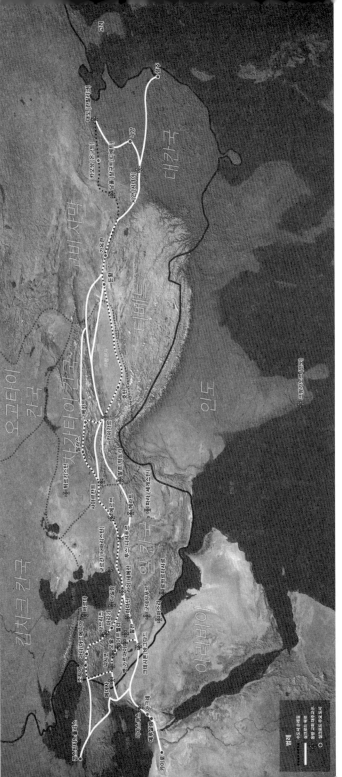

동방수도사 순례 경로 (대도-바그다드, 1275-1278/9) © [2021] 과케일

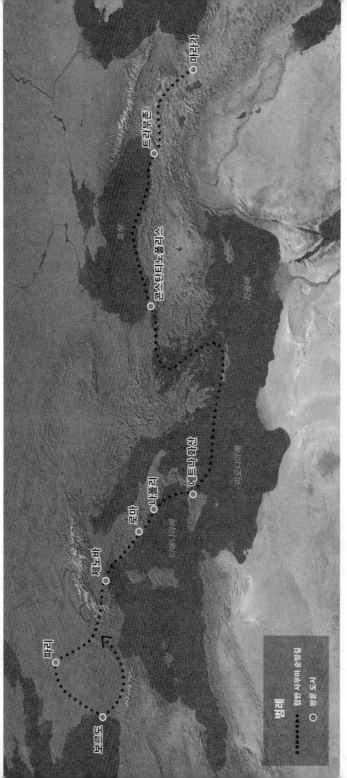

램번 사우마 유럽 순방 경로 (1287-1288) © [2021] 퀘케일

범례

⚫⚫⚫ 램번 사우마의 여정
◯ 방문 도시

마라카
트라부존
콘스탄티노폴리스
흑해
제노바
로마
나폴리
에트나화산
티레니아해
이오니아해
지중해
파리
보르도

제1부

《동방수도사 서유기》

(원제: 총대주교 마르 야발라하와 랍반 사우마의 생애)

곽계일 옮김

서사
모든 동방인에게 전해진 복음

　　우리 집필진은 주 예수 그리스도께서 주시는 능력을 힘입어 교부들의 교부요, 목자들의 목자이시며, 동방 교회의 존귀한 야발라하 총대주교와 그의 스승 사우마 총대사, 이 두 명의 동방 튀르크인이 남긴 행적을 기록물로 정리하려 한다. 주님, 이제 집필을 시작하니 끝까지 마칠 수 있도록 집필진에게 힘과 긍휼을 베풀어 주소서! 아멘.

* * *

　　전능, 자비, 인애하신 하나님은 넘치는 은혜 속에 모든 피조물을 창조하셨다. 창조주 하나님은 피조물 가운데 으뜸으로 지으신 사람을 온전한 진리와 선한 행실로 이끌어주시되, 특별히 택함받은 복된 자들이 완전한 거룩에 이르도록 역사하신다. 이를 위해서 하나님은 사람의 형체를 독생자에게 덧입혀 그 영광을 가린 채 우리에게 보내주셨으나, 독생자의 영광은 육신의 장막을 뚫고 나와 찬연히 빛났다. 주 예수 그리스도께서는 육에 속한 불완전하고 피비린내 나는 율법을 폐하시고, 영에 속한 완전하고 순결한 율법을 주셨다. 자기 몸과 피를 희생 제물로 드려 동물 제사를 끝내시고, 신령한 지혜로 온 세상을 부요하게 하셨다. 그리고 제자들과 함께 영생을 주는 복음의 그물을 땅끝까지 펼치셨다. 주 예수께서 승천하신 후에도 제자들은 온 세상을 다니면서 말씀의 씨앗을 뿌렸다. 그리고 성 삼위일체 하나님을 향한 바른 믿음에서 나오는 선하고 완전한 행실로 온 사방을 밝게 비추었다.

주 예수께서 "볼지어다, 내가 세상 끝날까지 너희와 항상 함께 있으리라!" 하신 말씀은^{마 28.20} 새 율법을 가져다주신 이가 친히 인치신 말씀이므로 다 이루어지기 전에는 일점일획도 절대 없어지지 않을 약속의 말씀이다. 제자들이 쏟는 모든 수고마다 열매가 따르니, 약속의 말씀은 조금씩 조금씩 이루어져 간다. 하나님의 통치와 상관없이 살던 자들이 하나님의 자녀가 되었다. 힌두인^{인도인}과 시나인^{중국인}을 비롯해서 모든 동방인들이 하나님을 경외하는 법도를 받아들여 지키게 되었다. 그들의 지각과 양심에 성령의 세례를 받게 되었다.

삶 속에서 선한 행실을 이루어가지 않는다면 출신 성분 자체는 아무 의미가 없다. 제아무리 비천한 출신일지라도 바른 생각과 행실로 선을 이루는 자라면 하나님은 그에게서 신령한 은사를 거두시지 않는다. 하나님의 눈에 외인으로 인식된다면 제아무리 유대인일지라도 아브라함의 혈통 자손이라는 배경이 무슨 유익이 될까? 하나님의

눈에 자녀로 인식된다면 제아무리 아브라함의 혈통 자손이 아닌 이
방인일지라도 무슨 손해가 될까? 이방인 중에 튀르크인들도 마침내
하나님의 통치 아래 들어와 주 예수께서 하신 다음 말씀을 전심으로
믿고 따르게 되었다.

> 아버지나 어머니를 나보다 더 사랑하는 자는 내게 합당하지 아니하
> 고 아들이나 딸을 나보다 더 사랑하는 자도 내게 합당하지 아니하며,
> 또 자기 십자가를 지고 나를 따르지 않는 자도 내게 합당하지 아니하
> 니라.^{마 10.37-38}

이 말씀에 사로잡힌 자 중에 그 누구보다 열심히 순종한 두 제자
가 있었다. 이들은 모든 육체의 안목과 정욕을 벗으려 부모와 자식을
떠났고, 학벌 배경이 약속하는 밝은 미래도 포기했다. 그리고 이전에
가졌던 어리석은 생각은 날랜 독수리같이 재빨리 고행과 금욕으로
맞바꾸었다. 그리고 주 예수 안에서 소망하는 바를 이룰 때까지 고행
과 금욕을 멈추지 않았다. 그들에게 주어진 십자가를 마치 기름진 음
식인 양, 달콤한 과일인 양 기쁨으로 받아들였다.

지금부터 한 사람씩 출신, 가정환경, 교육 배경 그리고 거주지를
중심으로 소개하려 한다. 그런 다음, 두 제자에게 그리고 이들로 말
미암아 무슨 일이 벌어졌는지 이야기하려 한다. 가능한 일어난 사실
그대로 전하려 한다.

일화 1
두 명의 동방 튀르크인

대몽골 통치자 대칸의 궁궐 천막이 세워진 대도^{북경/베이징}에 쉬반이라는 사람이 살고 있었다. 그는 재력과 덕망을 두루 갖추어 만인으로부터 존경받는 신실한 그리스도교도였다. 쉬반은 카타이 지역^{거란족/북중국 영토} 대주교^{시. 미트라폴리타}를 돕는 부주교 시찰장^{시. 사오라}으로 키암타라는 이름의 아내와 함께 살고 있었다. 이들 부부에게는 오래도록 자녀가 없었다. 부부는 밤낮 하나님께 기도하면서 가문의 대를 이어나갈 아들을 지체 말고 주셔서 하루속히 마음 놓을 수 있게 해달라고 간구했다. 마음이 상한 자의 소원을 열납하시고 간구하는 자의 울부짖는 소리를 들으시는 하나님은 풍성한 은혜와 사랑 가운데 부부를 긍휼히 여기셔서 마침내 기도를 들어주셨다. "구하라 그리하면 너희에게 주실 것이요, 찾으라 그리하면 찾아낼 것이요, 문을 두드리라 그리하면 너희에게 열릴 것이라" 했으니,^{마 7.7} 살아 숨 쉬는 소망을 가지고 응답해 주실 것을 확신하는 자에게 성취될 참된 말씀이다.

남녀노소를 가리지 않고 거짓 없는 믿음으로 구하는 모든 사람에게 성취될 약속의 말씀이다. 엘가나의 아내 한나는 분명한 제목을 가지고 기도할 때 흔들리지 않았고,삼상 1장 마노아의 아내는 하나님의 사자가 찾아왔을 때 지체 없이 영접하였다.삿 13장 하나님께서 쉬반의 아내 키암타에게 성령을 보내 주시자, 마침내 부부에게 아들이 생겼다. 때가 차 아이가 태어났고, 부부와 친지들에게 큰 기쁨을 안겨주었다. 부부는 [금식 기도하여 낳았으므로] 아들의 이름을 시리아어로 "금식"을 뜻하는 '사우마㮣馬'라고 지었다.

사우마가 공부할 나이가 되자 부부는 아들을 훌륭한 스승에게 보내 예비 성직자 학습을 제대로 배우도록 했다. 사우마는 장성하여 약혼했고, 모든 훈련 과정을 마치고 성직 안수를 받았다. 그리고 대칸의 도시에 세워진 교회를 지키고 관리하는 직분을 맡아 묵묵히 감당했다. 지극히 선한 일, 즉 하나님 나라의 일에 모든 열심을 바쳤다. 그러던 사우마가 20살이 된 어느 날, 하나님의 빛이 그에게 비추자 마음속에 남아있던 죄의 가시덤불이 불타버렸고, 그의 영혼은 모든 더러운 것과 추한 것으로부터 깨끗해졌다. 그 후로는 어떤 것보다 더 주님을 사랑하게 되었고, 쟁기를 잡고 뒤돌아보지 않게 되었다.눅 9.62 세상의 그림자가 자신을 덮지 못하게 했고, 세상의 욕망이 자신을 사로잡지 못하게 했다. 나실인이 되어 기름진 고기는 세상에 존재하지도 않는 양 그리고 술은 종류에 상관없이 모두 백해무익한 양 거들떠보지도 않았다.

이런 사우마를 지켜보던 부부는 유일한 아들이 수도사의 길을 걷겠노라며 집을 떠나는 게 아닐까 싶어 깊은 근심과 슬픔에서 헤어

날 수 없게 되었다. 그래서 절박한 심정으로 아들을 붙잡고 어르면서 제발 가문을 이어달라고 애원하기도 했다.

"사랑하는 아들아, 어째서 너는 우리만 남겨두고 떠날 생각만 하는 것이냐? 우리의 불행이 네게는 행복이더냐? 우리의 눈물이 네게는 웃음이더냐? 우리의 유업을 이어받을 자가 너 말고 누가 있는지 말해 봐라. 우리에게 너 말고 다른 상속자가 있다면 데려와 봐라. 우리의 피와 땀으로 일군 이 모든 것을 맡을 사람이 너 말고 누가 있는지 생각해본 적 있느냐? 우리 가문과 가명이 여기서 끊겨져도 너는 아무 상관 없다는 것이냐? 다른 사람이 우리의 유업을 가져가도록 내버려 두는 게 네가 원하는 바냐?"

부부가 괴로운 심정을 토로하며 눈물로 설득할 때마다 사우마는 그저 잠잠히 듣고 순종했다. 그러나 그의 마음속엔 이미 굳은 결심이 서 있었다. 이후로 3년 동안 사우마는 육신의 부모를 섬기면서도 흐트러짐 없이 경건 훈련에 정진해 나갔다.

그러다 독생자 예수 그리스도를 세상에 보내신 하나님 아버지의 사랑을 떠올리며 부부는 부모로서 아들을 향한 자신들의 바람과 설득이 아무 부질없음을 깨닫게 되었다. 그리고 마침내 사우마를 보내줘야 한다는 사실을 인정하게 되었다. 사우마는 즉시로 옷가지와 물품 등 모든 소유를 가난한 사람들에게 나눠 주었다. 그리고 양털로 만든 수도사 복장을 입고 존귀한[시. 마르] 기와르기스, 카타이 대주교 앞에 나가 삭발례를 받았다. 다가오는 하나님의 나라에 대한 소망과 함께 한 데나리온을 상급으로 받을 거라는 확신을 가지고 주님의 포도원에서 일하기 시작했다.[마 20.1-2] 배정받은 수도실에 들어앉아 7년을 보냈지만 사우마는 만족하지 못했다. 그래서 아무도 없는 깊은 산속에 들어가서 홀로 철저히 금욕하며 경건 훈련에 전념하기로 했다. 수도원을 떠나 하룻길을 걸은 끝에 [현재 내몽골 자치구 탁현托縣 지방의] 깊은 산속 옹달샘 근처에서 거처할 동굴을 찾게 되었다. 마음의 소원을 들어주신 주님께 감사하며 만족스럽게 지내는 동안 사우마에 대한 소문이 온 세상에 퍼져나갔다. 사우마에게서 가르침을 듣고자 사람들이 모여들었고, 그의 명성은 날로 높아져 갔다.

* * *

하나님은 모든 것을 미리 아시기에, 의인이든지 악인이든지 어머니의 뱃속에서 태아로 자리 잡기 전부터 모든 인생의 쓰임새를 알고 계신다. 그리고 각 인생의 쓰임새를 따라 의인은 영광된 자리로 불러 높여주시기도 하고, 반대로 악인에게는 어려움과 고통을 주시기도 한다. 그래서 선지자 모세에게는 "볼지어다, 내가 너를 파라오에게 신 같이 되게 하였다"라고 말씀하셨다.[출 7.1] 모세에게서 선한 마음을 미리 보시고 당신의 종으로 부르셨다면, 파라오 왕에게서 완고한 마음을 미리 보시고 버림받게 하셨다. 또한 선지자 예레미야에게는 "내가 너를 모태에 짓기 전에 너를 알았고, 네가 배에서 나오기 전에 너를 성별하였고, 너를 여러 나라의 선지자로 세웠노라"라고 말씀하셨다.[렘 1.5] 그래서 사도 바울은 하나님께서 "미리 아신 자기 백성" 안에 있는 선한 뜻과 깨끗한 마음을 보시고 그들을 "버리지 아니하셨다."라고 말한다.[롬 11.1-2] 택함 받은 자마다 하나님의 종임을 알려주는 표식이 있고, 하나님의 은혜 받기에 합당한 자라고 인정할 수밖에 없게 하는 광채가 빛난다. 계시의 영이 있는 자는 하나님의 택함받은 자를 알아보지만, 계시의 영이 없는 자는 도저히 알아보지 못한다. 지금부터 영광된 삶으로 택함받은 한 사람의 이야기를 들려주려 한다. 이 사람이 어떻게 하나님으로부터 택함받았는지 그리고 어떻게 하나님의 택하심을 스스로 인정하게 되었는지부터 시작하려 한다.

온구트 왕국의 [남쪽 겨울 수도] 카오샹에 바이니엘이라는 신실하고 의로우며, 성결하고 흠 없는 사람이 살고 있었다. 그는 온구트 지역 대주교를 돕는 부주교시. 아르케디아콘로서 하나님을 신실하게 섬기며 모든 맡은 사역을 하나님의 말씀에 비추어 바르게 분별하고 행하였다. 그에게는 아들이 넷 있었는데, 그중 막내의 이름은 마르코스馬古思였다. 마르코스는 어릴 때부터 어느 형들보다 예비 성직자 학습에 전념했다. 이런 그를 두고 꾸짖는 사람들도 있었지만, 말귀를 알아듣는 사람이 아니라 마치 석상에다 대고 말하는 것처럼 아무 소용이 없었다. 붙잡는 손길이 많았지만, 마르코스는 뒤돌아보지 않고 고향을 떠나 어디론가 향해 묵묵히 걸어갔다. 그리고 15일 동안 갖은 고생을 겪으며 밤낮 걸은 끝에 마침내 사우마를 만나게 되었다. 마르코스가 예를 갖춰 인사하자 스승 사우마는 기뻐하며 기꺼이 맞아 주었다.

사우마는 마르코스의 여독이 풀릴 때까지 기다렸다가 몇 가지 물었다.

"젊은이, 자네는 어디서 왔는가? 어떻게 여기까지 오게 된 건가? 고향은 어디인가? 아버지가 누구시고, 어느 가문 소속인가?"

마르코스가 답했다.

"네, 위대한 스승님. 저는 카오샹의 부주교 바이니엘의 아들 마르코스라고 합니다."

사우마가 재차 물었다.

"자네는 무슨 일로 갖은 위험과 고생을 무릅쓰고 여기까지 왔는가?"

마르코스가 답했다.

"네, 위대한 스승님. 저는 수도사가 되고 싶었습니다. 스승님의 명성을 듣고서 모든 것을 버리고 여기까지 왔습니다. 제발 부탁이니 저를 돌아가라 하지 마십시오."

사우마가 대답했다.

"자네, 수도사의 길이 얼마나 고된지 알고는 있는가? 연로한 자라도 정욕을 참기 어렵거늘 자네같이 혈기 왕성한 청년이 감당할 수 있다는 생각은 애당초 버리게나."

이후에도 사우마는 여러 번 부모에게로 돌아가라고 마르코스를 설득했다. 하지만 마르코스가 꿈쩍도 하지 않자 끝끝내 제자로 받아들였다. 그리고 양털로 만든 검정색 수도복^{시. 에스키마}을 입히고 자신을 따르게 했다. 그로부터 3년이 지났다. 동방 교회 절기 법에 따라 "보혜사 성령님…"^{시. 루하 파라클리타}하며 기도문을 시작하는 '오순절' 주일에 마르코스는 존귀한 네스토리스, 카타이 대주교로부터 삭발례를 받고 교회가 인준하는 수도사가 되었다. 이후로 마르코스는 이른 아침부터 저녁까지 날마다 금욕·금식하며 경건 훈련에 전념했다. 그렇게 스승과 제자는 하나님 앞에서 마음이 청결한 삶에 힘쓰며 그들을 불러주신 하나님이 주시는 위로를 받으며 깊은 산속에서 함께 살았다.

일화 2
상단을 따라 대도를 떠나다

　그러던 어느 날, 스승 사우마와 제자 마르코스는 그들 인생에서 돌이킬 수 없는 생각을 나누게 되었다.

　"만일 서방으로 순례를 떠난다면 거룩한 순교자들과 교부들의 성지를 순례하는 축복을 누릴 수 있지 않을까? 만유의 주 되신 그리스도께서 우리의 생명을 연장해 주시고 은혜로 우리의 순례길을 인도해 주신다면 예루살렘까지 갈 수 있지 않을까? 그럴 수만 있다면 우리의 모든 과오와 죄를 용서받고 하나님과 완전한 화평을 누리게 되지 않을까?"

　흥분한 제자의 마음은 이미 들뜨기 시작했고, 스승은 그런 제자에게 예루살렘으로 가는 길이 얼마나 멀고 험한지 그리고 어떤 온갖 위험과 난관이 도사리고 있을지 모른다고 경고하며 진정시키려 애썼다. 그런데도 제자 마르코스는 온갖 보화가 서방에 묻혀있다는 생각에 사로잡힌 나머지 그런 스승의 말은 한쪽 귀로 듣고 다른 쪽 귀로 흘려보냈다. 그때부터 틈만 나면 스승을 붙잡고서 당장 예루살렘으로 떠나야 할 이유를 강변하며 스승을 괴롭혔다. 제자의 성화에 스승 사우마도 마침내 두손 두발을 들게 되었다. 단, 한 가지 조건을 제시하였는데, 어떤 대가를 치르더라도 서로 떨어지지 않기로 하였다. 스승과 제자는 그 즉시로 일어나 소유한 옷가지와 집기를 가난한 사람들에게 나눠 주었다. 그리고 순례길을 동행할 무역 상단을 찾고 순례에 필요한 채비를 갖추려고 대도^{북경}로 갔다.

사우마와 마르코스가 대도에 들어서자 그곳의 그리스도교도들은 즉시 알아보고 주위로 모여들었다. 스승과 제자로부터 도시를 방문한 목적을 들은 사람들은 이렇게 말하며 예루살렘 순례를 만류했다.

"예루살렘에 도착 못 할 거라고는 생각조차 안 하시는 걸 보니, 예루살렘이 여기서부터 얼마나 먼지 그리고 가는 길이 얼마나 위험한지 전혀 모르시는 것 같네요. 그냥 이곳에 남아서 하나님께서 존귀한 수도사님들을 부르신 소명을 계속해서 따르는 게 바람직하지 않을까요? 성경 말씀에도 '하나님의 나라는 너희 안에 있느니라'^{눅 17.21}하였습니다."

그럴 때마다 스승과 제자는 이렇게 대답했다.

"수도복을 입은 순간부터 우리는 주님을 위해 세상에 대하여 죽은 자들이 되었소. 그러니 어떤 고초도 우리를 겁박 주지 못하고, 어떤 두려움도 우리를 흔들지 못하오. 여러분에게 부탁할 게 있소. 그리스도의 사랑 안에서 우리를 위해 기도해 주시오. 그리고 우리의 발걸음을 멈추는 말일랑 그만하시고, 다만 우리를 향하신 하나님의 뜻이 이뤄지도록 간구해 주시오."

그러자 사람들은 이렇게 화답했다.

"정녕 그렇다면 안녕히 가세요."

모두 다 크게 울며 입맞춤으로 사우마와 마르코스와 작별 인사를 나누었다.

"당신들이 따르는 우리 주님께서 당신들과 언제나 함께하시기를 그리고 주님 보시기에 가장 좋은 것으로 모든 필요를 채워주시기를 기도할게요. 안녕히 가세요!"

예루살렘을 향해 떠난 순례길에 처음 들린 기착지는 마르코스의 고향 카오샹^{동승/오르도스}이었다. 이들이 도착했다는 소식이 들리자 마르코스의 부모를 비롯한 많은 그리스도교도들이 나와 반갑게 맞아 주었고, 크게 기뻐하고 환호하며 교회로 영접하였다. 사람들은 마르코스가 부모와 가까이서 지낼 생각으로 스승 사우마와 함께 자기들을 찾아왔겠거니 추측했다. 그래서 확인하고 싶은 마음에 어떤 일로 방문했는지 물었다. 하지만 스승과 제자로부터 예루살렘을 향해 서쪽으로 순례 가는 길에 들렸노라는 대답을 듣는 순간 모두 큰 슬픔과 실의에 빠지게 되었다. 사우마와 마르코스가 방문했다는 소식은 온구트 왕국의 공동 통치자 [그리고 쿠빌라이 대칸의 사위] 콘보가^{'태양 숭배자'}와 이보가^{'달 숭배자'} 형제의 귀에도 들렸다. 얼마 안 되어 그들이 보낸 전령이 와서 사우마와 마르코스를 궁중으로 모셔갔다. 온구트 통치자는 스승과 제자를 기쁨으로 맞았고, 함께 있는 내내 존경 어린 눈으로 바라보았다. 하지만 이들이 곧 떠날 참임을 알게 된 순간 다음과 같이 물었다.

"그대들은 어째서 동방을 떠나 서방으로 가려 하시오? 서방에서 수도사와 주교를 한 분이라도 더 모셔오려고 모두 애쓰고 있는 마당에 당신 같이 존귀한 분들이 서방으로 떠나신다니 안타깝기 그지없습니다."

스승 사우마가 대답했다.

"저희는 이미 세상과 등진 자들입니다. 익숙한 것들과 가까이할수록 도리어 안식을 누릴 수 없는 자들입니다. 그리스도께서 익숙한 것을 떠나 생경한 죽음으로 뛰어드셨기에 우리는 구원 받을 수 있었습니다. 그러므로 우리도 그리스도를 위하여 익숙한 것들을 버리고 떠나야 마땅합니다. 통치자 여러분이 베풀어주신 호의가 저희 발을 붙잡습니다. 저희에게 안겨주신 풍성한 예물이 이곳에 계속 머물고프게 합니다. 하지만 그럴수록 저희는 이 세상에 속한 것을 버리고 떠나야 합니다. 주님께서 이렇게 말씀하셨습니다. '사람이 만일 온 천하를 얻고도 제 목숨을 잃으면 무엇이 유익하리요? 사람이 무엇을 주고 제 목숨과 바꾸겠느냐?'마 16.26 저희는 그저 생명을 얻고 싶을 뿐입니다. 다만 어디에 있든지 부족하더라도 온구트 왕국을 기억하며 밤낮으로 기도하겠습니다."

사우마와 마르코스의 굳은 결심을 돌리기에 어떤 설득도 부질없음을 깨닫자 온구트 통치자도 마음을 바꾸어 여행에 필요할 거라며 물품과 경비를 후하게 선물했다. 하지만 스승과 제자는 그마저 거절했다.

"저희는 아무것도 필요 없습니다. 이렇게 많은 물품과 돈을 어디에다 씁니까? 이 무게를 다 짊어지고 어디를 갈 수 있겠습니까?"

그 말에 온구트 통치자는 이렇게 대꾸했다.

"이제 보니 그대들은 여기서부터 예루살렘이 얼마나 먼지 그리고 얼마나 막대한 경비가 필요한지 전혀 감이 없는 것 같습니다. 우리는 잘 알고 있기에 그대들을 빈손으로 보내드릴 수 없습니다. 지금 상태로 떠나서는 목적지에 도착할 수 없을 게 분명합니다. 우리가 드리는 자금을 보증금으로 여기시오. 길을 가다가 급한 일이 생기면 요긴하게 쓰시고, 만약 예루살렘에 무사히 도착한 후에도 남아있으면 그곳에 있는 수도원과 교회에, 수도사들과 교부^{주교}들에게 나눠 주시면 되지 않겠습니까? 그렇게 된다면 우리에게도 서방 교회의 존귀한 교부들과 성도의 교제에 참여할 기회가 생기는 셈이니까요. 성경에 '이제 너희의 넉넉한 것으로 그들의 부족한 것을 보충하라'라고^{고후 8.14} 기록되어 있지 않습니까."

진심이 전해지자 스승과 제자는 그제야 예물을 받았다. 석별의 정을 나눌 때 못내 아쉬움과 기쁨이 눈물 속에 뒤섞여 흘러내렸다.

다음 기착지는 탕구트였다. 이 지역^{당올/은천}의 그리스도교도들 역시 스승 사우마와 제자 마르코스 수도사가 예루살렘을 향해 순례에 나섰다는 소식을 이미 들어 알고 있었다. 남녀노소 구분 없이 거리로 나와 뜨거운 믿음과 순전한 마음으로 순례자를 맞았다. 그리고 저마다 헌물을 바치며 순례자를 향한 존경을 표했고, 눈물로 순례자를 뒤따라가면서 "거룩한 과업을 행하도록 당신을 택하고 부르신 우리 주님께서 늘 함께하시기를 기도합니다."라고 격려했다. 사우마와 마르코스도 멈춰서 이들 무리를 축복한 뒤에 다시 길을 떠났다.

일화 3
사막을 건너 서방으로 가다

탕구트를 떠난 사우마와 마르코스는 두 달여 동안 황량한 롭 사막을 건넜다. 그 땅은 소금기 가득한 쓴 물 때문에 어떤 작물도 자랄 수 없는, 그래서 사람이 살지 않는 황무지였다. 8일 거리를 걸어야 겨우 마실 물을 구할 수 있었다. 그렇게 여러 번 죽을 고비를 넘기며 [타림 분지 남도를 따라] 건넌 끝에 마침내 호탄^{허텐}에 도착했다. 때마침 쿠빌라이 대칸과 지역 부랑배들의 두목 오코 사이에 전쟁이 일어났다. 패전한 오코 무리는 호탄으로 도망쳐 분풀이로 현지인 수천 명을 학살했다. 이 사변으로 사방으로 길이 막히고, 식량이 바닥났으며, 수많은 사람이 기아로 쓰러졌다. 사우마와 마르코스는 호탄에서 6개월 동안 발이 묶인 채 지내야 했다.

순례자의 다음 기착지는 카쉬가르^{카스가얼}였다. 이 도시는 얼마 전 도적 떼들이 들이닥친 터라 이들이 도착했을 때 거리는 인적이 드물었다. 이 모든 불안한 상황 속에서도 스승과 제자는 하나님만 바라보며 하나님만을 기쁘시게 하기로 마음을 작정했다. 그런 마음을 보시고 하나님은 어떤 환란도 이들 순례자가 가는 길을 가로막지 못하게 하셨다. 그리고 모든 도적 떼로부터 안전하게 지켜주셨다.

순례자의 다음 기착지는 텔레오스^{탈라스}였다. 그곳에 차가타이 칸국의 통치자 카이두의 천막이 세워져 있었다. 사우마와 마르코스는 칸을 예방하고 그의 만수무강과 차가타이 칸국의 평화를 빌었다. 그리고 칸이 다스리는 영토를 지나는 동안 누구도 자신들을 해하지 못하도록 명을 내려달라고 부탁했다. 그런데도 스승과 제자는 온갖 고초와 두려움 속에 가진 것 대부분을 잃어버리고 나서야 간신히 차가타이 칸국의 영토를 벗어날 수 있었다.

사우마와 마르코스는 마침내 일칸국 영토에 속한 코라산^{이란 호라산} 지역에 들어설 수 있었다. 그리고 곧장 수도 투스로 가서 인근에 세워진 '성 시온' 수도원을 찾았다. 그곳에서 수도원장과 수도사들을 보는 순간, 마치 새로 세상에 태어난 것 같았다. 그들 앞에서 스승과 제자는 멀고 험난했던 여정 동안 그들이 홀로 의지했고 소망하며 기뻐했던 하나님께서 베풀어주신 은혜를 고백했다. 하나님은 그를 바라는 자들을 반드시 도우시는 분임을 고백했다.

얼마 동안 수도원 형제들과 즐거운 교제를 누린 뒤에 사우마와 마르코스는 또다시 아다르바이잔^{아르다빌} 지역을 향해 떠나려 했다. 여기를 지나면 그 길로 바그다드로 가서 존귀한 덴하 총대주교^{시. 카톨리카}를 예방할 계획이었다. 그런데 때마침 총대주교가 아다르바이잔에서 서쪽으로 멀지 않은 도시인 마라가^{마라게}를 방문하게 되어 스승과 제자의 바람은 뜻하지 않게 일찍 이루어졌다. 총대주교가 눈에 들어온 순간 스승과 제자의 마음은 너 나 할 것 없이 환희로 벅차올랐다. 그러는 마음 한편에 마침내 총대주교를 만났다는 안도감이 찾아들었다.

스승과 제자는 마치 주 예수 그리스도를 대하듯 총대주교 앞에 엎드려 부복한 자세로 경의를 표했다.

"하나님께서 저희 같은 자들에게 큰 자비와 은혜를 부어주셔서 영광스러운 우리의 영도자 총대주교님을 뵙게 되었습니다."

이 말을 듣고서 총대주교가 물었다.

"어디서 오시는 길입니까?"

스승과 제자가 답했다.

"동방의 대칸이 거하시는 도시에서 오는 길입니다. 존귀한 총대주교님과 주교들과 수도사들 그리고 성인들로부터 축복받고자 왔습니다. 그리고 만약 하나님께서 자비 가운데 길을 열어주신다면 예루살렘으로 갈 계획입니다."

동방에서 온 순례자들의 눈가에 기쁨의 눈물이 촉촉이 맺힌 것을 보자 총대주교의 마음도 이내 뜨거워졌다. 그런 마음을 담아 이렇게 격려해 주었다.

"고난의 길을 가려는 내 형제들이여, 그대들이 가고자 하는 길이 끝날 때까지 수호천사가 지켜주며 인도해 주실 겁니다. 선지자를 통하여 '눈물을 흘리며 씨를 뿌리는 자는 기쁨으로 거두리로다'라고시 126.5 말씀하신 하나님의 약속을 붙잡고 어떤 어려움이 닥쳐도 낙심치 마십시오."

그리고 다음과 같이 마무리했다.

"이 세상에서 그대들이 바라보고 달려가는 것을 끝내 얻게 될 것이며, 그대들이 참고 견딘 슬픔과 고통에 대한 보상을 몇 배 이상으로 받게 될 것이오. 그리고 다가올 세상에서는 소멸치 않는 행복과 끝없는 기쁨을 누리게 될 줄로 확신하오."

총대주교의 축복에 스승과 제자는 엎드려 절하며 감사로 화답했다.

사우마와 마르코스는 며칠 동안 마라가에 머물면서 존귀한 덴하 총대주교와 교제하는 즐거움을 누렸다. 그러던 어느 날 이렇게 간청했다.

"저희가 존귀한 총대주교님으로부터 은혜를 입은 자라면 한 가지 간청 드리니 수락해주시기 바랍니다. 저희는 바그다드에 가서 동방에 복음을 전해준 존귀한 마리 사도와 다른 교부들의 성묘지를 순례하는 축복을 누리고 싶습니다. 그런 다음에는 벳 가르마이 대교구와 니시빈 대교구에 속한 수도원에 차례로 방문해서 축복과 도움을 받고 싶습니다."

동방에서 온 순례자들에게서 고상한 생각과 진정한 마음 그리고 확고한 의지를 엿본 총대주교는 이렇게 답했다.

"내 형제들이여, 정녕 그렇다면 가시오! 만유의 주 되신 그리스도께서 그대들의 간청을 들으셨고, 그대들을 은혜로 채우시며, 그대들이 어디로 가든지 그곳에 함께 계실 것이오!"

그러면서 총대주교는 동방 수도사들이 방문하려는 지역마다 환대받을 수 있도록 추천서 여러 장을 써 주었다. 그리고 길잡이 한 사람을 붙여줘서 앞장서 길을 안내토록 했다.

바그다드에 도착한 사우마와 마르코스는 그 즉시 인근 셀레우키아·크테시폰으로 가서 [동방 교회 총대주교들의 위임식이 거행되는] 쿼케 교회를 방문했다. 그리고 '존귀한 마리 사도' 수도원을 비롯해서 바그다드 총대교구에 속한 여러 성지를 순례하는 축복을 누렸다. 그런 다음 북서쪽으로 방향을 틀어 벳 가르마이 대교구로 향했다. 거기 다키아에서 살아서 위대한 기적과 치유를 베푼 존귀한 에스키엘의 수도사의 성지를 순례했다. 그런 다음 아르벨라^{아르빌} 대교구와 모술 대교구를 방문했다. 그런 다음 니시빈 대교구로 이동해 쉬가르^{신자르}와 니시빈^{누사빈} 그리고 메르딘^{마르딘}을 차례로 방문했다. 그리고 니시빈 인근 이슬라 산에 있는 '존귀한 아위겐' 수도원을 방문해서 "제2의 메시아"라고 불리는 아위겐 수도사의 성골당을 순례하는 축복을 누렸다. 그런 다음 벳 삽다이를 비롯해 주변 지역의 성지와 수도원을 방문하여 수도사들과 교부들의 성골당을 순례하는 축복을 누렸다. 그리고 온구트 통치자와 약속한 대로 가는 곳마다 그들로부터 받은 선물을 수도원과 가난한 자들에게 나눠 주었다. 그리고 방향을 돌려 모술 지역으로 돌아와 근처 탈렐에 세워진 '존귀한 미카엘' 수도원에 이르렀다. 스승과 제자는 그곳 수도사들로부터 환대를 받았고, 수도실을 얻어 머물러 지냈다. 그러는 동안 대도^{북경}에서부터 여기까지 오느라 힘들었던 모든 기억을 씻어버릴 수 있었다. 하지만 순례의 최종 목적까지 잃어버린 건 아니었다.

사우마와 마르코스의 근황을 들은 존귀한 덴하 총대주교는 이들을 마라가로 불렀다. 총대주교를 보자 스승과 제자는 수도사들의 전통적인 방식으로 인사했다. 그 자리에서 총대주교는 한 가지 부탁을 밝혔다.

"그대들이 수도원 한 곳에서 거처를 마련하고 지낸다는 소식을 들었소이다. 그곳에서 수행하면 자신을 위한 내적 유익을 얻을 수 있겠

지요. 하지만, 여기 바그다드에서 우리와 함께 지내면 그리스도의 공동체 전체를 위해 공적 유익을 끼칠 수 있을 겁니다. 일칸국 궁중과 총대주교청 사이에서 기회가 닿는 대로 우리를 도와주시기 바랍니다."

이에 스승과 제자가 화답했다.

"총대주교님의 분부대로 행하겠나이다."

이에 총대주교가 말했다.

"지금 아바카 일칸에게로 가세요. 그리고 저를 동방 교회의 총대주교로 인정한다는 증서를 받아내 주시기 바랍니다."

이에 스승과 제자가 답했다.

"그렇게 하겠습니다. 우리가 받은 증서를 존귀한 총대주교님에게 전해줄 전령을 붙여주시면 감사하겠습니다. 저희는 그 길로 곧장 예루살렘으로 떠나도록 하겠습니다."

총대주교는 몇 가지 지침을 일러준 뒤에 축복 기도로 사우마와 마르코스를 보내주었다.

마라가를 떠난 사우마와 마르코스는 [여름철 동안 인근 국제 무역도시 타브리즈에 주둔하는] 아바카 일칸의 신성한 천막 궁궐에 도착했다. 고관 한 사람이 나와 스승과 제자를 맞아들여 칸에게로 인도했다. 칸은 출신과 여기까지 오게 된 경위에 관해 물었다. 스승과 제자는 칸의 질문에 답하면서 총대주교의 요청을 전했다. 칸은 고관들에게 일러 이들의 요청대로 총대주교 임명 증서를 써 주라고 명했다. 스승과 제자는 그렇게 [덴하가 총대주교로 임직한 이후 15년 만에 발급된] 임명 증서를 받아 동행한 전령에게 건네주었다. 그리고 자신들은 일단의 호위 군사들과 함께 예루살렘을 향해 길을 떠났다.

일화 4
예루살렘 길이 막히다

　아바카 일칸의 천막 궁궐을 떠난 스승 사우마와 제자 마르코스는 아님토^{아르메니아}의 수도 아니에 이르렀다. 거기서 여러 수도원과 ['구속자' 교회, '사도' 교회, 그리고 '그리고르' 교회 등] 교회를 둘러보면서 건축물의 규모와 아름다움에 매혹되었다. 그리고 거기서부터 바닷길을 따라 예루살렘에 곧장 도착할 것을 기대하며 벳 귀르가예^{조지아} 지역에 들어섰다. 그러나 현지 주민들로부터 예루살렘으로 가는 길이 [킵차크 칸국과 맘루크 술탄국의 연합 군대가 벌이는] 살육과 약탈 때문에 막혔다는 소식을 들었다. 스승과 제자는 어쩔 수 없이 발길을 돌려 바그다드로 돌아왔다. 그런 이들을 덴하 총대주교는 반겨 맞았다.

　"지금은 예루살렘에 갈 때가 아닌 게, 가는 길마다 막힌 데다 곳곳에 위험이 도사리고 있소이다. 그대들은 이미 바그다드 인근 지역의 성지와 수도원을 순례하는 축복을 충분히 누리지 않았소이까. 그대들이 참된 마음으로 순례하였다면 이미 예루살렘을 순례한 것과 진배없다고 생각합니다. 지금부터 제가 하는 말을 잘 귀담아들으시길 바랍니다. 마르코스 수도사, 그대를 사도권을 맡은 대주교로 임명하고 싶소이다. 스승된 사우마 수도사, 그대는 총대사시. 사오라 가와나야로 임명하고 싶소이다. 그리고 그대들을 고향 지역으로 파견하고 싶소이다.”

이에 스승과 제자는 화답했다.

“존귀한 총대주교님의 말씀은 그리스도의 명령과 같기에 순종하지 않는 자는 범법자와 진배없다는 사실을 잘 압니다. 그런데도 저희 마음속 생각을 솔직하게 밝히려 합니다. 사실 저희는 절대로 되돌아가지 않을 생각으로 고향을 떠나 이곳까지 왔습니다. 여기까지 오는 길에 [4-5년 동안] 겪었던 끔찍한 고생을 또다시 반복하고 싶지 않습니다. 같은 돌부리에 두 번 걸려 넘어지는 사람은 어리석은 자일 것입니다. 한 가지 더 말씀드리고 싶은 것은 맡기시려는 영광된 직분을 감당하기엔 저희는 한없이 부족한 자들입니다. 그러니 존귀한 총대주교님, 저희로 지금 머무는 수도원에서 계속 지내면서 죽는 날까지 그리스도를 섬길 수 있도록 허락해 주시기를 간청합니다.”

이에 총대주교가 답했다.

“겸양한 모습을 보니 그대들이야말로 이 직책에 적합한 사람들이란 확신이 더 듭니다.”

더 거절할 수 없음을 깨닫고 스승과 제자는 한목소리로 답했다.

“우리 존귀한 총대주교님의 뜻대로 하옵소서!”

그러자 총대주교가 말했다.

“마르코스 수도사, 지금까지 어떤 대주교도 ‘존귀한 마르코스’라는 이름을 사용한 적이 없소. 그러니 기존 대주교들이 사용한 이름 중에서 적합한 후보 몇몇을 추려다 제단 위에 올려놓고 제비뽑기로 결정하면 어떨까 싶소이다."

그렇게 한 결과 '하나님이 주셨다'라는 뜻의 이름 "야발라하"가 뽑혔다. 그러자 총대주교가 외쳤다.

"이름을 주신 주님을 세세토록 송축할지어다!"

이에 모두 "아멘!"하며 화답하였다.

마르코스 수도사는 그의 나이 35세에^{서력 1280년} 존귀한 덴하 총대주교로부터 카타이^{북중국}와 온구트 지역을 다스리는 대주교로 임명받았다. 스승 사우마 수도사는 축복 속에 대주교를 수석 보좌하는 총대사시. ^{사오라 가와나야}로 임명받았다. 총대주교는 스승과 제자에게 각자의 임직을 증명하는 임명장을 써 주었다. 그런데 며칠 후 고향으로 돌아가는 길이 완전히 막혀서 오가는 사람이 전혀 없다는 소식이 들려왔다. 기혼^{옥서스} 강을 경계로 각각 동편과 서편을 나눠 다스리던 몽골 일칸국과 차가타이 칸국 사이에 평화조약이 깨지고 만 것이다. 이에 스승과 제자는 탈렐에 있는 '존귀한 미카엘' 수도원으로 돌아갔고, 두 해 정도를 그곳에서 머무르며 수행했다.

그러던 어느 날 밤, 잠자던 존귀한 야발라하^{마르코스}는 자신이 어떤 큰 교회 안으로 걸어 들어가는 꿈을 꾸었다. 교회 내벽은 교부들의 성화로 덮여 있었고, 내부 공간 한가운데 십자가가 서 있었다. 거룩한 십자가를 만지려 손을 내밀자 십자가는 공중으로 떠올랐고, 그걸 잡으려 자신의 팔도 계속 늘어났다. 십자가가 높은 중앙 천장에 닿아 멈추자 비로소 손으로 붙잡아 입맞춤할 수 있었다. 교회 밖으로 걸어

나오자 이번에는 각종 열매가 주렁주렁 달린 큰 나무들이 눈에 들어왔다. 야발라하는 나무에 올라가서 열매를 따 먹었고, 가져다가 아래 모여있는 수많은 인파를 먹였다. 꿈에서 깬 제자는 스승을 깨웠다.

"스승님, 몹시 이상한 꿈을 꾸었습니다."

이에 사우마가 답했다.

"어떤 꿈이었는지 찬찬히 말해 보시게."

제자가 들려준 꿈 이야기를 듣고 나서 스승은 이렇게 풀이했다.

"자네가 높이 솟은 거룩한 십자가와 교부들의 성화를 만지는 축복을 누리려고 손을 내밀자 팔이 계속해서 늘어났다는 것은 자네가 교부들과 같은 반열에 오르게 된다는 뜻일세. 그리고 나무의 열매를 먹고 그 아래 사람들까지 먹였다는 것은 자네가 하늘로부터 내려온 은혜의 선물을 누리고 또 그것으로 많은 사람을 축복한다는 뜻일세."

그러던 어느 날 밤, 야발라하는 다시 꿈을 꾸게 되었고, 이번에는 또 다른 환상을 보게 되었다. 자신은 드높은 보좌 위에 앉아있었고, 그 아래 주변으로 수많은 인파가 모여들었다. 보좌로부터 입을 열어 가르치기 시작하자 불같은 혀가 세 갈래로 갈라져 나와 청중들에게 임했다. 그러자 청중들은 놀라워하며 하나님을 찬양했다. 꿈에서 깬 제자는 이번에도 스승을 깨웠다. 듣고 나서 스승이 입을 열었다.

"이건 필시 꿈이 아니라 계시^{시. 굴라야}, 혹은 계시 비슷한 것일지도 모르네. 예루살렘에 모여있던 사도들에게도 성령이 불의 혀처럼 갈라져 임했던 것처럼 자네에게도 곧 성령이 임할걸세. 그러면 자네는 총대주교좌에 앉아 성령의 권능으로 사도들의 사역을 이뤄나가며 온 교회를 섬기게 될 걸세."

일화 5
다른 길이 열리다

야발라하가 심상치 않은 꿈을 꾸었을 때 존귀한 덴하 총대주교
는 여전히 살아있었지만 병들어 몸져누워있었다. 신기하게도 때마침
여러 수도사들과 주교들 역시 비슷한 꿈을 꾸었다. 얼마 후, 야발라
하에게 언제든지 임지로 출발할 수 있도록 총대주교로부터 대주교
예복시. 바이론과 지팡이시. 후트라를 미리 받아두어야겠다는 생각이 찾아
들었다. 야발라하가 거룩한 도시 바그다드에 도착했을 때 총대주교
의 시종 한 사람이 나와 맞으며 말했다.

"총대주교님이 숨을 거두셨습니다. 지금 서둘러 가셔도 하관 전
에 마지막으로 총대주교님을 뵐 수 있을지 모르겠습니다."

그 말이 끝나기 무섭게 야발라하는 말에 박차를 가해 전속력으
로 달려 나갔다. 슬픔과 근심으로 무거워진 마음을 이끌고 마침내 대
성당 정문에 도착했다. 문을 열고 들어서자 수많은 인파가 애곡하고
있었으며 또 어떤 이들은 기도하고 있었다. 야발라하는 곧장 총대주

교의 시신을 누인 관 앞으로 달려 나가 망토를 벗고 옷을 찢으며 격하게 흐느껴 울었다. 그러다 실신하여 죽은 사람처럼 땅바닥에 쓰러지고 말았다. 잠시 후 주위 사람들이 그를 부축하여 일으켜 세워 망토를 입혀주고 위로해 주었다. 모든 장례식 절차와 함께 덴하 총대주교는 모두의 가슴 속에 영원히 묻혀 잠들었다. 그리고 장례식에 참석한 교부들은 바그다드에서 머무는 각자의 처소로 돌아갔다.

다음 날이 밝자 총대주교의 보좌에 앉을 후임자를 선정하고자 엘람의 대주교 마란암메를 중심으로 탕구트의 대주교, 티르한의 대주교, 그리고 투르 아브딘의 대주교가 모였다. 그리고 바그다드의 유력자들과 장관들과 서기관들 그리고 법률가들과 의사들도 참석했다. 저마다 크테시폰의 총대주교 보좌에 이 사람 혹은 저 사람이 적합하다고 주장하며 좀처럼 이견을 좁히지 못했다. 그러다 존귀한 야발라하의 이름이 거론되자 그제야 모두 한목소리로 찬성했다. 야발라하만큼 광대한 제국을 다스리는 통치 세력인 몽골인들의 관습과 정책 그리고 언어에 능통한 자가 없었기 때문이었다. 위원회가 추대 의사를 전하자 야발라하 자신은 한사코 거절했다.

"저는 일반 학식도 교의 학식도 부족합니다. 교회 공용어인 시리어가 익숙지 않아 말도 어눌한 제가 어떻게 총대주교가 될 수 있단 말입니까?"

그런데도 위원회 역시 한 발짝도 물러서지 않고 계속 종용하자 마침내 야발라하도 승낙하고 말았다. 그리고 나서 이루어진 투표에서 바그다드에 모인 성직자들과 유력자들과 서기관들 그리고 의사들 모두 만장일치로 야발라하를 총대주교로 추대했다.

야발라하는 바그다드를 떠나 탈렐로 가서 스승 사우마가 있는 '존귀한 미카엘' 수도원으로 돌아왔다. 덴하 총대주교의 사망 소식과 야발라하의 추대 소식이 이미 그곳 수도사들의 귀에 들어가 있었다. 야발라하가 도착하자 모두 나와 기쁨으로 맞으며 축복을 빌어주었다. 그곳 수도사들도 하나같이 야발라하가 총대주교가 되어야 한다고 생각했다. 하나님이 친히 행하시고 역사하고 계심이 분명했고, 모든 것이 협력하여 하나님의 뜻을 이루어가는 것이 분명했다. 제자와 대면한 자리에서 스승 사우마가 입을 열었다.

"보아하니 자네가 총대주교가 되는 게 하나님의 뜻이 분명하네. 그러니 외면해서는 안 되네. 아바카 일칸의 최종 승낙이 떨어져야 총대주교로 안수받을 수 있으니, 지금 칸에게로 같이 가세."

그때는 여름이어서 아바카 일칸은 아다르바이잔 인근에서 피서를 보내고 있었다. 스승과 제자는 주교들과 수도사들로 이루어진 일단의 무리와 함께 투라 우카마로 칸을 찾아갔다(우카마의 또 다른 지명은 "시야쿠"로 페르시아어로 '흑산'이라는 뜻이다). 고관 무리가 나와 이들을 칸 앞으로 인도했다. 야발라하 일행은 칸에게 방문 용건을 밝혔다.

"칸이시여, 만수무강하소서! 우리 총대주교가 타계하셨고, 모든 동방 그리스도교도들이 만장일치로 우리가 이곳에 모시고 온 야발라하 대주교를 후계자로 추대하였습니다. 이 사람은 예루살렘을 순례하려고 동방에서 왔습니다. 어명을 내려주소서!"

이에 칸이 답하였다.

"교회를 위하는 그대들의 사심 없는 마음씨는 칭송받기에 합당하오. 하나님은 당신을 찾고 당신의 뜻을 행하는 자들과 함께하시는

분이시오. 스승과 함께 예루살렘에 가려고 동방에서부터 온 이 사람
이 총대주교로 추대되었다니 하나님의 뜻이 분명하오. 하나님의 뜻
과 성도들의 바람을 이루는 거룩한 일에 우리도 동참하겠소이다. 야
발라하 대주교는 부디 교회의 수장이 되어 총대주교 보좌에 앉으소
서."

이 말을 마치면서 칸은 야발라하의 손을 꼭 잡으며 축복을 빌어
주었다.

"담대하게 다스리소서! 하나님이 어디서나 그대와 함께하시며
언제나 그대를 도우시기를 축원합니다!"

그러면서 칸은 야발라하의 어깨에 걸쳐있던 대주교 영대^{시.마프라}
를 들어서 머리 위에 덮어주었다. 그리고 자신이 보좌로 사용하는 장
의자와 햇빛과 비를 막기 위해 머리 위에 펼쳐 세우는 양우산을 예물
로 주었다(몽골어로 "수코르"라고 부르는 이 장비는 칸의 일족들만 사용하는 특별한 기
물이다). 이 외에도 칸의 영예가 고스란히 담긴 물품을 여럿 선물하였
는데, 그중에 하나는 칸의 휘장이 아로새겨진 금패였다. 그리고 이전
의 모든 총대주교에게도 인장 처리하여 써 주었던, 최고 수준의 자치
권을 보장한다는 증서도 함께 수여 했다. 게다가 총대주교 임명식을
거행하는데 소요되는 막대한 비용까지 충당해 주었다.

아바카 일칸의 여름 별장을 떠난 야발라하 일행은 바그다드로
돌아왔다. 야발라하는 [인근 크테시폰에 세워진] 쿼케 교회에서 동방 교회
전체를 인도하는 총대주교로 안수받고 크테시폰 총대교구의 주교좌
에 앉았다. 성직 임명식은 엘람의 대주교이자 사도권 계승의 감독·
관리 역할을 맡은 마란암메가 관장했고, 그를 보좌한 주요 대주교들

의 명단은 다음과 같다.

> 존귀한 이쇼제카, 니시빈과 아르메니아 대주교,
>
> 존귀한 모쉐, 아르벨라 대주교,
>
> 존귀한 가브리엘, 모술과 니느베 대주교,
>
> 존귀한 엘리야, 다키아와 벳 가르마이 대주교,
>
> 존귀한 아브라함, 투르펠로스트리폴리와 예루살렘 대주교,
>
> 존귀한 야콥, 사마르칸트 대주교,
>
> 그리고 존귀한 요한, 아다르바이잔 대주교.

이들 외에도 총 24명의 주교가 위임식에 참석했다. 위임식은 [셀레우코스] 헬라력으로 1593년^{서력 1281년} [앗시리아력으로] 둘째 '티쉬린'월^{11월}에 거행되었는데, 이날은 '성 교회절'^{시. 쿠다쉬타} 첫 주일이었다. 당시 야발라하의 나이 37세였다.

그해 겨울, [맘루크 술탄국의 군대와 시리아 홈스에서 맞붙은 일전에서 패한 후] 아바카 일칸은 바그다드를 방문했다. 동방 교회에서 "주님의 금식절"이라 부르는 '사순절' 첫 주간 토요일에 칸은 야발라하 총대주교를 만나 현재 교회가 처한 상황에 대해 나누었다. 칸은 귀한 예물로 새 총대주교를 총애하는 자신의 마음을 표했다. 그리고 칸의 영토에 속한 교회와 수도원 그리고 성직자들과 수도사들을 위해 매년 총액 3만 '디나르'^(또는, 18만 흰 '쥐제'[몽골 화폐 단위])^{대략 한화 3,000만 원}를 징세한다는 증서를 발행해 주었다. 야발라하 총대주교는 이 증서를 들고 칸의 영토를 순회하며 교회세를 거둬들였다. 하지만 [이듬해 4월에] 아바카

일칸이 사망하면서 증서는 종잇장이 되고 말았다.

일화 6
밤이 지나고 아침이 밝다

　　아바카 일칸이 사망하자 그의 동생이자 훌라구 선대 일칸의 아들 아흐메드가 뒤를 이어 일칸국의 통치자가 되었다. [원래 이름이 "테구데르"였고 그리스도교 세례명이 "니칼레오스^{니콜라오}"였다가 결국 이슬람교도 식으로 개명한] 아흐메드는 야만인으로, 하갈의 후손들^{즉, 이슬람교도들}과 가까이 지내면서 그리스도교도들을 핍박했다. 한편, 그리스도교도 중에 이러한 정황을 기회 삼아 자기 야망을 이루고 싶어 하는 노회한 고관 두 명이 있었다. 둘 중에 연소자의 이름은 샴살딘으로 (아랍어로 '다이완'으로 불리는) 재무장관이었고, 연장자의 이름은 압달라만이었다. 이들은 칸이 가장 총애하는 몇몇 아랍 이슬람교도들을 통해 칸에게 접근하는 데 성공했다. 마침내 칸 앞에 서자 야발라하 총대주교와 사우마 총대사를 모함하기 시작했다.

　　"칸이시여, 그들은 선대 칸 아바카의 아들인 아르군을 새로운 칸으로 추대하려고 작당 중입니다. 원나라 대칸 쿠빌라이에게 당신을 모함하는 서신을 써 보내기까지 하였습니다."

그리고 모술 지역의 장관 샤무트를 음모 가담자로 지목하였다(설명을 덧붙이자면 샤무트는 위구르족 출신의 나실인 수도사이다). 샴살딘과 압달라만은 이런 식으로 아흐메드 일칸의 권력을 이용해서 야발라하와 사우마를 몰아내고 자신들이 각각 총대주교와 모술의 대주교 겸 총대사 자리에 앉으려는 야망을 성취할 계획이었다. 탕구트 대주교 이쇼사브란과 아르니아르나 주교 쉬몬이 배후에서 이들을 돕고 있었다. 하지만 뒤에서 이들을 부추기고 조종하는 주도자는 다름 아닌 대적자 사단이었다.

하나님을 경외하지 않기에 지혜가 없는 아흐메드 일칸은 이들이 중상모략으로 얻어내고 싶어 하는 진짜 목적을 알아채지 못하고 완전히 속아 넘어가 버렸다. 얼마 지나지 않아서 야발라하 총대주교는 사우마 총대사 그리고 모술 장관 샤무트와 함께 칸의 대법정으로 소환됐다. 칸의 특별 지시에 따라 야발라하는 재판장으로 들어가기 전에 선대 칸 아바카로부터 받은 총대주교 임명장과 금패를 내놓아야 했다. 그리고 수행원들은 재판장 밖에서 대기해야 했다. 총대주교를 포함해서 세 사람은 대법정에 들어가서도 도저히 무슨 영문인지 몰라 서로 어리둥절할 수밖에 없었다. 그러자 접견관이 귀띔해 주었다.

"총대주교, 그대 밑에서 일하는 주교들과 사역자들과 동료들이 그대를 칸에게 고발하였소이다."

그때 대법관이 나와 야발라하 총대주교를 상대로 조사하기 시작했다.

"그대 총대주교는 우리 일칸에게 무슨 억한 심정이 있길래 쿠빌라이 대칸에게 그를 모함하는 서신을 썼단 말인가? 우리 칸이 선대 칸들과 다르게 하갈의 자손이 되었기 때문인가?"

이에 총대주교가 답했다.

"존경하는 대법관님, 저는 어떠한 음모에도 가담한 적이 없소이다."

그러자 대법관이 반박했다.

"다른 사람도 아니고 그대의 수하들이 고발하였소이다."

그리고는 고발인들을 불러 세웠다. 고발인들은 차례차례 들어와서 묻는 대로 정황을 증언했다. 모두 듣고 나서 총대주교가 대법관에게 호소했다.

"존경하는 대법관님, 무슨 일을 이토록 어렵게 처리하시는 겁니까? 저 고발자들이 말한 서신을 가져간 심부름꾼을 잡아다가 서신을 직접 확인해보면 되지 않겠소이까? 나를 향한 저들의 고발이 진실로 밝혀진다면, 내 어떠한 선처도 바라지 않고 죗값을 있는 그대로 내 피로 갚겠소이다. 그러나 만약 거짓으로 밝혀진다면, 저들을 모함과 위증죄로 처벌 내리는 것은 오롯이 그대 손에 달린 일이 될 것이오!"

그러자 대법관도 야발라하의 변론을 받아들여 칸에게 보고했다. 칸은 즉시 수하 군사를 보냈고, 일칸국의 동쪽 국경 지역인 코라산 근처에서 서신 심부름꾼을 붙잡을 수 있었다. 마침내 서신을 회수해서 뜯어 읽었으나 어떤 관련 혐의도 찾을 수 없었다. 하지만, 모든 것이 모함으로 밝혀졌음에도 대법관은 고발자들에게 아무런 조치도 취하지 않았다. 사실 서신을 운운한 것은 총대주교를 제거하려는 구실에 지나지 않았다.

반면에, 아무 잘못 없는 야발라하 총대주교는 억울하게도 사십여 일을 감옥에 갇혀 하루하루를 큰 고통과 고초와 괴로움 속에 지내야 했다. 그만큼 총대주교를 향한 아흐메드 일칸의 적개심은 뜨겁게 불타올랐고, 목마른 자가 시냇물을 찾기에 갈급함 같이 피 보기를 갈급해 했다. 그러다 마침내 하나님의 자비가 임해서 죽음을 모면하고 풀려날 수 있었다. 만약 총대주교의 수호천사가 칸의 어머니와 대신들을 통하여 칸의 적개심을 누그러뜨리도록 손 쓰지 않았더라면 야발라하의 피가 뿌려졌을지도 모를 일이었다. 이들 주변인의 조언은 야발라하를 바라보는 칸의 시선을 잠시나마 우호적으로 바꾸어 놓았다. 그러자 칸은 앞서 빼앗았던 임명장과 금패를 돌려주었고, 몇 마디 위로의 말로 야발라하를 보내 주었다.

야발라하는 칸을 떠나 자신을 모함했던 자들의 감시 속에 우르미^{우르미아}로 갔다. 그곳에서 지내던 어느 날 밤 꿈속에서 환상을 보았고, 아흐메드 일칸을 다시는 만나지 못할 것을 깨달았다. 며칠 후 야발라하는 자신을 모함한 자들의 감시 속에 우르미를 떠나 일칸국의 수도 마라가에 도착했다. 한편, 일칸 아흐메드는 선대 칸 아바카의 아들인 아르군을 잡으려고 직접 군대를 이끌고 코라산으로 향했다. 칸은 동행한 샴살딘과 압달라만 그리고 아랍 군대장들과 머리를 맞대고 의논한 결과 아르군 일족을 붙잡거든 모두 처단하고, 자신은 바그다드로 가서 스스로 칼리프 자리에 오를 계획을 세웠다. 그리고 야발라하 총대주교도 제거하기로 작정했다. 하지만 칸의 모든 모략은 허사가 되었고, 모든 노력은 밑 빠진 독에 물 붓기가 되고 말았다. 주 하나님은 인간의 모든 계획을 흐트러트리시고 자기 뜻을 세우시며,

열왕들을 세우기도 하시고 넘어트리기도 하신다. 하지만 이 모든 역사 속에서 하나님의 나라는 영원하다. 아흐메드 일칸의 군대는 완패해서 궤멸했고, 많은 군사가 아르군 편으로 돌아섰다. 칸은 붙잡혔고, 곧바로 처형당했다.

아흐메드 일칸이 죽었다는 소식을 접하기 며칠 전날 밤, 존귀한 야발라하 총대주교는 꿈속에서 또다시 환상을 보았다. 미소년이 그 손에 보자기로 덮은 그릇 하나를 들고 야발라하에게 다가왔다.

"총대주교님, 일어나 그릇 안에 담긴 음식을 잡수세요."

그 말에 보자기를 걷어내고 들여다보았더니 그릇 안에 삶은 고기 한 덩어리가 보였다. 야발라하가 뼈만 남기고 모두 먹고 나자 미소년이 물었다.

"방금 무얼 잡수셨는지 아세요?"

야발라하가 답했다.

"아니요, 모르겠습니다."

미소년이 답했다.

"그대가 잡수신 것은 아흐메드 일칸의 머리였습니다."

그 말에 야발라하는 소스라치게 놀라 꿈에서 깨었다. 그런지 며칠 후 아흐메드가 죽고 아르군이 새로운 일칸으로 등극했다는 소식을 들었다. 야발라하 총대주교는 아흐메드가 죽었다는 소식에 별로 놀라지 않고, 도리어 아르군이 즉위했다는 소식에 크게 기뻐했다.

야발라하 총대주교는 축복을 빌어주려고 주교들과 수도사들을 대동하여 아르군 일칸을 찾아갔다. 그리고 "각 사람은 위에 있는 권세들에게 복종하라. 권세는 하나님으로부터 나지 않음이 없나니, 모

든 권세는 다 하나님께서 정하신 바라"하신 하나님의 말씀에 따라^롬
^{13.1} 새로운 권세자에게 복종의 뜻을 밝힘으로 말미암아 그리스도교
도로서 지켜야 할 마땅한 의무를 다할 셈이었다. 마침내 일칸을 만난
총대주교는 축복을 빌어주며, 칸의 권세가 굳게 서도록 기도했다. 칸
은 예를 갖춰 총대주교를 극진히 대했고, 그동안 아흐메드 선대 일칸
과 수하의 음해 세력으로부터 겪은 일들을 들을 때 더욱 그리했다.
그리고 음해 세력을 당장 잡아들여 멸하라고 명했다. 하지만 야발라
하 총대주교가 이를 극구 말렸다.

"일칸이시여, 만수무강하소서! 우리 그리스도교도에게는 고유한
율법이 있어, 이를 지키지 않는 사람을 '죄인'이라고 부릅니다. 우리
율법에서 정해진 형벌은 죽음이 아니라 정죄입니다. 정죄하는 방법
은 경우에 따라 다양합니다. 성직자 같은 경우에는 죽음이 아니라 그
직위와 직무를 박탈하는 것이 합당한 정죄입니다."

그 말에 칸도 고개를 끄덕이며 관련된 일을 총대주교에게 전적
으로 맡겼다. 야발라하 총대주교는 기뻐하고 또 기뻐하며 마침내 바
그다드에 있는 자신의 수도원^{즉, 총대주교청}으로 돌아왔다.

야발라하 총대주교가 도착하자 그를 기다리고 있던 주교들이 주
위로 모여들어 환영과 위로의 팔을 벌려 맞아 주었다. 그리고 곧장
총대주교를 음해하려던 세력에 대한 진상 조사가 착수됐고, 오랜 조
사 끝에 마침내 모든 진상이 낱낱이 밝혀졌다. 음해 가담자들은 낱낱
이 자기 잘못을 시인했고, 모두 직위와 직무를 박탈당한 채 파면되었
다.

일화 7
로마인의 영토로 가다

일칸국의 칸과 카툰^{칸의 부인}은 야발라하 총대주교를 알아갈수록 더 깊이 신뢰하게 되었다. 그리고 총대주교를 곁에 가까이 두고자 큰 비용을 들여 마라가에 세워진 '존귀한 샬리타' 교회를 헐고 재건축했다. 기존의 평평한 목제 천장을 걷어내고 아치 구조로 변경해서 본당 회중석을 두 배로 확장했다. 그리고 본관 옆에 총대주교가 지낼 수도원도 지었다. 야발라하 총대주교 역시 온 마음을 다해 교회를 위하는 아르군 일칸을 존경 어린 시선으로 바라보았다. 이때 칸에게는 시리아, 팔레스티나 일대를 평정해야겠다는 생각이 머릿속에서 계속 맴돌며 떠나지 않고 있었다. 이런 생각은 맴돌고 맴돌다 결국은 "서방 그리스도교도 왕들이 돕지 않는다면 성취하기 어려울 텐데…"라는 생각으로 귀결되곤 하였다. 그래서 어느 날 총대주교에게 서방 왕들에게 대사로 보내기에 적합한, 지혜로운 사람을 하나 보내 달라고 요청했다. 야발라하 총대주교가 아무리 생각해 보아도 스승 사우마 외

에는 적합한 사람이 떠오르지 않았다. 사우마만큼 외국어 구사 능력
이 탁월하면서 이토록 중요한 일을 감당할 수 있는 사람이 없었기 때
문이었다. 총대주교의 권유를 받자 사우마는 "그런 일이라면 내가
꼭 하고 싶소!"라며 흔쾌히 승낙했다.

아르군 일칸은 즉시 사우마를 위해 총대사 임명장을 써주었다.
그리고 금화 2,000냥과 함께 30필의 준마 그리고 칸의 휘장이 아로
새겨진 금패를 내주었다. 로마인의 영토, 곧 헬라인과 프랑크인의 영
토를 다스리는 왕들에게 보낼 친서와 함께 예물도 각각 준비해서 사
우마에게 맡겼다. 떠나는 길에 사우마 총대사는 총대주교청에도 들
려 작별을 고했다. 야발라하 총대주교 역시 파견장과 함께 떠나보낼
참이었다. 그런데 정작 떠날 순간이 되자 제발 가지 말라고 사우마를
붙잡기 시작했다.

"지금까지 이 수도원의 크고 작은 일들을 모두 총괄해오신 스승
님이 떠나시면 이곳은 어찌 되겠습니까? 저 혼자서는 감당할 수 없
음을 잘 알고 계시지 않습니까?"

이런 식으로 몇 번 대화를 주고받던 스승과 제자는 끝내 석별의
눈물을 흘리며 헤어지고 말았다. 그렇게 되자 총대주교는 로마 교황
에 걸맞은 예물을 할 수 있는 대로 마련해서 서신 몇 통과 함께 사우
마에게 맡겼다.

마침내 총대사 사우마는 로마인의 땅을 향해 출발했고, 총대주교
가 붙여준 유능한 교역자들과 동행했다. 대해^{흑해} 남동부 연안에 있는
트라페준타^{트라브존}에 도착하면서 로마인의 땅에 첫발을 내디뎠다. 현
지 교회를 방문한 뒤에 콘스탄티노폴리스로 향하는 배에 올랐다. 3

백여 명이 동승했는데, 대부분 로마인^{비잔틴} 헬라인들이었다. 사우마는 날마다 믿는 도리에 대해 설파했고, 그 말이 지닌 힘으로 말미암아 동승객들은 사우마를 칭송했다.

며칠 후 사우마가 탄 배는 비잔틴 제국의 수도 콘스탄티노폴리스에 도착했다. 사우마는 사신 두 명을 앞서 보내 아르군 일칸이 보낸 총대사가 예방한다는 소식을 알리도록 했다. 소식을 들은 비잔틴 황제는 사람을 보내 사우마 일행을 극진히 맞아들이도록 했다. 그리고 사우마가 머물 거처로 대저택을 내주었다. 여독이 어느 정도 풀리자 사우마는 비잔틴 황제 안드로니코스 2세를 예방했다. 환영 인사를 건넨 후에 황제가 물었다.

"바닷길을 따라 여기까지 오느라 힘들고 지치지 않으셨소?"

사우마가 답했다.

"그리스도를 섬기는 황제 폐하를 뵙자마자 모든 피로와 피곤이 깨끗이 사라져버렸습니다. 황제 폐하께서 다스리시는 제국을 제 두 눈으로 보기를 얼마나 고대했는지 모릅니다. 우리 주님이시여, 황제의 제국을 세세토록 보존하소서!"

이어서 환영 만찬이 벌어졌다. 만찬을 마치자 사우마는 황제에게 콘스탄티노폴리스에 있는 비잔틴 교회와 비잔틴 총대주교들의 성묘 그리고 성인들이 남긴 성유물^{聖遺物}을 순례하고 싶다는 뜻을 밝혔다. 이에 황제가 고관들로 안내하도록 하여 사우마는 여기저기 둘러볼 수 있었다.

제일 먼저 간 곳은 '성 지혜'^{하기아 소피아} 교회였다. 대리석 기둥만 360주가 교회를 떠받치고 있었다. 제단 위를 덮는 반구형 천장은 직접 와보지 않은 사람에게 도저히 설명할 방법이 없을 만큼 그 높이와 너비가 실로 어마어마했다. 그리고 복음서 기자 누가가 그렸다고 하는 성모 마리아 그림도 보았다. 나사로와 막달라 마리아 기념 교회에서는 세례 요한의 손, 나사로와 막달라 마리아의 신체 일부, 그리고 십자가에서 돌아가신 주님을 위해 아리마대 사람 요셉이 예비한 무덤에 사용됐던 돌덩어리를 보았다. 막달라 마리아가 무덤에 찾아와서 흘린 눈물이 이 돌 위에 떨어졌는데, 오늘날까지 그 자리는 물기가 마르지 않고 있었다. 심지어 닦아내도 또다시 물기가 서리곤 했다. 그뿐 아니라, 주님께서 가나의 혼인 잔치에서 물을 포도주로 바꿀 때 사용하신 돌 항아리도 보았다. 일 년에 한 번씩 전시되어 그 아래 눕는 자마다 병이 낫는다는 한 여자 성인의 석관도 그리고 존귀한 요한 크리소스토모스의 석관도 보았다. 닭이 울었을 때 시몬 베드로가 앉아 있었던 돌도 보았다.[막 14.72]

　　그리고 '사도 기념' 교회에서 '승리자' 콘스탄티누스 황제의 시신을 안치한 불그스름한 석관과 유스티누스 황제의 시신을 안치한 푸르스름한 석관을 보았다. 그리고 도시 외곽으로 나가 '성 미카엘' 수도원에서 공의회 참석자 318명 교부의 성묘를 보았다. 이들은 그리스도교의 정통 신앙을 정립하는 일에 쓰임 받았기에 그 시신마저 썩지 않은 채 보존되어 있었다. 사우마는 그 외에도 여러 교부들의 성유물을 비롯한 청동과 돌로 제작된 장신구와 성상을 여럿 보았다. 순례를 마친 후에 사우마 총대사는 비잔틴 황제를 찾아가 작별을 고했다.

"황제여, 만수무강하소서! 주님께서 베푸신 은혜로 말미암아 진귀한 성유물을 볼 수 있는 특권을 누리게 되었습니다. 이제 허락해주신다면, 저를 보내신 아르군 일칸의 명을 받들어 프랑크인들의 영토로 가려 합니다."

그러자 비잔틴 황제 안드로니코스 2세는 금은보화 예물로 화답하며 사우마를 환송했다.

일화 8
로마로 가다

사우마 총대사 일행은 즉시 뱃길에 올랐다. 콘스탄티노폴리스 해안에서 라틴 교회 예전을 따르는 ['성 세르기우스와 성 바쿠스' 교회와] 수도원을 보았다. 그곳에 존귀한 요한 크리소스토모스의 머리와 콘스탄티누스 황제에게 세례를 베푼 로마 교황의 머리를 각각 보관한 은궤가 있다고 전해 들었다. 사우마 일행이 탄 배는 마침내 보스포러스 해협을 벗어나 지중해로 나왔다. 이탈리아반도가 가까웠을 때 사우마는 낮에는 구름 기둥이 끝없이 솟아 오르고 밤에는 화염이 치솟는 [에트나] 화산을 보았다. 화산에서 자욱하게 내뿜어 나오는 유황 냄새가 하도 지독해서 근처에 갈 수 없을 정도라고 선원들이 말해 주었다. 그리고 산 아래 커다란 용이 살고 있어서 인근 해역을 "아틸리아"라고 부르는데, 수많은 사람들의 생명을 삼켰기 때문에 이곳 사람들에게는 공포의 바다라고 했다.

콘스탄티노폴리스를 떠난 지 약 2개월 동안 죽을 고비를 여러 번

넘긴 항해 끝에 사우마 일행은 마침내 육지에 발을 디딜 수 있었다. 이 항구 도시의 이름은 '나폴리'로, [앙주 가문에 속한] 이리드 샤르달로샤를 2세 왕이 다스리고 있었다. 사우마는 그 길로 왕을 알현하고 방문 목적을 밝혔다. 왕은 사우마를 융숭하게 대접했다. 그때 시칠리아를 다스리던 이리드 아르콘아라곤 왕이 함대를 이끌고 나타났고, 나폴리의 왕도 함대로 응전하면서 대규모 해전이 벌어졌다. 이날서력 1287년 6월 24일 벌어진 해전에서 시칠리아 왕이 승자가 되었다. 나폴리 해군 12,000여 명이 전사했고, 나폴리 함선 수척이 바다에 가라앉았다. 이때 사우마 일행은 머물던 저택 평지붕에 올라앉아 해전을 구경하고 있었다. 전투원 외에 일반인은 그 누구도 죽이지 않는 프랑크인의 관례에 깊은 인상을 받았다.

해전이 끝나자 사우마 일행은 말 등에 올라타 로마로 길을 떠났다. 여러 도시와 마을을 지나가면서 사람이 살지 못하는 황무지가 하나도 없다는 사실에 놀라움을 금치 못했다. 그러던 중에 교황이 타계했다는 소식을 말 위에서 듣게 되었다.

며칠 말을 내달린 끝에 사우마 일행은 마침내 유서 깊은 대도시 로마에 도착했다. 사우마는 곧장 로마 교황의 주교좌가 있는 '사도 베드로와 바울' 교회로 말을 몰았다. 당시 12명의 추기경들이 타계한 교황호노리오 5세을 대신하여 주교좌를 지키고 있었다. 추기경들이 후임 교황을 추대하려고 라테라노 '세례 요한' 교회에 모였을 때 마침 사우마가 예방 소식을 알려왔다.

"저희는 아르군 일칸과 동방 교회 총대주교가 보낸 사신들입니다!"

　　소식을 들은 추기경단은 사우마 일행을 맞아들였다. 이들을 안내하던 프랑크인이 교회에 들어가면 제대(제단)가 보일 텐데 그 앞에 나아가 먼저 무릎 꿇고 경의를 표한 뒤에 추기경들을 만나는 게 이곳의 예법이라고 귀띔해줬다. 사우마 일행은 그 말대로 했고, 이를 지켜본 추기경단은 만족스러운 표정을 지었다. 그리고 사우마 일행이 가까이 다가오는데도 로마 교황권의 위엄을 지키는 전통에 따라 일어서지 않은 채로 방문객을 맞았다. 그리고 자기들이 앉은 자리 옆에 사우마가 앉을 자리를 하나 내주었다. 추기경단 대표가 사우마에게 물었다.

　　"멀고 힘든 여행길을 오셨는데 건강은 괜찮으십니까?"

　　이에 사우마가 답했다.

　　"여러분들이 기도해 주신 덕분에 거뜬합니다."

　　그러자 추기경단 대표가 되물었다.

　　"무슨 일로 여기까지 오시게 되었습니까?"

　　이에 사우마가 답했다.

　　"몽골 일칸국의 통치자와 동방 교회의 총대주교께서 저희를 보내시면서 교황 성하에게 예루살렘에 관한 계획을 전하라고 하셨습니다."

　　그러자 추기경단 대표가 말했다.

　　"지금은 무척 고단하실 테니 먼저 쉬시고, 관련해서는 나중에 나누도록 합시다."

　　사우마 일행은 거처로 안내받아 여장을 풀었다.

　　사흘 후 추기경단은 사람을 보내어 라테라노 '세례 요한' 교회로

사우마를 불렀다. 사우마가 자리하자 추기경들은 질문을 던지기 시
작했다.

"그대는 어디 출신이며, 무슨 목적으로 여기까지 오셨소이까?"

이에 사우마는 지난번과 같은 답변을 내놓았다. 그러자 추기경단
이 또 물었다.

"그대를 보낸 총대주교가 고백하는 신앙고백이 무엇이오? 어느
사도가 그대의 출신 지역에 복음을 전해주었소이까?"

이에 사우마가 답했다.

"존귀한 사도 토마^{도마}와 그의 제자 앗다이와 마리가 동방 지역에
복음을 전해주었습니다. 우리 동방 그리스도교도들은 이들 사도가
전해준 복음을 오늘날까지 그대로 지키고 있습니다."

그러자 추기경단이 물었다.

"총대주교청은 현재 어디에 있소이까?"

이에 사우마가 답했다.

"현재 바그다드에 있습니다."

그러자 추기경단이 물었다.

"그대는 거기서 직분이 무엇이오?"

이에 사우마가 답했다.

"저는 총대주교청의 사무총장이고, 수도사들을 가르치는 선임
수도사이며, 또한 일칸이 보낸 총대사입니다."

그러자 추기경단이 말했다.

"그대가 동방 교회의 사무총장이면서 동시에 몽골인 통치자가
보낸 총대사라니 믿기지 않습니다."

이에 사우마가 설명했다.

"존귀한 추기경님들, 여러 교부들이 튀르크인과 몽골인과 시나인중국인의 영토까지 이르러 복음을 전했다는 사실을 아셔야 합니다. 그 열매로 오늘날 몽골인들 중에 예수님을 믿고 따르는 그리스도교도들이 많이 생겼습니다. 더욱이 몽골 칸들의 자녀 중에 그리스도를 주로 고백하고 세례받은 자들도 있습니다. 칸들의 궁중에 천막 교회가 세워져 있기도 합니다. 칸들은 그리스도교도들을 높이 예우해주며, 저를 보내신 아르군 일칸 같이 그리스도를 믿는 자들도 있습니다. 일칸은 제가 섬기고 있는 총대주교와도 친분이 두터운 분으로, 시리아와 팔레스티나 일대를 평정하고 싶어 하십니다. 무엇보다 서방 그리스도교도들과 힘을 합쳐서 이집트 이슬람교도들즉, 맘루크 술탄국이 점령하고 있는 예루살렘을 되찾고 싶어 하십니다. 여러분들에게 자신의 진정성을 보여주고자 동방 교회 직분자인 저를 총대사로 임명, 파견하셨습니다."

그러자 추기경단이 물었다.

"그대는 어떤 신앙고백으로 세례받았소이까? 어떤 그리스도교 전통을 따르시오? 로마 교황의 전통이오, 아니면 다른 전통이오?"

이에 사우마가 답했다.

"교황 성하가 보낸 어떤 사람도 복음을 들고 우리 동방인들에게 온 적이 없습니다. 앞서 말씀드렸던 거룩한 사도들이 우리 지역에 와서 복음을 전했고, 오늘날까지도 그분들이 전해준 그대로 받아 간직하고 있습니다."

그러자 추기경단이 물었다.

"그대는 무엇을 믿습니까? 그대의 신앙고백을 들려주시오."

신앙고백을 들려 달라는 로마 추기경단의 요청에 사우마 총대사
는 입을 열었다.

"저는 보이지 않으시고, 시작도 끝도 없이 영원하신 하나님 한 분
을 믿습니다. 내가 믿는 하나님은 성부와 성자와 성령으로 존재하시
되, 서로 동등하시고 서로 분리되지도 않으시며, 상위도 하위도 없으
시고, 먼저 난 자도 나중 난 자도 없으시며, 본성^{시. 키야나}으로는 하나
이시되 위격^{시. 케노마}으로는 셋이십니다. 성부는 '낳는' 하나님이시고,
성자는 '낳음 받은' 하나님이시며, 성령은 '내어 나온' 하나님이십니
다. 때가 차매 성 삼위일체^{시. 트리타유타} 하나님의 세 위격 중에서 성자
하나님이 성모 마리아의 태에서 완전한 사람 예수 그리스도와 연합
하여 한 분^{시. 파르소파}이 되셨으며, 온 세상을 구속하셨습니다. 성육신
하신 성자는 신성^{시. 알라후타}으로는 영원 전에 성부로부터 나셨으며,
인성^{시. 나쉬타}으로는 시간 속에서 마리아에게서 나셨습니다. 성육신하
신 성자 안에서 이루어진 신성과 인성의 연합은 영원토록 나뉘지도

분리되지도 않으며, 섞이지도 바뀌지도 혹은 합성되지도 않습니다. 성육신하신 성자는 완전한 하나님이자 동시에 완전한 사람이시며, 두 본성과 두 위격을 지니되 한 분이십니다."

그러자 로마 추기경단이 물었다.

"성령은 내어 나오셨다고 했는데, 성부로부터만 나오셨다고 믿으십니까? 아니면, 성부와 성자에게서 나오셨다고 믿으십니까?"

몽골인 사우마가 되물었다.

"성부와 성자와 성령은 본성으로 따지면 하나이십니까, 아니면 개별입니까?"

이에 로마 추기경단이 답했다.

"성부와 성자와 성령은 본성은 하나이지만, 특성시. 디엘라야타은 각각 개별입니다."

그러자 몽골인 사우마가 물었다.

"성부와 성자와 성령의 개별 특성은 각각 무엇입니까?"

이에 로마 추기경단이 답했다.

"성부 하나님은 '낳는' 특성을, 성자 하나님은 '낳음 받는' 특성을, 그리고 성령 하나님은 '내어 나오는' 특성을 지니고 계십니다."

그러자 몽골인 사우마가 물었다.

"어느 위격이 다른 위격의 기원 되십니까?"

이에 로마 추기경단이 답했다.

"성부 하나님은 성자 하나님의 기원 되시고, 성자 하나님은 성령 하나님의 기원 되십니다."

그러자 몽골인 사우마가 물었다.

"성부와 성자와 성령이 본성과 역할과 권능에서 서로 동등하시면서도 완전히 하나이시라면, 어떻게 한 위격이 다른 위격의 기원이 되실 수 있단 말입니까? 만약 그럴 수 있다고 전제한다면 성령 역시 다른 위격의 기원이 되신다는 추론조차 가능합니다. 이러한 논제는 신령한 지혜를 지닌 분들이 다루실 수 있음을 인정하지만, 성령의 기원에 대한 여러분의 견해는 받아들이기 어렵습니다. 그 이유를 비유를 들어 설명해 보겠습니다. 영혼은 이성과 생명의 기원이지만, 이성이 생명의 기원은 아닙니다. 태양 구체는 빛과 열의 기원이지만, 태양 빛이 열의 기원은 아닙니다. 마찬가지로 성부만이 성자와 성령의 기원되시며, 성자와 성령 모두 성부로부터 기원하셨습니다. 또 다른 비유를 들자면, 아담은 아들 셋을 낳았지만, 하와는 아담으로부터 내어 나왔습니다. 아담은 낳고, 셋은 낳음 받고, 하와는 내어 나왔다는 관점에서 이들은 별도의 세 개체입니다. 하지만 인간이라는 관점에서 이들은 한 종입니다."

이에 로마 추기경단이 답했다.

"저희는 성령 하나님이 성부와 성자 하나님으로부터 나오셨다고 믿고, 고백합니다. 이에 대해 당신은 어떻게 생각하는지 알고 싶습니다."

그러자 몽골인 사우마가 화답했다.

"실례가 될지 모르지만, 한 개체의 기원이 하나가 아니고 둘, 셋, 혹은 넷 된다는 관점을 우리의 신앙고백으로 도저히 받아들일 수 없습니다."

로마 추기경단은 여러 신학적 주장을 내세워 몽골인 사우마의 입을 다물게 막았다. 하지만 그의 논증력 만큼은 높게 평가했다. 신앙고백 논쟁은 몽골인 사우마의 발언으로 끝났다.

"제가 머나먼 몽골 땅에서 이곳까지 온 목적은 신앙고백을 논하거나 가르치기 위해서가 아니라, 그저 교황 성하를 뵙고 교부들의 성묘를 순례하는 축복을 누리기 위해서입니다. 그리고 일칸과 총대주교의 뜻을 전하기 위해서입니다. 저를 이 논쟁에서 그만 놓아주시고 대신 로마에 있는 교회와 교부들의 성묘를 순례하도록 안내자를 붙여주신다면 존귀한 여러분의 종이자 제자일 뿐인 이 사람에게는 더없는 은총이 될 것입니다."

그러자 추기경단은 로마의 행정관 한 사람과 일단의 수도사들을 불러들여 사우마 일행이 로마 시내 곳곳을 다니며 교회와 그리스도교 유적지를 둘러볼 수 있도록 수행하라고 지시했다. 즉시 교황청을 떠난 사우마 일행은 수행단과 함께 로마 시내로 들어가서 이제 곧 소개할 곳들을 차례로 둘러보았다.

가장 먼저 들린 곳은 사도 베드로와 바울 대성당이었다. 주교좌 바로 아래에 사도 베드로의 시신을 모신 성묘가 있었다. 주교좌 뒤쪽 높은 연단에 제대가 있었고, 제대 주변으로 철제로 장식된 미닫이문이 사방을 둘러치고 있었다. 참고로 오직 교황만이 제대에서 성찬례시. 라자/'신비'를 집례할 수 있다. 새로 선출된 교황이 임직받을 때 앉는 베드로의 주교좌도 보았다. 그리고 주님께서 당신 얼굴 위에 덮고 나서 묻어난 형상을 에데사의 왕 아브가에게 보내셨던 세마포도 보았다. 하지만 대성당의 위엄과 영광은 차마 말로 표현할 수 없을 정도였다. 전체 건물을 떠받치는 기둥만 108주였다. 성찬 제대 외에 또 다른 제대가 하나 더 있었는데, 교황이 로마인들의 황제를 위해 대관식을 집례할 때 사용하는 것이었다. 대관식에서 축복 기도가 끝나면 [교황으로부터 관을 받아 쓴 황제가 바닥에 엎드려 교황의 발에 입맞춤하는 게 관례인데 수행단의 말이 잘못 번역, 전달되어서] 교황이 발로 관을 집어 들어 자기 앞에 무릎 꿇고 숙인 황제의 머리에 관을 씌워준다고 한다. 그리고 "왕 중의 왕, 황제이시다!"라고 공표한다고 한다. 이렇게 하는 것은 교권이 왕권보다 높음을 보여주는 상징적 행위라고 수행단이 덧붙여 설명해 주었다.

로마 시내에 있는 모든 교회와 수도원을 순례한 뒤 사우마 일행은 수행단을 따라 시외로 나갔다. 먼저 '사도 바울' 교회를 찾았다. 제대 아래 사도 바울의 시신을 모신 성묘가 있었다. 제대 안에는 사도 바울을 묶어 로마로 데려오는데 사용한 쇠사슬이 있었다. 그리고 순교자 스데반 집사의 머리와 바울에게 세례를 베푼 존귀한 아나니아의 손을 보관한 금궤도 있었다. 사도 바울이 사용한 지팡이도 있었다. 교회를 나온 사우마 일행은 사도 바울이 순교자의 면류관을 쓴 장소를 순례했다. 수행단의 설명에 따르면, 사도 바울의 머리가 잘리자 땅에 떨어지면서 튀어 오르기를 세 번 반복했는데, 그럴 때마다 "그리스도! 그리스도!" 외쳤다고 한다. 그리고 사도 바울의 머리가 땅에 닿은 자리마다 물이 고여 샘물이 되었는데, 몸이 아픈 사람마다 이 샘물로 환부를 씻으면 고통이 줄어들거나 사라진다고 한다.

그다음 근처에 있는 ['성 빈첸티오와 성 아타나시오'] 교회로 가서 유명한 순교자들과 교부들의 성골을 순례하는 축복을 누렸다.

그다음 '성 요한' 교회를 순례했다. 이곳에서 주님께서 입으셨던 이음매 없는 외투도 그리고 주님께서 첫 성만찬을 축사하시고 제자들에게 베푸실 때 사용한 식탁도 보았다. 수행단 말로는 매년 부활절

전 유월절 성목요일마다 이 식탁 위에서 교황이 성찬례를 집례한다
고 한다. 이 외에도 하나마다 두께가 6규빗에 이르는 청동 기둥이 4
주 있는데, 십자군 원정 때 기사들이 예루살렘에서 가져온 것들이라
하였다. 그리고 '승리자' 콘스탄티누스 대제가 세례받을 때 사용한,
흑요석으로 만든 세례반도 있었다. 이 외에도 '반석' 시몬이 '마술사'
시몬을 꾸짖었을 때^{행 8장} 후자가 자기 능력을 과시하려고 마술을 써
서 하늘을 날아가다가 그만 그 위에 떨어져 뼈가 부서지고 말았다는
반석도 있었다. 건물을 떠받치는 흰 대리석 기둥만 140주에 이를 정
도로 교회 규모가 실로 어마어마했다.

그다음 '성모 마리아' 교회로 가서 녹주석 함에 보관된, 마리아가
입던 의복과 주님께서 소년 시절 머리를 누이셨던 목베개를 보았다.
그리고 은 자루에 보관된 사도 마태의 머리도 보았다. 그다음 근처에
있는 사도 교회로 가서 사도 빌립의 발과 세베대의 아들인 사도 야고
보의 팔을 보았다. 교회 외에도 감히 말로 형언할 수 없는 굉장한 건
물을 여럿 보았는데, 하나하나 다 이야기하려면 너무 길어질 것 같아
부득불 생략한다.

사우마 일행은 로마 시내·외 순례를 모두 마치고 추기경단이 모
여 있는 교황청으로 돌아왔다. 사우마는 로마의 모든 귀한 성유물을
순례하는 축복을 누릴 수 있게 해준 데 일행을 대표해서 추기경단에
감사의 뜻을 표했다. 그러고 나서 이제 로마를 떠나 프랑크 왕들을
방문하고 싶다는 바람도 전했다. 로마를 떠나는 사우마 일행의 등 뒤
에서 추기경단의 목소리가 들려왔다.

"새 교황이 선출될 때까지는 예루살렘과 관련해 뭐라 답변드릴
수 없습니다!"

일화 10
프랑크인의 영토로 가다

로마를 떠난 사우마 일행은 투스칸^{투스카니} 지역을 지나가면서 현지인들로부터 환대받았다. 다음 기착지는 [이탈리아반도에서 국제무역으로 베네치아와 경쟁 중인] 제노하^{제노바}였다. 왕이 없는 대신에 시민들이 선출한 대표자^{이. Capitano del popolo}가 이 지역을 다스리고 있었다. 아르군 일칸이 보낸 특사단이 방문한다는 소식을 들은 시민 대표는 시민들을 데리고 성 밖까지 마중 나와 기다렸다가 사우마 일행을 맞아들였다. 제노하 시내에는 '세나로르니아 카뒤샤'^{성 로렌조}라는 이름의 교회가 있었다. 이곳에서 사우마 일행은 은궤 안에 보관된 존귀한 세례 요한의 시신을 보았다. 그리고 에메랄드 보석으로 만든 육면체 접시도 있었는데, 현지인들 말로는 주님께서 제자들과 유월절 음식을 나누실 때 사용했던 것으로 예루살렘을 탈환했을 때^{서력 1101년} 이곳으로 가져왔다 했다. 그러다 '사순절' 첫 주간에 맞는 토요일이 되었다. 사우마 일행 중 그 누구도 음식[특히, 육식]을 절제하지 않는 것을 본 제노하 시민들이 의아하게 여긴 나머지 물었다.

"당신들은 왜 금식하지 않습니까? 어째서 모든 그리스도교도들이 따르는 전통에서 벗어나 있는 겁니까?"

이에 사우마 일행이 대답했다.

"사순절 기간이라도 토요일과 주일에는 금식하지 않는 게 우리 지역의 오랜 전통입니다. 우리 지역에 처음 복음이 전해졌을 때 우리 선조들은 믿음이 약한 나머지 지나치게 오랫동안 금식할 수 없었습니다. 그래서 복음 전도자들은 토요일과 주일을 제외하고 [6주보다 긴 7주에 걸쳐] 40일 동안 금식하도록 정했습니다."

사우마 일행은 제노하를 떠나 프랑시스(또는, 프랑제스탄)의 왕궁이 있는 파리로 갔다. 프랑시스프랑스 왕 필리프 4세는 말 타고 꼬박 한 달을 넘게 달려야 할 만큼 드넓은 영토를 다스리고 있었다. 사우마 일행은 수많은 환영 인파를 지나 왕궁에 도착하여 지극한 환대를 받았다. 그리고 왕이 지정해 준 숙소에서 여장을 풀었다. 사흘 후, 왕은 신하들을 숙소로 보내 사우마를 왕궁으로 모셔오도록 했다. 사우마가 접견실에 들어오자 왕은 친히 일어나 귀빈을 맞는 예우를 다했다. 사우마는 예방 목적을 밝혔다.

"아르군 일칸과 동방 교회의 총대주교께서 예루살렘과 관련된 일로 저를 보내셨습니다."

그러고 나서 사우마는 가지고 온 서신과 예물을 내놓으며 아는 대로 정황을 설명했다. 사우마의 말을 듣고 나서 왕이 입을 열었다.

"주 예수를 믿지 않는 몽골인들조차 예루살렘을 탈환하려고 아랍인들이슬람교도들과 맞서 싸우려는 참에 하물며 주 예수를 믿는 우리

프랑크인들이 주 예수께서 기뻐하시는 뜻을 위해 군대를 대규모 파병하는 게 마땅한 도리 아니겠소?"

이에 사우마가 화답했다.

"칭송받기에 합당하다고 귀로만 들어왔던 폐하의 지극한 위엄과 영광을 오늘 마침내 제 두 눈으로 직접 보게 되었습니다! 이 일과 별도로 한 가지 간청드릴 게 있습니다. 파리에 있는 교회와 성묘와 성유물을 순례하고 싶습니다. 그리고 다른 곳에선 볼 수 없고 오직 이곳에만 볼 수 있는 진귀품을 보고 싶습니다. 그러니 저희를 안내할 수행원을 붙여주시기를 간청합니다. 그러면 돌아가서 동방 사람들에게 폐하의 영토에서 본 진귀한 것들을 널리 알리도록 하겠습니다."

그러자 왕이 고관들을 불러 분부 내렸다.

"이분들을 모시고 다니면서 우리가 소유하고 있는 진귀한 것들을 보여 주시오. 마치고 돌아오면 짐이 가지고 있는 것들도 보여 주겠소."

왕의 분부에 수행단은 사우마 일행을 데리고 파리 시내로 나갔다. 사우마 일행은 대도시 파리에서 장장 한 달여 기간 머무르면서 가능한 모든 것을 눈에 담았다.

먼저 파리 대학에 가보니 무려 [도시 전체 인구 1/4에 달하는] 30,000명의 학생이 공부하고 있었다. 이들은 성경 해석시. 누하라과 주해시. 푸싸카 같은 교의학부터 철학과 수사학 같은 교양학, 그리고 의학, 기하학, 수학, 천문학 같은 자연학을 배우고 있었다. 모두가 글쓰기에 몰두했고, 생활비 전액을 왕으로부터 지원받았다. 파리 외곽으로 나가 ['성드니'] 교회에서 프랑시스 선대 왕들의 관도 보았다. 금과 은으로 제작

한 왕들의 부조상이 관 덮개를 장식하고 있었다. 관 안에는 죽은 왕
들이 사용했던 왕관과 무기 그리고 왕복이 함께 보관되어 있었다.
500명의 수도사가 왕이 주는 음식을 먹으며 교회에서 상주하고 있
었다. 이들은 꾸준히 금식하고 기도하면서 왕묘를 돌보고 있었다. 눈
에 보이는 모든 것이 그저 탄성을 자아내고 감탄스러울 뿐이었다.

그때 왕이 사람을 보내 사우마 일행을 ['성 샤펠] 교회로 불렀다. 도
착해 보니 왕이 제대 옆에 서서 일행을 기다리고 있었다. 사우마를
보자 왕이 반갑게 물었다.

"파리에 있는 성스러운 것들을 빠짐없이 다 보셨소? 미처 못 본
것은 없으시오?"

사우마는 만족스럽게 모두 둘러보았다며 감사의 뜻을 표했다. 그
러자 왕은 사우마를 데리고 위층에 있는 자신의 전용 예배실로 올라
갔다. 금 장식된 문 하나를 열고 안으로 들어간 왕은 곧바로 녹주석
상자 하나를 들고나왔다. 그 안에 보관된 것은 다름 아닌 주 예수께
서 십자가에 못 박히실 때 유대인들이 머리에 씌운 가시 면류관이었
다. 덮개를 열지 않아도 반투명한 녹주석을 통해 안에 보관된 가시
면류관이 비쳐 보였다. 덮개를 열어보니 십자가에서 떨어져 나온 목
편木片도 함께 들어 있었다. 왕이 입을 열어 자랑스럽게 말했다.

"우리 선조가 콘스탄티노폴리스를 점령하고 예루살렘을 탈환했
을 때 이곳에 가져온 성유물입니다."

사우마 일행은 진귀한 성유물을 친히 보여준 데 대하여 왕에게
깊은 감사를 표했다. 그리고 이제 파리를 떠나야 하니 허락해 달라고
정중히 부탁했다. 이에 왕이 화답했다.

"짐이 데리고 있는 최고 신하 가운데 한 사람^{고베르 드엘루빌}을 그대들과 함께 보낼 테니, 그가 아르군 일칸에게 짐의 뜻을 전할 것이오."

이 말과 함께 프랑시스 왕은 상당한 예물과 값비싼 예복을 건네며 사우마 일행을 환송했다.

파리를 떠난 사우마 일행은 일나그타르^{잉글랜드} 왕이 다스리는 카소니아^{가스코뉴} 지역으로 향했다. 20여 일의 여정 끝에 왕궁이 있는 [보르도] 도시에 도착했다. 현지인들은 사우마 일행을 맞으며 어디서 왔는지 물었다. 이에 사우마 일행은 답했다.

"저희는 일칸, 즉 몽골족 왕과 동방 교회의 총대주교로부터 파견받은 특사단으로서 먼 동방 지역에서부터 여러 바다를 건너왔습니다."

몇몇 사람들이 즉시 그들의 왕에게 달려가 이 말을 전했다. 그러자 일나그타르 왕^{에드워드 1세}은 사우마 일행을 기꺼이 왕궁으로 맞아들였다. 왕을 만난 사우마는 그 즉시 아르군 일칸이 보낸 대사 임명 증서와 예물을 내놓았다. 야발라하 총대주교의 서신도 잊지 않고 건넸다. 이에 왕은 몹시 기뻐했고, 사우마가 예루살렘과 관련된 주제를 꺼내자 더없이 기뻐했다. 왕이 입을 열어 화답했다.

"이 지역의 왕들은 몸에다 십자가 형상을 새기고 다닐 만큼 예루살렘 탈환에만 골몰하고 있소이다. 짐이 평소에 생각하고 있던 것을 아르군 일칸도 계획하고 있었다니 기쁘기 그지없소이다."

왕은 사우마에게 성찬례^{시. 라자}를 집례해 달라고 부탁했고, 이에 사우마는 왕과 신하들이 참석한 가운데 영광스러운 예식을 거행했다. 왕은 사우마의 손으로 성찬을 수찬했다. 그날 왕은 사우마 일행을 위해 성대한 잔치를 베풀었다. 그 자리에서 사우마는 왕에게 한 가지 부탁했다.

"폐하, 다스리시는 영토 안에 교회나 성묘가 있거든 저희에게 보여주시기를 간청합니다. 그러면 돌아가서 동방 사람들에게 폐하의 영토에서 본 진귀한 것들을 널리 알리도록 하겠습니다."

그러자 왕이 대답했다.

"그렇다면 아르군 일칸과 그의 백성들에게 이렇게 전해주시오. 프랑크인들의 영토에서 본 것 중에 그 어떤 것보다 진귀한 두 가지가 있는데, 하나는 예수 그리스도를 주로 고백하는 단 하나의 신앙고백만 있다는 사실이고, 나머지 하나는 프랑크인들은 전부 이 신앙고백을 따른다는 사실이라고 말이오."

일나그타르 왕은 많은 예물과 함께 여행에 필요한 경비까지 두둑이 채워주며 사우마 일행을 환송했다.

일화 11
로마에서 부활절을 맞이하다

일나그타르(잉글랜드) 왕의 영토를 떠난 사우마 일행은 제노하(제노바)로 돌아와 그해(서력 1287년) 겨울을 거기서 보냈다. 도시 전체가 마치 하나의 정원처럼, 마치 낙원처럼 아름다웠다. 한 겨울에도 그리 춥지 않고 한 여름에도 그리 덥지 않은 현지 기후 때문인지 도시는 일 년 내내 녹음으로 푸르고, 나뭇잎은 시들지 않았으며, 철마다 다채로운 과일이 열렸다. 어떤 포도나무 품종은 일 년에 일곱 번까지도 열매를 맺는데, 포도주는 생산하지 않았다.

그해 겨울이 끝나갈 무렵 알마단(독일) 지역에서 고위 성직자 한 사람이 제노하를 방문했다. 추기경인 그는 교황의 특사 자격으로 알마단에 파견되었다가 로마로 돌아가는 길이었다. 마침 사우마가 그곳에 머물러 있다는 소식을 들은 추기경은 곧장 사우마를 찾아왔다. 추기경이 문을 열고 들어오자 두 사람은 그리스도의 사랑 안에서 서로를 반갑게 맞으며 평안의 입맞춤을 나누었다. 교황 특사가 사우마에게 말을 건넸다.

"그대는 경건하고 지혜로운 분이라고 들었습니다. 로마로 가시려 한다는 소식을 듣고 이렇게 찾아왔습니다."

이에 사우마가 화답하였다.

"존귀한 추기경께서 그렇게 말씀해 주시니 몸 둘 바를 모르겠습니다. 저는 아르군 일칸과 동방 교회의 총대주교께서 보낸 대사로서, 교황 성하에게 예루살렘에 대한 일칸의 계획을 전하려고 프랑크인들의 영토까지 오게 되었습니다. 그런데 교황 성하가 계시지 않아 일 년이 넘도록 이렇게 하릴없이 머물게 되었습니다. 이러다 빈손으로 몽골인들의 영토로 돌아가게 되는 건 아닌지 염려됩니다. 마음이 돌보다 강퍅한 이슬람교도들이 예루살렘을 점령했는데, 이 거룩한 도시의 원래 주인이었던 그리스도교도들은 팔짱 끼고 수수방관하고 있거나, 심지어 아무 관심조차들 없으니 그저 답답할 노릇입니다. 본국으로 돌아가면 뭐라고 보고해야 할지 도무지 모르겠습니다."

그러자 교황 특사가 답했다.

"맞습니다. 제가 로마에 도착하거든 그대가 한 말을 토씨 하나 빠뜨리지 않고 그대로 추기경단에 전하겠습니다. 그리고 하루속히 새 교황을 선출하도록 재촉하겠습니다."

교황 특사는 제노하를 떠나 로마에 도착했다. [그사이 새 교황이 선출되었고] 교황 특사는 새 교황에게 사우마의 사정을 전했다.

새 교황은 그날 바로 사우마 일행더러 로마로 오라는 전갈을 띄웠다. 전갈을 받은 사우마 일행은 그 즉시 여장을 챙겨 제노하를 떠났다. 로마로 가는 길에 사우마가 전령에게 물었다.

"누가 교황 성하로 선출되셨습니까?"

전령이 대답했다.

"당신이 로마를 방문했던 첫날, 당신에게 가장 먼저 인사말을 걸었던 추기경단 대표이십니다. 새 교황 성하의 존함은 '니칼리오스^{니콜라오} 4세'입니다."

그 말에 사우마 일행은 크게 기뻐했다. 제노하를 떠난 지 15일 후에 사우마 일행은 로마에 도착했다. 새 교황 니칼리오스 4세는 대주교 한 명을 필두로 교회 관계자 여럿을 보내 사우마 일행을 맞이하도록 했다. 시내로 들어온 사우마는 그 길로 곧장 '사도 베드로와 바울' 교회로 달려가 교황을 예방했다. 이전에 비어있던 주교좌에 새 교황이 앉아 있었다. 사우마는 교황의 발 앞에 엎드려 그 발과 손에 입술을 맞추며 예를 갖춰 인사했다. 그러고 나서 양손을 가슴에다 공손히 모은 자세로 입을 열었다.

"교황 성하, 당신의 권세가 영원히 높이 들어 올려지기를 축원합니다! 당신의 축복이 모든 열왕과 백성들 위에 넘쳐흐르기를 축원합니다! 당신의 재위 기간 동안 이 땅 위의 모든 교회가 화평 누리기를 축원합니다! 드디어 교황 성하의 얼굴을 제 두 눈으로 보게 되었으니, 비통한 심정으로 몽골인들의 영토로 돌아가지 않게 되어 그저 기쁠 뿐입니다. 저를 저버리지 않으시고 교황 성하를 만나게 해 주신 하나님께 감사할 뿐입니다."

이 말과 함께 사우마는 그동안 고이 간직해온, 아르군 일칸과 야발라하 동방 교회 대주교가 교황 앞으로 보낸 예물과 서신을 내놓았다. 이에 교황은 크게 기뻐하고 또 기뻐하며 사우마 총대사를 보통

이상으로 더 극진히 예우했다. 마침 때는 동방 교회에서 "주님의 금
식 중간 절기"로 부르는 '사순절' 넷째 주일[1288년 3월 7일]이었다. 교황이
사우마에게 제안했다.

"여기서 저와 함께 사순절을 마저 보냅시다. 우리 로마 교회가 사
순절 지키는 전통 방식을 보실 수 있을 것입니다."

이에 사우마가 화답했다.

"지극히 존귀하신 교황 성하의 분부대로 하겠습니다."

그러자 교황은 사우마 일행을 위해 로마에 거처를 마련해 주었
고, 수발들어 줄 수행원들을 붙여 주었다. 며칠 후, 이번에는 사우마
가 교황에게 한 가지 파격적인 제안을 했다.

"허락해 주신다면 제가 성찬례[시. 라자]를 집례하고 싶습니다. 교황
성하께서 우리 동방 교회가 사도들로부터 받아 지키는 전통 방식을
보실 기회가 될 것입니다."

교황은 사우마의 제안을 흔쾌히 받아들여 그가 성찬례를 집례하
게 하였다. 그날 몽골인 총대사가 어떻게 성례를 집례하는지 보려고
많은 인파가 몰려들었다. 사우마가 집례하는 과정마다 사람들은 하
나같이 "언어만 달랐지 예식 자체는 똑같아!"라고 입을 모아 말하며
기뻐했다. 이날은 동방 교회 절기 법에 따라 "누가 치유자이신가?"[시.
아이나오 아시아]하며 기도문을 시작하는, 사순절 다섯째 주일이었다.[1288년
3월 14일] 예식을 마치고 그날 사우마는 감사 인사를 하러 교황을 찾아
갔다. 교황은 사우마를 축복해 주었다.

"하나님께서 그대 손으로 올려드린 제사를 받으시고, 그대가 저
지른 모든 과오와 죄를 속죄하시며, 그대를 축복하시기를 기원합니

다!"

이에 사우마가 화답했다.

"저의 과오와 죄가 속죄받았노라고 친히 선포해 주셨으니, 교황 성하로부터 친히 성찬 받기 원합니다. 그러면 저의 죄가 완전히 속죄받을 것입니다."

그러자 교황은 그렇게 하겠노라 흔쾌히 답했다.

다음 주일이 되었다. 이날은 동방 교회에서 "호산나 주일"로 부르는 종려 주일3월 21일이었다. 동트자마자 아침 일찍부터 수천수만의 셀 수 없는 인파가 주교좌에 앉아있는 교황 앞으로 몰려들었다. 교황은 종려나무 가지를 축성한 뒤에 추기경들부터 시작해서 차례로 대주교들과 주교들과 로마시 당국자들 그리고 마지막으로 모든 성도들에게까지 나누어 주었다. 그러고 나서 교황은 주교좌에서 일어나서 장엄한 의식을 거쳐 '사도 베드로와 바울' 교회 안으로 들어갔다. 성단소로 향한 교황은 그곳에서 집례복으로 갈아입고, 그 위에 자주색 바탕에 금술과 진주 및 각종 보석으로 장식되어 발목까지 떨어지는 영대를 걸쳤다. 그리고 제대를 지나 설교단에 서서 회중에게 하나님의 말씀을 강론했다. 그리고 다시 제대로 올라와 성찬례를 집례했다. 교황은 죄 고백을 막 마친 사우마에게 첫 성찬을 떼어 주었다. 그러면서 교황은 사우마 자신의 모든 과오와 죄뿐만 아니라 가문 조상들의 것까지도 모두 속죄해 주었다. 교황으로부터 수찬 받은 사우마의 마음은 천국의 기쁨으로 가득했고, 그의 얼굴은 감격의 눈물로 가득했다. 자신에게 부어 주시는 이토록 한량없는 하나님의 은혜와 자비에 감사할 뿐이었다.

그로부터 며칠 후, 동방 교회에서 "거룩한 유월절"로 부르는 '성목요일'이 되었다. 이날의 예식을 위해 교황은 이른 아침부터 '세례 요한' 교회를 찾았다. 도착해보니 이미 많은 인파가 모여있었다. 위층에는 내부가 널찍하고 화려하게 꾸며졌으며 외부에 대기실이 딸린 교황 전용 소예배실이 있었다. 교황은 추기경들과 대주교들 그리고 주교들을 대동하고 그곳으로 올라갔다. 교황은 기도로 예식을 시작했고, 기도를 마친 후에 전통을 따라 회중에게 하나님의 말씀을 강론했다. 교황의 목소리는 수많은 인파에 묻혀 전혀 들리지 않았다. 다만 회중이 "아멘!"하고 외치는 소리만 크게 들렸는데, 천둥같이 울리는 그 소리가 온 건물을 뒤흔들었다. 강론을 마친 교황은 아래층으로 내려와 제대 앞에 섰다. 그리고 [세례 교육자와 환자] 안수에 사용할 성유를 만들어 축성했다. 그리고 속죄를 위해 성찬례를 집례하고 회중에게 성찬을 떼어 주었다. 성례식을 마친 교황은 회중석으로 내려가 교회 중직자들에게 각각 금 2 '트라페'판(?) 그리고 은 30 '파르파레'냥(?) 씩 나눠 주고 그 자리를 떠났다.

라테라노 수도원교황청으로 돌아온 교황은 수도사청직원들을 불러 모은 자리에서 [대표로 12명의] 발을 씻어주고서 허리에 두르고 있던 수건으로 발을 닦아 주었다. 그렇게 유월절 예식을 모두 마치고 나니 시각이 정오쯤 되었다. 그때부터 교황은 전통에 따라 [트리클리니움 홀에서] 잔치를 베풀었다. 종업원들이 음식을 날라다 배석자 앞에 놓았는데, 배석자만 2,000명 남짓 되었다. 그날 자정까지 3시간 앞둔 시각이 되어서야 잔치가 모두 끝났다.

다음 날, 동방 교회에서 "구속자의 수난일"로 부르는 '성금요일'

이 되자 교황을 비롯한 추기경 및 주교들 모두 검은색 예복을 입었다. 이들은 모두 맨발 차림으로 [시편 찬송을 부르며] '성 십자가' 교회까지 걸어갔다. 그곳에서 교황은 십자가 앞에 엎드려 경의를 표하며 입맞추었다. 교황이 동행한 성직자들에게 십자가를 건네자 지켜보던 회중들은 모두 모자를 벗고 그 자리에서 무릎 꿇고 경의를 표했다. 이어서 교황은 회중에게 하나님의 말씀을 강론했고, 손가락으로 사방위를 찍어 십자가 성호를 그으며 회중을 축복했다. 기도를 마친 후 교황은 유월절^{성목요일} 예식 때 바친 속죄물^{성찬 떡} 일부를 가져와 포도주와 함께 홀로 수찬하였다(참고로 '구속자의 수난일' 혹은 '성금요일'에는 속죄제를 드리지 않는 게 그리스도교도들의 보편적인 전통이다). 예식을 모두 마친 뒤에 교황은 라테라노 수도원^{교황청}으로 돌아갔다.

다음 날, 동방 교회에서 "빛의 안식일"로 부르는 '성토요일'을 맞아 교황은 '성모 마리아' 교회로 갔다. 교황은 메시아에 관한 구약 선지서와 [12개] 예언문을 [1시간 남짓] 읽었다. 그곳에는 세례조가 설치되어 있었고, 그 둘레를 따라 도금양^{성경, 화석류나무} 가지가 뿌려져 있었다. 교황은 세례수를 축성했고, 그날 아기 3명에게 유아세례를 주고 십자가 성호를 그어 축복했다. 교황은 성단소로 가서 수난일부터 입었던 검은 예복을 벗고 (형언할 수 없이 고귀한) 진홍색 교황복으로 갈아입었다. 그리고 성찬 떡과 포도주를 축성했다.

다음 날,^{서력 1288년 3월 28일} 동방 교회에서 "부활 주일"로 부르는 '부활절'을 맞아 교황은 다시 '성모 마리아' 교회를 찾았다. 교황을 비롯해서 거기 모여있던 추기경들과 대주교들 그리고 성도들은 입맞춤으로 서로 평안의 인사를 나누었다. 교황은 성찬례를 집례했고, 회중은 교황으로부터 성찬을 수찬했다. 부활절 예식을 마친 교황은 라테라노 수도원으로 돌아와 전통에 따라 [트리클리니움 홀에서] 성대하고 기쁨이 넘치는 잔치를 베풀었다.

부활절 이후 처음 맞는 주일, 동방 교회에서 "새 주일"로 부르는 날에 교황은 성직자 3명을 안수하여 주교로 임명했다. 사우마 일행도 이 거룩한 예식에 참여했고, 로마 교회가 성직자를 안수하여 세우는 절차와 방식을 눈여겨보았다.

사우마 일행은 여태껏 로마에 머물면서 사순절부터 부활절까지 주요 절기를 교황 곁에서 지키게 되었다. 사우마는 이제 로마를 떠나야 하니 허락해 달라고 정중히 부탁했다. 그러자 교황은 사우마를 간곡히 만류했다.

"사우마 총대사, 그대가 이곳에 머무르면서 우리와 함께 지냈으면 정말 좋겠습니다. 그대를 언제까지나 우리의 보배로 간직하고 싶습니다."

이에 사우마가 화답했다.

"교황 성하, 아시다시피 저는 대사의 직분과 사명을 가지고 이곳에 왔습니다. 이곳에 개인 신분으로 왔다면 보잘것없는 저의 남은 생애를 라테라노 수도원 가까이에 살면서 교황 성하를 모셨을 것입니다. 하지만 제가 돌아가서 교황 성하께서 보잘것없는 저에게 베풀어 주신 모든 은택을 몽골 일칸과 동방 교회 지도자들에게 전한다면 그리스도교도 모두에게 더 큰 유익이 돌아올 줄로 믿습니다. 다만 교황 성하께서 가지고 계신 성유물 몇 점을 제게 베풀어 주신다면 저로서는 더 바랄 것이 없겠습니다."

그러자 교황이 화답했다.

"방문자마다 성유물로 답례하는 게 이곳의 관례였더라면 제아무리 성유물이 산처럼 쌓여있다 해도 금방 없어지고 남아 있는 게 하나도 없었을 것입니다. 하지만 그대는 매우 멀리서 오셨으니 기꺼이 드리도록 하겠습니다."

말을 마치자 교황은 주 예수의 옷자락 일부와 성모 마리아의 머리덮개 일부 그리고 라틴 교회 성인들의 성유물 몇 점을 사우마에게 주었다. 그리고 야발라하 동방 교회 총대주교에게 보낼 예물로 자신이 머리에 쓰고 있던 순금에 각종 보석이 박혀있는 관, 금박 장식된 진홍색 교황복, 그리고 작은 진주들로 수 놓은 버선과 신발을 내놓았다. 자기 손가락에 끼고 있던 반지도 그 자리에서 빼 주었다. 게다가, 야발라하를 모든 동방 그리스도교도들의 수장으로 인정한다는 증서도 써 주었다. 사우마를 위해서는 축복 기도와 함께 교황에 속한 모든 관할권을 자유롭게 다닐 수 있는 총대사로 인정한다는 증서를 써 주었다. 그리고 돌아가는데 필요한 경비로 쓰라며 [금과 구리를 합성한] 적금화 1,500냥을 주었다. 아르군 일칸에게 보낼 예물도 사우마에게 맡겼다. 교황은 포옹과 입맞춤으로 사우마를 보내 주었다. 사우마는 이 모든 은택을 누리게 해주신 주님에게 감사하며 로마를 떠났다.

일화 12
동방 그리스도 왕국으로 돌아오다

　　사우마 일행은 로마인의 영토로 떠났을 때와 같은 경로를 통해 몽골인의 영토로 돌아왔다. 사우마는 몸과 마음 모두 건강한 모습으로 아르군 일칸 앞에 섰다. 그리고 교황 및 모든 프랑크 왕들이 대신 전해달라고 부탁한 문안 인사와 함께 자기에게 맡긴 예물과 문서를 칸 앞에 내놓았다. 이어서 사우마는 이들 서방 유력자들이 어떤 호의로 자신을 맞아주었는지 그리고 어떤 열린 마음으로 칸의 서신을 받아들였는지 등을 보고했다. 그리고 자신의 눈으로 직접 목격한 서방 왕국들의 위세에 대해서도 낱낱이 이야기해 주었다. 사우마의 보고를 받은 일칸은 어깨를 들썩이며 기쁨을 감추지 못했다. 그리고 사우마의 수고에 깊은 감사의 뜻을 표했다.

　　"제가 연로하신 총대사님에게 큰 수고 거리를 안겨 드렸습니다. 당신의 수고를 절대로 모른 채 하지 않을 것입니다. 이곳 마라가에 자리 잡은 일칸국 궁궐에 교회를 세워 거기서 기도하시며 편히 지내시도록 조치해 드리겠습니다."

이에 사우마가 화답했다.

"전하께서 괜찮으시다면 야발라하 총대주교를 이곳으로 부르셔서 로마 교황이 그에게 보낸 예물과 교회 기물을 전해 받게 하소서. 총대주교께서 전하가 세우실 궁중 교회에 이름을 수여하고 축성해 주실 것입니다."

칸은 사우마의 말을 모두 들어주었다.

헬라력 1599년,^{서력 1288년} 아르군 일칸은 사우마 총대사의 제안대로 야발라하 총대주교를 자신의 천막 궁궐이 자리 잡은 마라가로 모셔왔다. 그리고 총대주교의 이름을 드높이고, 예수를 주님으로 고백하는 모든 그리스도교도들을 격려하며, 또한 그리스도께서 자기 영토 백성들을 돌봐주기 바라는 마음으로 자신이 거주하는 천막 궁궐 바로 옆에 천막 교회를 세웠다. 두 천막은 밧줄로 서로 연결되어 있을 정도로 가까이 붙어 있었다. 야발라하 총대주교가 궁중 교회를 축성하자 칸은 사흘에 걸쳐 성대한 잔치를 베풀었다. 칸 자신이 총대주교를 위해 친히 음식을 챙겨 주었고, 총대주교와 그 수행단에 잔을 돌리기도 했다. 이때 대다수 주교, 사제, 부제, 그리고 수도사는 축일 전야 동안 정해진 기도 시간^{혹은, 성무일과}을 지키느라 잔치에 참석하지 못했다. 기도 시간을 알리는 목탁^{시. 나쿠샤} 소리가 끊어져서는 안 된다는 칸의 신신당부가 있었기 때문이다. 당시는 동방에서나 서방에서나 매한가지로 그리스도교도의 위세가 드높아서 너 나 할 것 없이 한목소리로 이런 유의 찬양을 하나님께 드리던 때였다.

"우리를 부요케 하신 주 하나님을 송축할지어다! 주 하나님께서 그 백성을 찾아오셔서 구속을 베푸셨도다!"

　　아르군 칸이 천막 궁궐을 옮길 때마다, 교역자들도 교회 천막과 기물을 챙겨 따라갔다. 칸은 자신을 위해 끊임없이 속죄제와 중보 기도 드리는 중요한 일을 누구보다도 신뢰하는 사우마에게 맡겼다. 사우마는 궁중 교회 소속 사제와 부제 그리고 방문객과 일꾼들을 감독하고 관리하는 총책임자로서 남은 생애를 헌신했다.

　　해가 바뀐 헬라력 1600년^{서력 1289년} '엘룰'월^{9월}에 아르군 일칸은 아들과 함께 마라가에 있는 총대주교청 수도원으로 야발라하 총대주교를 예방했다. 지난달 총대주교로부터 세례받은 아들이 첫 성찬을 수찬하여 완전히 속죄받기를 바라는 마음의 소원을 이루기 위해서였다. 이렇게 생명의 말씀은 날로 흥왕했고, 하나님 나라의 복음은 땅끝까지 전해졌다. 모든 사람이 동서남북 사방으로부터 나아와 총대주교의 수도원에 와서 축복을 받았다. 이들은 그저 총대주교로부터 속죄받고 원하는 것을 얻고자 찾아온 자들이 아니라 모두가 참 믿음을 고백하는 그리스도교도들이었다.

　　이러한 영광스러운 시대가 오래지 않아 죽음마저 주관하시는 주 하나님께서 어느 날^{서력 1291년 3월} 아르군 일칸을 낙원으로, 아브라함의 품으로 데려가셨다. 하늘 아래 존재하는 온 동방 교회가 칸의 승하 소식을 듣고 크게 애통했다. 이전 통치자들 아래에서 어려움을 겪었던 교회가 아르군의 통치 아래 영광스럽게 회복된 역사를 두 눈으로 본 그리스도교도라면 그의 죽음을 애도하지 않을 수 없었다. 아르군 칸과 가까운 사람 중 누군가 하나를 잃어도 그 슬픔은 이루 다 말할 수 없이 큰 법인데, 그 누군가가 칸 자신이라면 더 말할 필요도 없다.

애도의 시간이 얼마 흐르고 나서 아르군 선대 칸의 동생 이르나긴 통긴이 등장했다. 그는 '가이하투'라는 존함으로 헬라력 1602년^{서력 1291년} '아브'월^{7월}에 일칸의 보좌에 등극했다. 그제야 혼돈은 물러가 종적을 감췄고, 온 땅에 평화가 다시 찾아들었다. 공의의 빛이 떠올라 비췄고, 가이하투 일칸은 그 빛을 따라 선대 칸들이 걸었던 길에서 떠나지 않았다. 칸은 통치 영토 내 모든 종교의 지위를 동등하게 인정했고, 주요 종교 지도자들을 차별 없이 존중했다. 그리스도교도든지 이슬람교도든지 유대교도든지 혹은 어떤 민족과 종교 배경을 지녔든지 상관없이 누구든지 같은 법률의 잣대로 공명정대하게 판결했다. 황금 보기를 돌같이 했고, 가난한 자에게 아낌없이 구제를 베풀었다. "구하는 이마다 받을 것이요"라는 말씀처럼,^{마 7.8} 칸에게 구하는 자마다 필요한 대로 받았다.

앞서 가이하투의 일칸 즉위 날짜가 '아브'월 중순이었다고 했는데, 좀 더 구체적으로 밝히면 그날은 성모 마리아 축일^{8월 15일}이었다. 당시 칸의 본진은 [타브리즈 근처] 알라탁 초원의 둔덕에 자리 잡고 있었다. 이날 칸은 어머니 타오스^{도쿠즈} 카툰이 세운 본진 교회로 들어가서 야발라하 총대주교로부터 성찬을 수찬하였다. 화답으로 칸은 화폐 2만 '디나르'^{대략 한화 2,000만 원}와 함께 9벌의 최고급 비단옷을 총대주교에게 선물했다. 이날 예식에 칸의 자녀들을 비롯한 대신들과 군대 장관들 그리고 군사들도 참석했다. 거룩한 총교회^{시. 카톨리키 아이쿠}의 영광은 예전처럼, 아니 그때보다 더 환하게 빛났다. '승리자' 가이하투 일칸이 하나님을 경외하는 언행과 심사 그리고 교회에 베푸는 넉넉한 씀씀이로 말미암아 그리스도교도들은 큰 위로와 용기를 얻었다. 교회의 위세와 영광은 나날이 드높아져 갔다. 특별히 야발라하 총대주교가 성심을 다해 교회를 돌본 덕분에 그리고 지혜를 다해 몽골 궁중과 우호 관계를 굳게 다져 놓았기 때문에 가능한 일이었다.

사우마 수도사는 이미 고령에 들어선 지 오래였다. 일칸의 천막 궁궐을 따라 여기저기 옮겨 다닌 까닭에 그리고 수도사로서 자주 금식한 까닭에 이제 그의 기력은 몹시 쇠한 상태였다. 그런데도 사우마는 마라가에 새 교회를 건축하고 아르군 선대 칸의 궁중 교회에서 사용하던 예배 기물을 새 교회로 옮기는 사업을 자신에게 맡겨 줄 것을 '승리자' 가이하투 일칸에게 청원했다. 칸은 흔쾌히 수락했다. 그 즉시 사우마 수도사는 한 곳에 터를 잡아 존귀한 사도 마리와 영광스러운 순교자 기와르기스를 기념하는 아름다운 교회를 건축했다. 그리고 궁중 교회에서 쓰던 모든 물품을 새 교회로 옮겼다. 게다가 40인 순교자와 존귀한 [첫 순교자] 스데반 집사와 [서력 422년에] 사지가 잘려 순교한 존귀한 야고보 그리고 순교자 데마트리오스의 성유물을 교회에 모셔 놓았다. 예식을 위한 최고의 기물과 성직자를 위한 최고의 예복을 구비했다. 또한 교회를 운영하고 유지하는 데 필요한 기금도 확보해 두었다. 야발라하 총대주교가 뒤에서 힘써 도와주었기 때문에 가능한 일이었다.

다음 해서력 1292년 여름, '승리자' 가이하투 일칸은 마라가에 있는 총대주교청 수도원을 두 차례 예방했다. 매번 사흘씩 야발라하 총대주교와 함께 지내다 궁궐로 돌아갔다. 칸은 흡족한 마음으로 총대주교에게 [상판에 흰 송골매가 새겨져 있기 때문에 몽골어로 이 새를 뜻하는] "순코르"라고 불리는 금패와 함께 7천 '디나르'대략 한화 700만 원를 예물로 주었다.

* * *

우리 집필진은 지금까지 사우마 총대사가 행하고 눈으로 본 모든 것을 이 기록물에 전부 담으려 하지는 않았다. 다만 집필 목적을 기준으로 그가 페르시아어로 직접 남긴 기록을 선택적으로 참고했을 뿐이다. 따라서 이 기록물은 사우마의 기록을 축약하거나 부연하여 편찬한 것임을 밝혀둔다.

일화 13
새로운 순례를 떠나다

사우마 수도사는 책임지고 마라가 교회를 건축하고 예배 기물을 마련하느라 밤낮 수고를 아끼지 않았다. 교회 건축 비용과 기부금을 합친 총액이 대략 10만 5천 '쥐제' ^{대략 한화 1,800만 원}가 되었다. 사우마 는 완공, 봉헌된 교회에서 자신이 처음 시작한 속죄제^{성찬례}가 끊기는 일이 없도록 성심을 다해 직무를 감당했다. 또한, 교회 본관 옆에 수도원을 세워 기도에 전념하면서 수도사 본연의 자리를 되찾았다. 그 덕분에 오늘날까지도 교회는 봉헌되었을 때 모습을 그대로 지키고 있으며, 속죄제와 기도 역시 계속해서 하나님께 올려지고 있다. 지금 은 하늘나라에 있는 사우마 수도사가 이 땅에 사는 동안 행한 모든 수고를 우리 주님께서 기억하시고 하늘나라의 성도들이 누리는 거룩한 복락으로 갚아주시리라 확신한다.

마라가 교회 건축과 봉헌을 모두 마친 사우마는 야발라하 총대주교를 돕고자 바그다드로 내려갔다. 그러던 어느 날, 아바카 선칸의 조카인 바이두가 "시르쮜르"라고 불리는 [쿠르디스탄] 고원 지대에서 총대주교를 위해 성대한 잔치를 열었다. 그날은 헬라력 1605년^{서력} 1293년 첫째 '티쉬린'월10월이었다. 잔치에 참석한 사우마는 마치고 자리에서 일어나면서 속이 불편함을 느꼈다. 그리고 그날 밤부터 고열에 시달리게 되었다. 다음 날, 시르쮜르를 떠난 사우마는 총대주교가 분부한 급한 사안을 해결하기 위해 바그다드로 내려가는 길에 아르벨라^{아르빌}에 들렸다. 감사하게도 이곳의 교회 관계자들과 원만한 해결점을 찾을 수 있었다. 하지만 사우마의 병세는 점점 더 나빠졌고, 큰 고통으로 신음하게 되었다. 그 와중에 사우마는 바그다드까지 내려가서 힘겹게 고통을 이겨내며 야발라하 총대주교가 오기만을 기다렸다. 마침내 총대주교가 도착했지만 얼마 후 사우마의 병세는 훨씬 더 나빠졌고, 그만 의식을 잃고 사경을 헤매게 되었다. 그러다 실낱같던 생명의 징후마저 사라지고 말았다. 그렇게 사우마는 '주현절' 이후 맞는 첫 주일 밤에 덧없고 아픔 많은 세상을 떠나 거룩한 저세상, 앞서간 성도들이 기다리고 있는 하늘의 예루살렘으로 순례를 떠났다. 이날은 헬라력 1605년^{서력} 1294년 둘째 '카눈'월1월 10일로, 동방교회 절기법에 따라 "먼저 주님의 교회에…"시. 레드타쿠 루쿠담하며 기도문을 시작하는 주일이었다.

사우마의 시신은 북쪽 [쿼케] 교회와 남쪽 [아바드] 수도원 사이에 조성된 '로마인의 뜰'에 묻혔다. 로마인의 뜰은 선대 총대주교 여럿이 묻힌 성묘이므로, 이들과 함께 묻힌 사우마 수도사가 주님으로부터 받을 상급도 이들이 받은 상급과 비슷할 게 분명하다. 주님이시여, 수고한 사우마 수도사에게 영혼의 안식을 주시고, 상급 주실 그날에 당신의 오른손으로 그를 높여 주소서! 살아생전 그가 좌로나 우로나 치우치지 않고 공의와 진리 가운데 행한 일들을 빠짐없이 모두 셈하소서!

야발라하 총대주교는 스승 사우마를 잃은 괴로움에 몸부림쳤고, 그 애곡하는 소리가 하늘에까지 닿았다. 그런 와중에도 야발라하는 슬퍼하는 주변 사람들을 위해 장례식 절차를 처음부터 끝까지 인도했다. 바그다드의 모든 유력자와 장관 그리고 성직자가 야발라하를 찾아와 위로해 주었다. 사흘째가 되어서야 야발라하는 겨우 마음을 추스리고 총대주교 직무로 복귀할 수 있었다. 하늘의 예루살렘으로 떠난 사우마는 총대주교청 수도원에서 야발라하뿐만 아니라 그를 찾는 모든 이들에게 힘이 되는 든든한 존재였다. 이런 사우마를 떠나보내며 야발라하가 보여준 인간적인 반응은 지극히 자연스러운 모습이었다.

바그다드에서 겨울을 지낸 야발라하 총대주교는 봄이 오자 [1294년 4월 25일] "가장 큰 주일날"^{부활절}에 일칸을 만나기 위해 [타브리즈 인근] 알라탁으로 떠났다. 가이하투 일칸은 총대주교를 극진히 맞았고, 양털 옷 한 벌과 노새 2마리 그리고 (몽골어로 '수코르', 시리아어로 '샤테르'라고 부르는) 양우산 하나를 예물로 주었다. 그리고 화폐 6만 '쥐제'^{대략 한화} ^{1,000만 원}를 기부했다. 일칸은 총대주교의 입에서 나온 모든 논의와 부탁을 하나도 거절하지 않고 모두 받아주었다. 이후 총대주교는 마라가로 돌아왔다. 그리고 일칸이 준 기금으로 마라가 시내에서 북쪽으로 ⅓ '파라상'^{약 2km} 거리 정도 떨어진 곳에 수도원 하나 지을 터를 닦았다. 터를 닦기 시작한 때는 헬라력 1605년^{서력 1294년} '하지란'월 6

^월 마지막 날이었다. [……] 이후로 야발라하 총대주교는 자신이 세운 '존귀한 세례 요한' 수도원에서 지내다가 [72세를 일기로] 숨을 거두었다. 때는 헬라력 1629년^{서력 1317년} 둘째 '티쉬린'월^{11월} 15일 새벽이었다. 이날은 동방 교회 절기법에 따라 "주의 성전이 어찌 그리 아름다운지요!"^{시. 마 쉬비히 마쉬쾨나크}하며 기도문을 시작하는 주일이었다. 야발라하의 시신은 그곳 수도원에 묻혔다.

"야발라하 총대주교의 행적을 송축할지어다! 야발라하 총대주교와 스승 사우마의 기도가 우리를 보호하리라! 세상 끝날까지 온 세상과 거룩한 교회와 하나님의 자녀들을 보호하리라! 하나님께 영광과 존귀와 찬양과 경배를 영원토록 돌릴지어다! 아멘. 아멘."

* * *

이로써 동방 교회의 존귀한 야발라하 총대주교와 그의 스승 사우마 총대사가 남긴 행적을 정리하려고 시작한 집필을 모두 마치려한다. 주님, 이 기록물을 바치니 영광 받으소서! 그리고 마지막 심판대 앞에서 죄인 된 집필진의 모든 죄를 속죄하시고 도말해 주소서! 아멘.

제2부

《그리스도교 동유기》

곽계일 지음

일화 1
예루살렘과 땅끝 사이

그리스도교는 예루살렘에서 기원하여 땅끝으로 퍼져 나갔다. "예루살렘과 온 유대와 사마리아와 땅끝까지 이르러 내 증인이 되리라."^{행 1.8} 증거될 예수 그리스도는 한 분이지만, 땅끝으로 흩어져 그분을 증거할 사도는 열두 명이었다. 그리스도교는 태생부터 예수 그리스도 한 분과 여러 사도 사이, 예루살렘과 땅끝 사이, 그리고 일치성과 다양성 사이에서 흔들리며 살아갈 불안정한, 혹은 활기찬 존재였다.

땅끝, 새 예루살렘이 되다

안정된 고착보다는 흔들림이야말로 그리스도교의 존재 방식이었고, 고상한 침묵보다는 아우성이야말로 그리스도교의 생활 방식이었다. 2세기 후반, 어떤 외부자의 시선에 잡힌 그리스도교는 부끄러운 줄도 모르고 시끄러운 이웃이었다.

이들은 그 수가 늘어나자 자기들끼리 논쟁하면서 여러 분파로 갈라져 나갔다. 그럼에도 한 이름만 중심에 붙들고 있다면 누구와도 연합을 이룬다. 이들이 부끄러운 줄 알고 속히 버려야 할 한 가지가 있다면 바로 예수 그리스도라는 이름이다.[1]

　켈수스라는 이름을 가진 이 철학자는 마케도니아의 알렉산드로스알렉산더 대왕이 기초를 닦고 로마 제국이 건설한 범지중해 문명 세계를 자부하는 시민이었다. 그리고 여느 시민처럼, 자기 본토와 조상의 고유 신을 경배하는 삶을 최고의 경건으로 그리고 타지의 고유 신들을 존중하는 삶을 경건의 자연스런 일부로 여기는 세계관의 소유자였다. 여러 민족이 하늘 아래의 땅과 땅 사이에 좌우 경계를 긋고 어울려 살아가는 지상 세계는 여러 신들이 땅 위 하늘과 하늘 사이에 상하 경계를 긋고 어울려 살아가는 천상 세계의 그림자였다. 이런 시선으로 바라볼 때 범지중해 문명 세계에 전혀 어울리지 않는 민족과 종교는 단연코 '쉐마' 유일신론에 붙들려 다른 신들에게 합당한 경배조차 드리길 거부하는 유대인과 유대교였다.신 6.4-5 하지만 이제 그의 눈에 유대교만도 못한 종교가 등장했으니, 유일신론을 근거로 다른 민족의 신들을 말 못하는 우상으로 격하시키면서 십자가에서 죽은 범죄자를 유일신 옆에 올려두고 함께 경배하는 그리스도교였다. 철학자 켈수스의 눈에 비친 그리스도교도는 말이 통하지 않는 궤변가였다.

1.　오리게네스, 켈수스를 논박함 3.12; GCS 2, 211.

자칭 하나님 한 분만을 예배한다는 사람들이 있다. 그런데 사실 이들
은 얼마 전까지 살다가 세상을 떠난 이 사람을 지나칠 정도로 추앙한
다. 심지어 더 웃기는 사실은 이 하나님의 종을 예배한다고 해서 유
일신론을 부정하는 건 아니라고 한다.[2]

이에 앞서, 2세기 초에 폰투스·비티니아 지방의 총독이었던 플리
니우스 소자小煮는 황제 트라야누스에게 보내는 보고서에서 이와 같
은 이유로 그리스도교를 "미신라. *Superstitio*" 추종 집단으로 규정하였다.
로마 지배 계층의 눈으로 바라본 그리스도교도들의 모임은 그 창시
자인 예수 그리스도를 마치 "신인 양" 찬양하는 사람들로 구성된
"협회라. *Hetaeria*"였다.[3]

유일신론의 관점에서 '예수 그리스도는 누구인가?'라는 질문이
일어날 때마다 그리스도교는 한 분 하나님과 두 분(이후에는 성부와 성자
에 성령까지 포함해서 세 분) 하나님 사이에서, 유일신론과 다신론 사이에
서, 그리고 유대교와 범지중해권 종교 사이에서 흔들렸다. 하지만 흔
들린다는 것은 그 뿌리가 뽑히지 않고 범지중해권 토양에 깊숙이 그
리고 단단히 자리 잡아 가고 있다는 뜻이기도 했다. 그리스도교의 뿌

---

2. 오리게네스, 켈수스를 논박함 8.12; GCS 2, 229.
3. 로마 황제 트라야누스에게 보낸 비두니아-본도 총독 플리니우스의 서신(1세
    기 초)—"이들 그리스도 협회원들은 특정한 날 새벽에 은밀히 모이곤 합니
    다. 모임이 시작되면 그리스도를 마치 신인 양 높여 교창으로 찬양합니다. …
    모든 조사를 토대로 결론 내린다면 그리스도 협회는 사회에 끔찍한 해를 입
    히는 미신 추종 집단입니다."(플리니우스, 트라야누스 서신 10.96; LCL 55,
    288-289). 참조, Wilken, *The Christians As the Romans Saw Them*, 1-30.

리는 예수 그리스도가 사람으로 오신 하나님이라는 확신이었다.

"그러므로 너희는 가서 모든 민족을 제자로 삼아."[마 28.19] 그리스도교는 예수에게서 기원하여 유대인 사도들을 거쳐 모든 '땅끝'으로, 즉 모든 '민족'에게로 퍼져 나갔다. 고대 사회에서 지역의 이름은 통상 거주 민족의 이름에서 유래되었듯이, '땅끝'은 거주지라기보다는 거주자를 가리키는 개념이었다. '땅끝'은 하나님의 임재와 통치 밖에 사는 사람들이었고, 사도들이 땅끝에 전한 것은 하나님의 임재가 충만한 성전이자 성전에 거하시는 하나님 자신이신 예수 그리스도였다. 유대인들과 달리, 그리스도의 제자[혹은, 그리스도교도]는 하나님을 예배하기 위해 예루살렘에 가지 않아도 되었다. 그리스도께서 제자들과 성령으로 "항상" 함께 하셨기에 제자들이 있는 곳에 하나님이 찾아오셨다.[마 28.20] 사도들이 흩어져 살기 시작한 땅끝은 그렇게 하나님이 거하시는 새 예루살렘이 되었다.

1-3세기 범지중해권 세계 어디에도 "그리스도의 땅"이라 불릴만한 그리스도교의 본토는 존재하지 않았다. 하물며 예루살렘도 그렇게 불린 적이 없다. '디오그네투스'라는 이름만 알려진 2-3세기 사람에게 그리스도교도는 출신 지역이나, 언어나, 관습 등의 당시 보편적 기준으로는 정체를 파악하기 어려운 사람들로 소개된다. 그럼에도 그리스도교도가 존재하는 모든 곳이 그리스도의 땅이기도 했다. 디오그네투스에게 소개된 그리스도교도는 "자기에게 주어진 삶에 따라 고향을 떠나 그리스나 다른 이방 지역에 흩어져 살고… 자기 고향

에 살면서도 마치 나그네 같이 살아가는" 순례자들이었다.[4] 본토가
존재하지 않았기에 역설적으로 세상 모든 곳이 그리스도교의 본토
곧, 새 예루살렘이 될 수 있었다.

따라서 땅끝에서 새 예루살렘이 된 로마, 소아시아, 안티오키아,
그리고 에데사는 장소가 아닌 사람이었다. 예수 그리스도의 사도들인,
사도 야고보, 사도 베드로, 사도 요한, 사도 바울, 그리고 사도 토마^{도마}
와 사도 바르톨로매^{바돌로매} 그 자체였다. 그리고 더 나아가 사도들의 제
자 혹은 주교였다. 2세기 초, 안티오키아^{안디옥}의 주교 이그나티오스는
로마로 압송되는 길에 소아시아 지역을 지나면서 이같은 내용을 담은
서신을 스미르나^{서머나} 교회의 주교 폴리카르포스^{폴리캅}에게 보낸다.

> 주교 또는 주교가 친히 맡긴 사람이 집례할 때만 온당한 성찬식인 줄
> 로 여기길 바라오. 예수께서 계신 곳마다 온^{헬. 카톨리코스} 교회가 있듯
> 이, 지역 주교가 있는 곳마다 지역의 온 성도들도 거기 있기를 바라
> 오.[5]

이 땅과 저 땅이 잇대어 만드는 지리 지형이 아닌 예수로부터 열
두 사도를 거쳐 제자로 맺어진 인맥 지형이야말로 그리스도교가 태
어나 성장하며 살아갈 세상이었다. "내가 너희에게 전한 것은 주께
받은 것이니 곧 주 예수께서 잡히시던 밤에 떡을 가지사 …."^{고전 11.23/}

---

4.   디오그네투스 서신 5.1-5; SC 33, 62-63.
5.   이그나티오스, 스미르나 교회 서신 8.89-90; ANF 1, 232.

^{참조, 15.3} 그리스도교의 인맥 혹은 '온 교회'는 사도가 예수로부터 받아
주교에게 전해준, 주교가 사도로부터 받아 성도에게 전해준, 그리고
주교가 다른 주교와 서로 주고받는 성찬 교제로 연결되었다. 따라서,
'파문'이란 더 이상 온 교회와 더불어 성찬 교제에 참여할 수 없게 된
절교 상태를, '이단'이란 파문받아 더 이상 온 교회와 더불어 성찬 교
제에 참여할 수 없는 외부자를 가리켰다.

2세기 후반, 로마 주교 빅토르는 소아시아 지역 주교들과 성찬
교제를 단절한다고, 즉 파문한다고 선언한다. 일전에 이 로마 주교는
지역마다 다르게 지키고 있는 부활절 날짜를 매년 유월절 지나고 맞
는 첫 번째 주일날로 일치시키자는 제안을 다른 지역 교회에 보냈다.
그의 제안을 받은 지역마다 대표 주교를 중심으로 주교 협의회를 열
어 논의했고, 모아진 결의를 로마 주교 및 타지역 주교 협의회에 알
렸다. 로마 주교의 제안에 대부분의 지역 교회가 따르기로 결의하였
는데, 대표적으로 팔레스티나 지역, 폰투스 지역, 갈리아 지역, 에데
사 지역, 그리고 코린토스 지역 등이 동참했다. 하지만,

에페소스^{에베소} 주교 폴리크라테스가 대표하는 소아시아 지역의 주
교 협의회는 오랫동안 고유하게 지켜온 [유대인의 유월절에 부활절을 지
키는] 전통을 그대로 고수하기로 결의하고, 로마 주교 빅토르에게 그
배경을 설명하는 서신과 함께 결정을 알렸다.⁶

---

6.   에우세비오스, 교회사 5.24.1; GCS 9/1, 490.

이에 로마 주교 빅토르는 온 교회의 일치된 결정에 따르지 않는
다는 이유를 들어 파문으로 화답한 것이다.

부활절 날짜 산정방식을 일치시키자는 로마 주교의 제안에 적극
적으로 동참했던 각 지역 주교 협회마저 소아시아 주교 협회와 관련
한 그의 결정을 적극적으로 만류하고 나선다. 특히 갈리아^{서유럽 프랑스}
지역의 주교 이레나이우스가 가장 적극적으로 중재에 나선다. 그는
본래 소아시아 지역 출신으로 지역 전통에 따라 유월절에 부활절을
지키다가 갈리아 지역으로 이주한 후에는 로마 교회의 전통을 따라
주일에 부활절을 지키고 있는 독특한 이력의 소유자였다. 그래서 그
는 이번 사태에 가장 적합한 중재자이기도 했다. 로마 주교에게 보내
는 서신에서 이레나이우스는 두 가지에 호소함으로써 중재를 이끌
어내는데, 첫째는 역사적 선례였다.

> 로마 주교 빅토르여, 지금까지 당신의 선임 주교들은 로마 교회와 다
> 른 날에 부활절을 지키는 타지역 교회에도 어김없이 성찬을 보냈습
> 니다. 몇십 년 전에 스미르나 주교 폴리카르포스가 로마를 방문해서
> 주교 아니체투스와 부활절 날짜 산정방식을 두고 논쟁을 벌였을 때
> 도 이들은 서로 다른 입장 차이에도 불구하고 갈라서지 않고 서로를
> 인정했습니다.[7]

소아시아 지역에서 자랄 때 스승으로 모셨던 폴리카르포스를 토

---

7.   에우세비오스, 교회사 5.24.16; GCS 9/1, 496.

론장으로 끌어들인 이레나이우스는 자연스레 자기 스승의 스승이
자, 소아시아 교회에 부활절 전통을 전해준 사도 요한을 끌어들인다.
그리고 더 나아가 로마 교회에 부활절 전통을 전해준 사도 베드로마
저 끌어들인다. 사도 요한과 베드로는 서로 다른 땅끝에 서로 다른 부
활절 날짜 산정방식을 전하였지만, 결단코 이 차이 때문에 서로 갈라
서지는 않았다. 그리고 예수 그리스도부터 받아 전한 복음 안에서 성
도의 교제와 일치를 계속 이어 나갔다. 따라서, '두' 사도로부터 '한' 복
음을 전해 받은 소아시아 교회와 로마 교회 역시 부활절 전통의 차이
때문에 갈라설 필요가 없다는 것이 이레나이우스의 핵심 논점이었다.

> 로마 주교 아니체투스는 사도 요한의 전통을 지키려는 폴리카르포
> 스를 막을 도리가 없었기 때문입니다. 그리고 스미르나 주교 폴리카
> 르포스 역시 [사도 베드로가 가르쳐준] 로마 주교들의 전통을 지키려는
> 아니케투스를 막을 수 없었기 때문입니다. 그럼에도 이들은 서로를
> 존중했고 이후에도 계속해서 성찬을 주고받았습니다.[8]

중재를 이끌어내기 위해 이레나이우스가 두 번째로 그리고 최종
적으로 호소한 것은 다양성 속에 일치성을 이루었고 일치성 속에 다
양성을 포용했던 사도들의 선례였다. 2세기 후반에 벌어진 부활절
논쟁은 예수와 여러 사도 사이, 예루살렘과 땅끝 사이, 그리고 일치
성과 다양성 사이에서 태어난 그리스도교가 2-3세기에도 여전히 그

---

8.   에우세비오스, 교회사 5.24.16; GCS 9/1, 496.

사이에서 흔들리며 성장하는 존재임을 보여주는 하나의 편린이었다.

예루살렘, 땅끝이 되다

로마 주교가 일치시키지 못한 그리스도교의 부활절 날짜 산정방식을 유월절 지나고 맞는 첫 번째 주일날로 일치시킨 이는 로마 황제 콘스탄티누스였다. 서력 325년, 황제가 자신의 여름 별궁이 있는 니케아에서 그리스도교 공의회를 소집하여 부활절 문제를 매듭지었을 때 그곳에 참석한 주교들의 명단은 4세기까지 그리스도교가 퍼져나간 땅끝의 명단이기도 했다. 교회 역사가 에우세비오스혹은, 유세비우스의 기록에 따르면,

> 기도의 집은 시리아, 시칠리아, 페니키아, 아라비아, 팔레스티나, 이집트, 그리스 테베, 리비아 그리고 메소포타미아 지역에서 온 하나님의 사역자들이 모두 한자리에 모일 수 있을 만큼 넉넉히 컸다. [페르시아부터 인도까지 이르는 지역을 대표해서] 페르시아 주교도 참석했을 정도니 스키티안 지역에서 참석한 것은 놀랄 일도 아니었다. … 심지어 코르도바스페인 지역에서도 한 사람이 참석했는데, 그 명성이 자자해서 공의회에서 유력한 자리를 차지했다.[9]

니케아로부터 매우 멀리 떨어진 이들 지역에서도 참석했다는 것은 폰투스, 갈라디아, 팜필리아, 카파도키아, 프리기아, 마케도니아,

---

9. 에우세비오스, 콘스탄티누스 황제의 생애 3.7; GCS 7/1, 84.

그리고 소아시아같이 비교적 가까운 편에 속한 지역에서는 거의 예외 없이 참석했다는 의미이기도 했다.

그런데 예루살렘 주교의 이름은 공의회 참석자 명단에 없었다. 다만, '아일리아 주교 마카리오스'라는 이름이 있었을 뿐이었다. 황제는 공의회 교령을 통해 그리스도교가 기원한 도시에 걸맞는 예우를 표하기로 공표한다.

> 그리스도교의 관례와 전통에 비추어 아일리아의 주교직은 예우받아 마땅한 자리이다. 따라서 아일리아 주교에게 팔레스티나 지역의 대주교와 같은 수준의 권리를 부여함으로써 합당한 예우를 표한다.[10]

니케아 공의회 이전까지 예루살렘이 '아일리아'라는 로마 귀족 가문의 이름을 빌어 그리스도교 세계에서 차지하던 위상과 명예는 예루살렘이 속해 있던 팔레스티나 지역의 대주교 도시(대주교가 관장하는 전체 지역을 '대주교구'라고 하며, 여기서 대주교 도시란 대주교구에 속한 여러 도시 중에서도 대주교구가 직접 거주하고 사역하는 중심/머리 도시를 의미함) 카이사레이아가 이사라 만큼도 못 되었다. 니케아 공의회 이후로 회복된 그것은 카이사레이아 이하도 아니었지만 그렇다고 이상도 아니었다. 한 가지 분명한 점은 예루살렘이 지닌 명예의 무게가 본래 땅끝이었던 이웃 도시에 빗대어 저울질 될 만큼, 그리스도교가 기원한 도시로서 예루살렘이 지녔던 유일무이한 존재감은 생각보다 일찍 사라지고 말았다는

---

10. 325년 니케아 공의회 제7교령; NPNF 14, 67.

사실이다. 사도들이 떠난 예루살렘은 역설적으로 땅끝이 되고 만다.

기원후 66년부터 73년까지 그리고 132년부터 135년까지 두 차례 유대·로마 전쟁을 거치면서 예루살렘은 '아일리아 카피톨리나^{라. Aelia} Capitolina'라는 로마식 새 이름으로 불리게 된다. 본래 '예루살렘' 곧 "살렘 왕의 본토"였던 땅은 135년부터 138년까지 제2차 유대·로마 전쟁의 승전자 하드리아누스 로마 황제가 속한 아일리아 가문의 땅이 된다. 예루살렘 성전이 터 잡았던 언덕은 로마의 일곱 언덕 중 유피테르^{헬. 제우스} 신전이 터 잡은 카피톨리나 언덕으로 불린다. 새 카피톨리나 언덕에 어울리는 새 집은 다름 아닌 유피테르 신전이었다. 하드리아누스는 신전 안뜰에 말 위에 올라탄 개선장군으로 자신을 묘사한 거대한 조각상을 세운다.[11] 그 자리는 예루살렘 성전에서 가장 핵심인 지성소^{至聖所} 자리로 알려져 있다.[12] 유대인들의 성전에 사용되었던 돌들은 "돌 하나도 돌 위에 남지 않고 다 무너뜨려지리라" 한^{막 13.2} 누군가의 말처럼 무너져 내린 뒤에 유피테르 신전과 오락용 극장 그리고 새 도시의 외곽 성벽을 짓는 데 재활용된다.[13] 사도들이 모두 땅끝으로 떠나버린 예루살렘은 그렇게 작은 로마 곧, 로마신과 로마인의 영토가 되었다.[14]

---

11. 디오 카시우스, 로마사 69.12; LCL 176, 425-467.
12. 히에로니무스, 마태복음 주석 4.24.15; PL 26, 177.
13. 에우세비오스, 복음 논증 8.3; GCS 23, 393.
14. 에우세비오스가 《교회사》에서 인용한 헤게시포스의 자료에 따르면, 135년까지 예루살렘의 주교는 사도 야고보를 포함한 17명 전부가 유대인 출신이었으나(4.5), 135년 이후로는 마르코스를 시작으로 헬라어를 사용하는 이방인들이 주교직을 이어간다(4.6). 참조, O'Connor, *The Holy Land*, 49-

니케아 공의회 당시 아일리아가 속한 팔레스티나 지역을 대표하는 카이사레이아 주교는 교회 역사가로 더욱 알려진 에우세비오스였다. 그는 니케아 공의회 이전, 그러니까 콘스탄티누스가 마지막 정적 리키니우스를 제압하고 로마 제국의 통합 황제로 등극하기 이전 그리스도교 세계에서 예루살렘 혹은 아일리아의 존재 가치와 의미를 이렇게 대변한다.

> 온 땅에 흩어진 그리스도교 성도들이 예루살렘으로 모여든 이유는 이 도시의 영광 때문도 아니며, 예루살렘 성전에서 하나님을 예배하기 위해서도 아니다. 다만, 선지자들이 예언했던 바 그대로 이 도시가 황폐해지고 이방인들의 거처가 된 모습을 감람산에서 직접 눈으로 확인하기 위해서이다. 그리고 그곳에서 하나님을 경배하기 위해서이다.[15]

3-4세기 그리스도교도들에게 옛 예루살렘과 성전은 선지자들과 예수 그리스도의 예언대로 하나님의 영광이 떠나고 대신 하나님의 심판이 임한 곳으로 곧, 반면교사로 삼아야 할 곳으로 기억되고 있었다. 그 기억의 밑바닥에는 하드리누스 황제가 유대인들을 위해 무너진 예루살렘 성전을 재건해 주겠다고 하자 크게 불안해하다가 도리어 예루살렘 자체가 지면에서 사라지자 크게 안도하며 유대인들의

61; Goodman, "Trajan and the Origins of Roman Hostility to the Jews", 28; MacCulloch, *Christianity*, 107.

15. 에우세비오스, 복음 논증 6.18; GCS 23, 29.

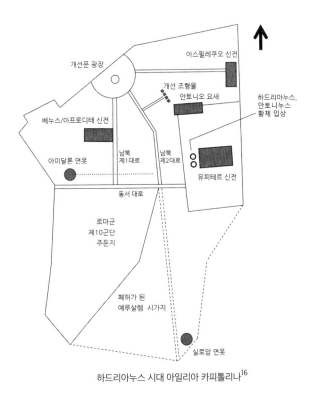

아스필레쿠오 신전

개선문 광장

개선 조형물
안토니오 요새

하드리아누스,
안토니누스
황제 입상

베누스/아프로디테 신전

아미달론 연못

남북
제1대로

남북
제2대로

유피테르 신전

동서 대로

로마군
제10군단
주둔지

폐허가 된
예루살렘 시가지

실로암 연못

하드리아누스 시대 아일리아 카피톨리나[16]

헛된 희망을 크게 조롱하던 2세기 그리스도교도들의 시선이 여전히
깔려 있었다.

하지만 하나님의 영광은 사라진 예루살렘 성전으로부터 거리상
그리 멀리 떠나있지 않았다. 먼 옛날에는 하나님의 성전이, 지금은
유피테르의 신전이 내려다보이는 동쪽 맞은편 감람산 곧, 예수 그리

---

16. 삽화 출처—© [2021] 곽계일 (참조, Wilkinson, *Egeria's Travels to the Holy
Land*, 9; Goodman, *Judaism in the Roman World*, 497).

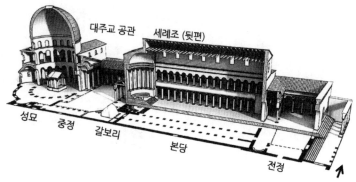

베누스/아프로디테 신전 자리에 세워진 '성묘' 교회[17]

스도께서 승천하시기 전 두 발로 딛고 서 계셨던 곳에서 그리스도교
도들은 하나님을 예배하고 있었다. 그리고 니케아 공의회 이후 얼마
지나지 않아 서쪽 맞은편에도 그리스도교도들이 모여들기 시작한다.
사도들이 떠나자 땅끝이 되었던 예루살렘은 본래 땅끝이었던 곳에
서 찾아온 그리스도교도 순례자들로 말미암아 새 예루살렘이 된다.

순례, 예루살렘을 새 예루살렘으로 바꾸다

에우세비오스는 예루살렘 순례가 언제 처음 시작되었는지에 관
해 침묵하지만, 적어도 2-3세기 순례의 주목적이 성경 연구였음을
순례자 알렉산드로스를 통해 말해준다. "성경 속 장소와 관련된 지

---

17. 삽화 출처—© [2021] Robert G. Ousterhout, "The Origins of Byzantine
Architecture" (2020년 6월 8일), <Smarthistory>, https://smarthistory.org/
wp-content/uploads/2020/06/Jerusalem-Sepulchre-Ousterhout-scaled.jpg,
2021년 2월 12일 접속.

식"을 얻을 목적으로 예루살렘을 찾은 알렉산드로스는 주교로 그곳
에 평생 머물면서 오리게네스 같이 "예수와 제자들 그리고 선지자들
의 발자취를 뒤따라" 성경을 연구하고자 찾아온 순례자들을 맞이한
다.[18] 카파도키아[터키] 출신의 알렉산드로스, 알렉산드리아[이집트] 출신의
오리게네스, 그리고 팔레스티나 출신의 에우세비오스 모두 하나같이
로마식 이름 '아일리아'가 아닌 성경식 이름 '예루살렘'으로 이 도시
를 부르고 기억한다. 이들은 하나같이 성경을 진지하게 탐구하고, 성
경 속 역사를 자신의 역사로 인식하며, 그리고 무엇보다 성경의 땅에
서 실제 살아간 사람들이었다.

> 살아가는 땅이 우리 땅이 된다.
>
> 그 땅 위에서 살아갈 때 불모지는 본토로,
>
> 가나안 땅은 약속의 땅으로 변한다.
>
> 조상이 죽어 묻힌 땅을 경작할 때,
>
> 그리고 그 땅에서 우리 자신도 죽어 묻힐 때 …
>
> 거기서 살아가다 신을 만날 때…
>
> 그 땅은 우리의 본토가 되고, 거룩한 땅이 된다.
>
> 결국 그 땅을 우리의 땅으로 변화시키는 것은 역사이다.
>
> 여러 세대의 역사가 스며들 때 그 땅은 비로소 우리 조상의 땅이 된다.[19]

---

18. 첫 번째 인용—에우세비오스, 교회사 6.11.2; GCS 9/2, 540. 두 번째 인용—오
    리게네스, 요한복음 주석 6.24; GCS 10, 149.

19. Smith, *Map is not Territory*, 110.

태어난 고향은 달랐어도 세 사람 모두 믿음의 조상들과 함께 성
경의 땅에, 자신의 새 본토에, 그리고 거룩한 땅에 묻힌다.

예루살렘과 주변 팔레스티나 지역을 "거룩한 땅"으로 부르기 시
작한 이는 로마 황제 콘스탄티누스였다. 흥미로운 것은 그 시기가,
325년 니케아 공의회에서 "아일리아 주교에게 팔레스티나 지역의
대주교와 같은 수준의 권리를 부여함으로써 합당한 예우를 표한다"
라고 공표한 바로 이듬해였다. 326년, 에우세비오스의 기록에 따르
면 하드리아누스 황제가 아일리아에 세운 베누스헬. 아프로디테 신전을
무너뜨리고 그 자리에 하나님의 집을 세우는 과정에서 예수의 무덤
동굴이 기적처럼 발견된다. 콘스탄티누스 황제는 즉각 "마귀를 예배
하는데 사용되어 불결하게 오염된 토양을 깊게 파내어 먼 곳에다 내
다 버리라"고 명한다.[20] 그리고 빛 가운데 드러난 예수의 무덤 동굴
을 "하나님 보시기에 태초부터 거룩했으나 이제는 [예수 그리스도의 부활
로 말미암아] 더 거룩한 땅"으로 칭송하며 그 주위로 '성묘' 교회를 둘러
세운다.[21] 황제는 교회 외부부터 내부까지 당대 어떤 건축물과 비교
해도 가장 아름답고, 화려하며, 웅장하게 지을 것을 주문한다. 333년,
갈리아프랑스에서 예루살렘을 찾아온 순례자 보르도가 건설 현장을
방문했을 때 '성묘' 교회 본체 옆에 조성된 세례조마저 시선을 사로
잡을 만큼 아름다웠다는 기록을 남긴다.[22] '거룩한 땅'을 건설하기 위

---

20. 에우세비오스, 콘스탄티누스 황제의 생애 3.26; GCS 7/1, 96.
21. 에우세비오스, 콘스탄티누스 황제의 생애 3.30; GCS 7/1, 98.
22. 보르도 성지 순례기 594; Wilkinson, 31. 보르도는 이전 예루살렘 성전 터에
      관해서도 기록을 남기는데, 그의 관찰에 따르면 번제단 앞에 선지자 스가랴

해 황제가 친서를 보내 현장 총책임자로 임명한 자는 이 황제가 주관
한 니케아 공의회의 수혜자, 아일리아의 주교 마카리오스였다.[23]

  거룩한 땅 위에 거룩한 도시를 건설하고 있는 황제의 사역을 널
리 선전한 이는 카이사레이아 주교 에우세비오스였다. 그는 옛 예루
살렘 성전 서쪽 맞은편에 세워진 이 교회에 "그 유명했던 옛 예루살
렘을 마주한 새 예루살렘"이라고 의미를 부여한다. 그리고 성경에
비추어 그 의미를 "에스겔 선지자가 환상 중에 본,[겔 40-43장] 하나님의
영광이 다시 돌아오는 두 번째 장소이자 새 예루살렘이 이곳일 것이
다"라고 풀이한다.[24] 새 예루살렘에 반드시 있어야 할 새 성전은 다름
아닌 죽음의 권세를 이기고 부활하신 주님을 누구보다 먼저 목격했
으며, 그 자신도 우상 신전의 권세를 이기고 마침내 부활한 무덤 동
굴이었다. 에우세비오스는 이 동굴을 "지성소"에 비유한다. 335년,

가 피 흘린 대리석이 전시물로 남아 있고(참조, 마 23.35), 또한 유피테르 신
전 안에 세워진 황제 하드리아누스와 그의 후계자 안토니누스 피우스의 조
각상도 그대로 남아 있었다. 유대인들은 일 년에 한 번씩 옛 성전 터를 방문
해서 로마 황제들 조각상 근처에 놓인 바위 위에 기름을 붓고 애통하다가 돌
아가곤 하였다(보르도 성지 순례기 591; Wilkinson, 30). 이 날은 솔로몬 성
전이 기원전 587년 바빌로니아 군대의 침공에 의해 무너지기 시작했다고 전
해지는 '아브'(7-8)월 9일이었을 것이다. 이 바위는 이스라엘 민족의 시조 아
브라함이 그 아들 이삭을 제물로 바치려고 눕혔던 바위로 알려져 있으며, 이
슬람 우마이야 왕조는 이 바위를 중심으로 691년 '바위 사원'을 건립했다. 보
르도의 관찰에 따르면 콘스탄티누스 황제는 유대인을 부끄럽게 할 구조물만
남긴 채 유피테르 신전도 무너뜨린 것으로 추정된다.

23. 에우세비오스, 콘스탄티누스 황제의 생애 3.30-32; GCS 7/1, 97-99. 참조,
    MacCulloch, *Christianity*, 193-194; Morris, *The Sepulchre of Christ and the
    Medieval West*, 28-31.
24. 에우세비오스, 콘스탄티누스 황제의 생애 3.33; GCS 7/1, 99.

콘스탄티누스 황제는 솔로몬 왕이 옛 예루살렘 성전을 봉헌한 역사를 기념하는 수전절에 골고다 언덕 위에 지은 새 예루살렘 곧 '성묘' 교회를 봉헌한다.대하 7.5-9 새 성전인 '성묘'(혹은, '부활') 교회는 황제 사후 십여 년 지난 348년에 봉헌되는데, 그 지붕의 형태는 완전한 하늘을 상징하는 원형이었다. 예수 그리스도께서 옛 예루살렘과 성전에서 행하셨던 모든 일들과 성전이 파괴된 70년 이후부터 그의 제자들이 '시온산 사도' 교회에서 재현하고 기념하던 일들을 이제부터 새 예루살렘과 새 성전에서 재현하고 기념할 수 있게 되었다.

하지만 예루살렘 순례의 시대, 곧 '성지 순례'의 시대는 콘스탄티누스 황제의 사후로부터 약 반세기가 지난 4세기 말부터 열리기 시작한다.[25] 예루살렘을 '거룩한 땅'으로 격상시킨 이가 황제 콘스탄티누스였다면, 예루살렘 순례를 그리스도인으로서 마땅히 행할 '거룩한 의무'로 격상시킨 이는 히에로니무스제롬(-420년)였다. 히에로니무스는 386년 (그의 주요 후원자 중 하나였던) 로마의 귀부인 마르셀라에게 서신을 쓰는 중에, 자신을 본토 아퀼레이아이탈리아 북동부에서 예루살렘으로 끌어들인 힘이 무엇이었는지 회상한다.

> 선지자들과 모든 성경이 예루살렘을 '거룩한 도시'라고 선언하고 있고, 시편 기자는 "주님께서 그 발로 서셨던 곳에서 예배하리로다"라고 명령하고 있습니다.70인역 시편 131.7/개역개정 132.7 … 주교들, 순교자

---

25. 4세기 그리스도인들의 보편적 인식 속 예루살렘은 여전히 값비싼 비용을 들이면서까지 방문해야 할 만큼 중요한 장소는 아니었다(참조, MacCulloch, *Christianity*, 193-194; Walker, *Holy City, Holy Places?*, 371).

들, 그리고 성도들이 예루살렘을 찾는 이유는 복음이 첫 빛을 발한 바로 그 장소, 그 무덤을 직접 손으로 만지며 그리스도를 경배하지 않고서는 자신들의 믿음과 지식과 덕행은 끝내 온전하지 못할 것이라는 신념 때문입니다.[26]

히에로니무스는 자신을 끌어들여 아직까지 붙잡고 있는 그 힘으로 그리스도교도들을 거룩한 땅으로, 특별히 '성묘' 교회로 끌어들이려고 부단히 노력한다. 가족과 지인, 노인과 젊은이, 성직자와 비성직자, 그리고 남자와 여자를 구분하지 않는다.

구세주가 몸을 누이셨던 동굴에 우리 함께 들어가서 주님의 어머니와 자매들과 더불어 애통할 날이 과연 올까요? 그날이 오면 우리 함께 나무 십자가에 입 맞출 수 있을 텐데 말입니다. 그리고 감람산에 올라가서 승천하신 주님과 함께 기도하며 [남은 평생을 여기 거룩한 땅에서 살겠노라] 결단할 수 있을 텐데 말입니다.[27]

---

26. 히에로니무스, 마르셀라 서신 46.7-9; CSEL 54, 338.4-339.17. 이 서신에서 히에로니무스는 성지 순례의 당위성을 피력하기 위한 또 다른 성경 근거로 "그가 거한 곳이 영화로우리라"(사 11.10)라고 예언한 선지자 이사야를 인용하기도 한다(CSEL 54, 334.23-24).

27. 히에로니무스, 마르셀라 서신 46.13; CSEL 54, 343.12-15. 이탈리아 서남부 도시 놀라의 주교였던 파울리누스는 마카리우스에게 보낸 서신에서 성묘에 들어간 순례자들이 또한 감격에 벅차 (70인역) 시편 131.10을 절로 고백한다고 전한다. 이는 히에로니무스로부터 전해 들은 이야기였다─"그리스도께서 실제로 거하셨던 땅을 눈으로 보고 손으로 만져보고 싶은 바람이야말로 사람들을 예루살렘으로 끌어들이는 힘입니다. 이 바람이 이루어지는 순간 순

히에로니무스는 373년에 예루살렘을 처음 방문한 이후 로마에서 외유한 시간[382-385년]을 제외하고 평생 성경의 땅에서 살다가 묻힌다. 그리고 사도들이 예루살렘에서 땅끝까지 복음을 전했듯이 거기서 자신의 옛 본토 세계에 '불가타' 라틴어역 성경을 전한다. 히에로니무스는 외지 방문자에서 현지 거주민이 된 알렉산드로스와 오리게네스 같은 성경 연구자들의 후계자였다. 그리고 그 스스로 팔레스티나 수도원 운동의 창시자라고 믿었던 힐라리온[291-371년] 같은 수도사들의 후계자이기도 했다.[28] 하지만 동시에, 로마 외유를 마치고 거룩한 땅으로 돌아올 때 끌어들인 남동생 파울리니아누스 그리고 파울라와 유스토키움 모녀와 함께, 처음부터 거주할 목적으로 외지에서 예루살렘을 찾아올 여러 남녀 수도사들의 선구자가 된다.

외지 출신의 남녀 무리가 예루살렘과 동쪽 요단강 사이 유대 광야에 동굴 집촌을 형성하고 살아가기 시작한 시기는 5세기 초였다.[29] 이들은 유대 광야의 가파른 골짜기를 따라가다 거처할 동굴을 찾으면 가장 먼저 우물을 파고 빵 구울 화덕부터 지었다. 이들 수도사 무리는 거룩한 땅에 방문한 순례자이자, 새 본토에 정착해서 살러 온 이주민이었다. 그들 가운데 아르메니아 출신의 수도사 유티미우스

레자들은 감격에 벅차 '우리가 그의 계신 곳으로 들어가서, 그 발로 서셨던 곳에서 예배하리로다.' 하고 시편 131편 말씀을 읊는다고 합니다"(파울리누스, 마카리우스 서신 49.14; ACW 36, 273).

28. 히에로니무스, 수도사 힐라리온의 생애 14; PL 23/2, 35.
29. Wilken, *The Land Called Holy*, 150-157.

역시 옛 본토에서 따르던 삶의 방식을 버리고 새 본토민들이 살아가는 방식을 따른다. 앞서 3세기 후반 유대 광야에 가장 먼저 정착한 수도사 가운데 한 사람으로 알려진 소아시아 출신의 카리톤이 보여준 대로, 주중에는 독거 동굴 처소에서 은둔 수행을 하다가 주말에는 공동 장소에 모여 함께 성찬을 나누며 하나님을 예배한다.[30] 유대 광야의 동굴 수도원은 거룩한 새 예루살렘에 들어가고자 광야에 늘어선 영광스런 이스라엘의 장막이었다.

> 야곱이여 네 장막들이, 이스라엘이여 네 거처들이 어찌 그리 아름다운고! 그 벌어짐이 골짜기 같고 강 가의 동산 같으며 여호와께서 심으신 침향목들 같고 물가의 백향목들 같도다!민 24.5-6

하지만 예루살렘 성묘가 예수 그리스도에게 그랬듯이, 동굴은 이들 그리스도교도에게 무덤이었고 동시에 요람이었다. 유티미우스가 처음 정착했을 당시 세 개에 불과했던 광야 수도원 공동체는 그가 매일 죽고 매일 다시 살아나기를 반복한 70여 년 동안 (최소) 열네 곳까지 늘어난다.[31] 거룩한 도시 예루살렘 인근의 유대 광야, 사람이 다닐

---

30. 독수도와 공수도가 결합된 수도원 공동체는 후에 '라브라' 또는 '라우라'라고 불리는데, 이는 독거처와 공동 장소 사이를 잇는 "통로" 혹은 "오솔길"을 뜻하는 헬라어($\lambda\alpha\acute{u}\rho\alpha$)에서 파생된 것이다.

31. Vailhé, "Répertoire alphabétique des monastères de Palestine", 19-48, 272-292. 유대 광야 지역의 수도원은 6세기 최전성기에 최대 65곳까지 늘어난다(참조, Hirschfeld, *The Judean Desert Monasteries in the Byzantine Period*, 12; Wilken, *The Land Called Holy*, 158-161). 로마누스 수도원의 경우 소속 수도사

수 없었던 "버려진" 땅을 거룩한 땅으로 "개간한" 이민자들은 유티
미우스와 그의 "영적 자손들"이었다.[32]

로마 황제 콘스탄티누스는 예루살렘과 팔레스티나 순례의 주목
적을 유대인을 향한 조롱과 성경 연구에서 기도와 예배로, 역사와 교
훈에서 종말과 구원으로, 그리고 순례에서 거주로 바꿔 놓았다. 아울
러, 예루살렘 순례자를 특정 소수에서 일반 다수로 바꿔 놓았다. 그
러나 예루살렘을 땅끝에서 그리스도교의 새 본토로 바꿔 놓은 것은
나무 십자가도 무덤 동굴도 아니었다. 그것은 "너의 본토 친척 아비
집을 떠나 내가 네게 지시할 땅으로 가라"는 거룩한 명령에 순종한
아브라함처럼,[창 12.1] 외지 순례자로 거룩한 땅에 와서 현지 거주민이
되어 그 땅에 묻힌 수도사들이었다.

새 예루살렘, 세상의 중심이 되다

콘스탄티누스 황제가 열어 놓은 성지 순례의 시대에 태어난 그
리스도교도 중에 '에게리아'라는 이름을 지닌 여성은 히에로니무스
가 로마에서 잠시 외유하느라 비워둔 성경의 땅에 381년 첫발을 딛
는다. 그해 부활절 즈음에 맞춰 예루살렘에 도착한 후로 그는 삼 년

인원이 육백여 명에 이르렀다(Rufus, *Plérophories*, 25).

32. 키릴로스, 팔레스티나 수도사 열전 24, 1-5; CSS 114, 19. 4세기 중반 작품《수
도사 안토니오스의 생애》에서 저자 알렉산드리아 대주교 아타나시오스 또
한 유사한 관점으로 수도사들의 업적을 평가한다—"사람이 살지 않던 [알
렉산드리아 주변] 광야는 외지에서 찾아온 수도사들로 말미암아 하늘나라
의 시민들이 거주하는 땅으로 개간되었다"(수도사 안토니오스의 생애 14;
NPNF 4, 200).

6세기 유대 광야 일대의 수도원[33]

---

33. 삽화 출처—© [2021] 곽계일 (참조, Price, *Lives of the Monks of Palestine*, 306; Bar, "Rural Monasticism as a Key Element in the Christianization of Byzantine Palestine", 49-65).

동안 이스라엘 백성과 예수 그리스도의 발걸음을 따라 성경의 땅 곳곳을 순례한다. 하나님의 역사를 기억하는 성경과 함께 그 땅을 바라볼 때 흙 무지, 돌멩이, 나무는 더 이상 침묵하지 않고 이 여성 순례자에게 하나님의 역사를 증거한다. 이 순례자도 더 이상 침묵하지 못하고 가는 곳마다 하나님께 기도와 시편 찬송을 올려 드린다. 에게리아의 순례에서 어떤 장소와 시간보다 가장 큰 소리로 하나님의 가장큰 역사를 전하는 증인은 다름 아닌 새 예루살렘 성전과 부활절이었다. 하지만 그보다 더 큰 소리로 외치는 증인은 그날 그곳에 모인 예배자들이었다. 그들은 메소포타미아, 시리아, 이집트 같은 가까운 지역뿐만 아니라 "세계 모든 지역"에서부터 온 남녀 수도사와 평신도였고 "사오십 명보다 결코 적어 보이지 않는" 주교들과 이들 곁에서 수행하는 훨씬 많은 성직자들이었다.[34]

안식일이 지나고 이른 아침에 무덤을 찾은 이들은 "주님의 어머니와 자매들과 함께" 비어있는 무덤 안에 서지 않는 것, 곧 시편 132편[70인역 131편] 말씀에 순종하지 않는 것 자체를 "무거운 죄"로 여기는 그런 사람들이었다.[35] 에게리아는 이 거룩한 백성과 함께 이 거룩한 날 이 거룩한 땅에서 예루살렘 주교의 인도를 받아 거룩하신 하나님께 해 뜰 때와 해 질 때, 특별히 두 차례 감사의 제사, 즉 성찬 예배를 올려드린다.

인도자: 거룩한 백성이 받을 거룩한 것이라!

---

34. 에게리아 성지 순례기 49.1-2; Wilkinson, 164.
35. 에게리아 성지 순례기 49.2; Wilkinson, 164.

회   중: 거룩한 것은 하나이니, 주 예수 그리스도는 한 분이십니다!

찬양대: 너희는 주의 선하심을 맛보아 알지어다! [수찬][36]

유대인 이웃들과 마찬가지로 예루살렘의 그리스도교도들도 해
가 뜰 때와 질 때를 하늘의 천사 무리가 하나님을 찬양하는 거룩한
시간으로 여기고 있었다.[37] 니케아 공의회에 참석한 주교들을 통해
부활절을 지키는 '새 날짜'를 그리스도 세계 전역에 전한 사람이 콘
스탄티누스 황제였다면, 새 예루살렘의 부활절에 참석한 주교들을
통해 하늘의 천사와 땅 위의 사람이 연합하여 하나님을 찬양하도록
부활절 예전의 '새 양식'을 전역에 전한 사람은 당시 예루살렘 혹은
아일리아 주교 키릴로스였다.[38]

순례를 마치고 콘스탄티노폴리스로 떠나는 에게리아를 향하여
에데사의 주교는 "내 자매여, 저쪽 땅끝에서부터 이 먼 길을 나서게
한 것이 그대의 믿음이 아니면 무엇이겠소!"라며 칭송한다.[39] 에게리
아가 순례를 시작한 지역이 서방스페인(?)임을 알려주는 것보다 "저쪽"

---

36. 키릴로스, 예비신자 학습 23.19-20; PG 33, 1123-1124.

37. 참조, 모세의 묵시록 7.2; 아브라함의 유언 B.4.4; 1QS(쿰란 공동체 규칙서)
     9.26-10.2.

38. 참조, Wilkinson, *Egeria's Travel*, 82-83. 서방 라틴 교회가 새로 받아들인 예
     루살렘 교회의 예전 전통은 대표적으로 다음과 같다—(1) 종려주일 예전(에
     게리아 성지 순례기 31.1-2), (2) 성금요일 십자가 예전(에게리아 성지 순례
     기 36.5), (3) 성탄절 두 차례 성찬식 예전(에게리아 성지 순례기 25.6-8) 등.
     11세기부터 예루살렘 교회의 예전은 서방 헬라 교회 양식으로 바뀐다(참조,
     Griffith, "The Gospel in Arabic", 126-167).

39. 에게리아 성지 순례기 19.5; Wilkinson, 133.

이 담고 있는 더 중요한 함의는 세상을 동방과 서방으로, 이쪽과 저쪽 "땅끝"으로 구분하며 동시에 이어주는 중심이 새 예루살렘이라는 세계관이다. 그리고 하늘과 땅, 위쪽과 아래쪽을 구분하며 동시에 이어주는 성전이 새 예루살렘이라는 세계관이다. 4세기 로마 황제 콘스탄티누스가 "거룩한 땅"이라 불렀고, 카이사레이아 주교 에우세비오스가 "새 예루살렘"으로 그 의미를 해석했으며, 세계 각지의 남녀 그리스도교도들이 자신의 새 본토로 여겨 이주해 살다가 죽어 묻힌 그 땅은 4-5세기부터 다시 그리스도교 세계의 중심이 된다.

8세기 중반부터 예루살렘과 유대 광야에서 아랍어로 성경과 수도사들의 생애 그리고 그리스도교 변증서를 필사하는 수도사들이 집촌을 이루고 살기 시작한다.[40] 이슬람 '알 아크사' 사원흑은, '바위' 사원이 692년부터 '거룩한 땅'이라는 수식어를 옛 예루살렘에게 되돌려준지 오래되었음에도 새 예루살렘을 찾아오는 그리스도교도들의 발걸음은 여전히 끊이지 않았다.[41] 8세기 초, 시리아 에메사홈스에 거주하던 한 이슬람교도는 어느 날 자신들을 로마에서 출발하여 예루살렘으로 향하는 순례자라고 신원을 밝힌 서방 출신 수도사 일행과 마주한다. 몇 번의 대화 끝에 이 노후한 지역 유력가는 이 지역을 지나간 서방 그리스도교도들을 그의 나이만큼 오래도록 관찰한 경험에 비추어 이들의 말을 믿고 안전히 보내준다. 그가 기억하기로 그 먼

---

40. 참조, Griffith, "The Monks of Palestine and the Growth of Christian Literature in Arabic", 1-28; Ibid., *The Church in the Shadow of the Mosque*, 48-53.

41. 참조, Grabar al-Asʿad, *The Shape of the Holy*, 52-116.

곳에서부터 여기까지 온 서방인들이 현지 이슬람교도들을 해친 것을 본 적 없었을뿐더러, 이들은 "그저 자신에게 부과된 '거룩한 의무'를 다하고 싶어 하는 사람들일 뿐"이라는 점을 잘 알고 있었기 때문이다.[42]

4세기 말부터 소수 그리스도교도들에게 부과되기 시작한 성지순례라는 '거룩한 의무'는 새 천 년기가 열리면서 서방 군주들에게까지 그리고 그들 휘하에 무장한 그리스도교도들에게까지 확대된다. 1099년, 제1차 십자군 원정대가 이전과 다른 방식으로 예루살렘을 순례한 이후로, 그러니까 '거룩한 도시'를 무력 탈환하고 현지 무슬림들을 대학살한 이후로 예루살렘은 그리스도교도라면 반드시 찾아가야 하는 동시에 이교도로부터 반드시 지켜야 하는 거룩한 도시가 된다. 그렇게 새 천 년 시대의 예루살렘은 그리스도교 세계에서 가장 확고하면서도 가장 불안한 중심이 된다. 한편, 예루살렘까지 순례하는 데 그치지 않고, 그 너머 반대편 세상까지 순례하는 새로운 무리가 등장한다. 1271년, 베네치아 공화국을 떠난 '폴로 가문' 상단은 예루살렘에 들려 '성묘' 교회에서 성유를 얻은 뒤 동방의 대원대몽골국으로 향한다. 비록 중도에 겁을 먹고 포기하긴 하였으나 예루살렘에서부터 베네치아인 상단과 함께 동방 길에 나선 이들은 도미니코 수도회 소속 수도사들이었다.[43] 1275년, 마르코 폴로가 상도^{여름 수도}에 도착해 대칸 쿠빌라이에게 성유^{聖油}를 바친 그해, 동명이인의 몽골인 그

42.　후게버르크, 수도사 빌리발트 순례기 1.20; MGH 15, 94.

43.　마르코 폴로, 세계 이야기 13; Kinoshita, 8-9.

리스도교 수도사 마르코스와 그 스승 사우마는 대칸으로부터 통행패를 받아 상단과 함께 대도를 떠나 예루살렘 순례길에 나선다. 고향으로 다시 돌아오지 못할, 세상의 중심을 향해 가는, 어쩌면 그 너머 맞은편 서방까지 이어진, 동방인 중에서 아무도 가보지 않은 미지의 순례길이었다.

일화 2
크테시폰과 대도 사이

그리스도교는 유대인에게서 기원하여 이방인에게로 퍼져 나갔다. "먼저는 유대인에게요 그리고 헬라인에게로라." [롬 1.16] 유대인 사도들은 유대인 예수의 복음을 먼저는 유대인에게 그다음에는 이방인 [비유대인] 에게 전했다. 온 세상에 흩어져 있는 유대인을 만날 수 있는 곳은 다름 아닌 회당이었다. 그리고 그곳에서 하나님을 경외하여 토라(혹은, 구약성경)를 배우는 소위 "경건한" 이방인들을 만날 수 있었다. 회당은 그리스도교 신앙이 전파되어야 할 땅끝이자 작은 세상이었다. 동시에 다른 땅끝을 향해 나가는데, 구약성경을 전혀 모르는 이방인들에게 나가는데 필요한 디딤돌이었다. 유대인 사도들이 회당을 디딤돌 삼아 전한 것을 그들의 동방 제자들은 수도원을 디딤돌 삼아 동방 땅끝까지 전한다.

유대인 동방 사도들

예루살렘은 오순절을 맞아 거룩한 의무를 다하기 위해 "천하 각 국"에서부터 순례 온 유대인과 경건한 이방인들로 북새통을 이루었다.[행 2.5] 이때 갈릴리에서 온 일단의 유대인 무리가 각 지역 방언으로 복음을 전하기 시작하면서 소동이 벌어진다. 순례자들이 놀라 믿을 수 없다고 반응하는 가운데 당시 팔레스티나 바깥에 흩어져 살고 있는 '디아스포라' 유대인들의 분포 지역을 가늠케 하는 정황이 드러난다.

> 우리는 바대파르티아인과 메대메디아인과 엘람페르시아인과 또 메소보다미아메소타미아, 유대와 갑바도기아카파도키아, 본도폰투스와 아시아, 브루기아프리기아와 밤빌리아팜필리아, 애굽이집트과 및 구레네키레네에 가까운 리비야 여러 지방에 사는 사람들과 로마로부터 온 나그네 곧 유대인과 유대교에 들어온 사람들과 그레데크레타인과 아라비아인들이라.[행 2.9-11]

유대교 기준에서 성인으로 인정하는 남자가 최소 열 명 모이면 회당을 구성하던 관례에 비추어 보면, 오순절에 공개된 1세기 유대인 디아스포라 지역 목록은 곧 회당 분포 목록이었다. 성령께서 예수 그리스도의 사도들로 하여금 이들 지역의 방언을 모두 말하게 하셨다는 것은 그들을 해당 지역으로 보내 예수 그리스도에 관해 증언케 하신다는 계획을 드러내신 것으로 풀이된다. 사도들이 디딤돌 삼아 복음을 전할 회당의 방위와 좌표가 찍힌 지도가 오순절 예루살렘에서 벌어진 소동 한가운데 펼쳐진 것이다.

사도행전의 저자는 동방에서 서방으로 회당 지도를 펼치면서 북방에서 남방으로 훑어 내려가며 지도를 읽는다. 이 지도 속 사방위 세계의 중심은 예루살렘이었다. 같은 시대, 유대인 철학가 필론도 로마 황제 가이우스 앞에서 유대인들이 어떤 민족보다 여러 지역에 흩어져 살고 있는 세계 시민임을 피력하고자 회당 지도를 펼치는데, 이집트 알렉산드리아 출신이면서도 "자기 본토"라고 부른 "거룩한 도시" 예루살렘으로부터 시작해서 사방위로 펼쳐 나간다.[1] 필론은 가이우스가 다스리는 서방 세계와 관련해서 유대인 거주 지역의 이름을 특정한다. 그에 반해서, 황제의 통치권이 전혀 미치지 못하는 "유프라테스강" 너머 동방 세계와 관련해서는 회당이 존재하지 않는 지역을 찾아보기 어렵다는 식의 반어적 표현을 통해 서방 세계보다 훨씬 많은 유대인들이 뿌리내리고 살고 있음을 피력한다.

동방 세계는 유대 민족의 조상인 아브라함의 본토였고, 남유다 왕국의 멸망과 함께 시작된 바빌로니아 포로 시대기원전 586-538년를 거치면서 아브라함의 자손들에게 (예루살렘이 있는 팔레스티나에 이어) 제2의 본토가 되었다.[2] 사도행전은 유대인 회당을 징검다리 삼아 예루살렘에

---

1. 필론, 가이우스 황제에게 보내는 공문, 36.281-282; LCL 379, 142.
2. 팔레스티나와 바빌로니아를 오가며 유대인 디아스포라 네트워크를 구축한 주역은 무역 활동에 종사하는 랍비들이었다. 이들이 제1, 2 본토를 오가며 수집하여 유통한 품목 중 가장 값진 것은 모세가 말로 전한 성구(成句) 율법의 조항들이었다. 이들이 성문(成文)과 성구 율법을 각처에서 수집하여 집대성한 결과물은 '탈무드'라고 불리는 유대인 경전이 되었다. 탈무드는 두 종류가 있는데, 하나는 본토 유대인을 위한 '팔레스티나/예루살렘 탈무드'이고

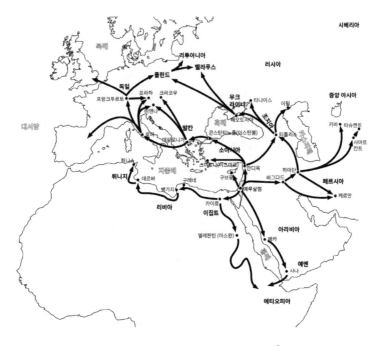

유대인 디아스포라의 확산(주전 722-주후 1500)[3]

서 로마까지(곧, 서방 세계)에 예수 그리스도의 복음을 전한 유대인 사도
들의 행적을 기록한다. 그렇다면 예루살렘을 떠나 더 많은 유대인과

다른 하나는 동방 유대인을 위한 '바빌로니아 탈무드'이다. 바빌로니아 탈
무드는 팔레스티나 탈무드가 상대적으로 높은 규범적 권위를 가지고 있음
을 인정하는 동시에, 바빌론 도시가 구심점이 된 동방 지역이 유대인의 제2
본토임을 확증해 준다(참조, Guggenheimer, "Introductions" to The Jerusalem
Talmud, 1-38).

3. 삽화 출처──© [2021] 이상익, "디아스포라의 성장 (주전 722 이후)"(2013
년 2월 6일), <성서학 연구소 BIBLIA>, https://biblia.co.il/wp-content/
uploads/2013/02/diasporamapFB.jpg, 2021년 2월 12일 접속.

회당이 존재하는 동방 세계로, 곧 "바대인과 메대인과 엘람인과 또 메소보다미아…에 사는 사람들"에게로 간 유대인 사도들은 누구였을까?

1287년, 예루살렘에서 동방으로 떠난 사도들이 누구였는지 알고 싶어 한 이들은 로마 라테라노 '세례 요한' 교회에 모인 추기경단이었다.[4]

> 그대를 보낸 총대주교가 고백하는 신앙고백이 무엇이오? 어느 사도가 그대의 출신 지역에 복음을 전해주었소이까?

신앙고백 혹은 복음은 그것을 전한 사도와 하나로 여겨졌기에 두 질문은 사실상 하나였다. 이 질문에 대답한 이는 사우마로, 몽골 일칸국의 지배자인 아르군 일칸이 서방으로 보낸 총대사였다.

> 존귀한 사도 토마와 존귀한 제자 앗다이와 마리가 동방 지역에 복음을 전해주었습니다. 우리 동방 그리스도교도들은 이들 사도가 전해준 복음을 오늘날까지 그대로 지키고 있습니다.

이 대답에 추기경단이 믿을 수 없다고 놀란 이유는 사우마의 입에서 나온 동방 사도들의 이름 때문이 아니었다. 몽골 통치자가 보낸 총대사가 몽골인이었다는 퍼즐 조각 하나, 이 몽골인이 그리스도교

---

4.   동방수도사 서유기, 일화 8.

도라는 퍼즐 조각 둘, 그리고 몽골인에게 복음을 전한 자들이 사도 토마와 70인 제자 중 두 명이었다는 퍼즐 조각 셋, 도저히 어울릴 수 없는 이 세 퍼즐 조각이 합쳐져서 자신들 눈앞에 사우마라는 사람으로 서 있기 때문이었다.

세 퍼즐 조각의 총합은 비단 사우마 한 사람이 아니었다. 사우마는 자신과 같은 사람이 극동 지역에 걸쳐 여럿 있다고 추가 진술한다. 그리고 그 여럿 중에 한 사람, 자신을 총대사로 보낸 아르군 일칸을 콕 집어 거명한다.

> 존귀한 추기경님들, 여러 교부들이 튀르크인과 몽골인과 시나인^{중국}인의 영토까지 이르러 복음을 전했다는 사실을 아셔야 합니다. 그 열매로 오늘날 몽골인들 중에 예수님을 믿고 따르는 그리스도교도들이 많이 생겼습니다. 더욱이 몽골 칸들의 자녀 중에 그리스도를 주로 고백하고 세례받은 자들도 있습니다. 칸들의 궁중에 천막 교회가 세워져 있기도 합니다. 칸들은 그리스도교도들을 높이 예우해주며, 저를 보내신 아르군 일칸 같이 그리스도를 믿는 자들도 있습니다.

역사적 정황은 몽골 칸들의 그리스도교 신앙에 관한 사우마의 진술이 과장되었다고 말한다. 그를 총대사로 보낸 아르군 일칸만 하더라도, 일칸국 영토 내 그리스도교도들을 예우해 준 것은 사실이나 그 자신은 여러 민족과 문화와 종교를 포용하는 유목민이었고 고기와 술을 즐기며 철 따라 주둔지를 옮겨 다니며 정복 전쟁을 벌이는 몽골인이었다.[5] 사우마의 진술에는 통치자부터 백성까지 모두 그리스도교를 믿는 사회, 곧 서방 '크리스텐덤'Christendom을 상대하는 노련한 외교적 자세와 질투 어린 신앙적 바램이 혼재되어 있다. 하지만 추기경단을 더 크게 놀래킬 진실의 여지는 아직 남아 있었다. 서방 라틴 교회의 교황에 비견될 동방 시리아 교회의 수장, 야발라하 3세 총대주교 역시 사우마와 같은 튀르크계 몽골인이었다.

사도 토마가 튀르크인과 몽골인 그리고 중국인의 사도라는 신념은 이 지역 출신인 사우마의 개인적 신념만이 아닌 동방 시리아 교회 전체의 보편적이고 전통적인 인식이었다. 14세기 다마스쿠스시리아 주교 엘리아스는 사도 토마가 다른 사도들과 제자들과 함께 인도를 지나 동방의 "녹해" 지역까지 복음을 전했다는 기록을 남긴다. 이 "녹해" 지역이 어디를 가리키는지 짐작할 수 있도록 복음이 동방에 전파된 경로를 밝혀준 이는 동시대 동방 교회의 역사가 암루였다.

---

5. 초대 일칸 훌라구부터 제2대 아바카 그리고 제3대 아르군은 샤머니즘과 혼합된 형태의 불교를 신봉했다(참조, Vaziri, "Buddhism during the Mongol Period in Iran", 111-131). 일칸국의 불교가 전성기를 구가한 시기는 역설적으로 사우마 총대사를 서방에 파견한 아르군 일칸의 통치기였다. 아르군 일칸은 통치 말기 1290년에 자신의 이름을 붙여 건설한 도시 아르구니아에 불교 사원을 짓고, 그 안에 자신의 모습과 닮은 불상을 세운다(참조, 라시드 알딘, 연대기 집사 188-189). 아바카 일칸이 술 과음에 따른 간경화로 사망했다면, 아르군 일칸은 인도 출신 승려가 장수비법으로 권유한 유황과 수은 혼합물을 과음한 후유증으로 몸이 마비되어 사망한다(참조, Jackson, "Abaqa Khan", *Encyclopaedia Iranica* I/1, 63; ibid, "Arġūn Khan", *Encyclopaedia Iranica* II/4, 404).

사도 바르톨로매와 토마는 칠십인 제자에 속한 타대오^{시. 앗다이} 그리
고 마리와 함께 니시빈, 메소포타미아, 모술, 바빌로니아, 갈대아, 아
라비아, … 그리고 페르시아에 복음을 전하고 가르쳤다. 그리고 인
도와 중국 너머까지 이르렀다.[6]

동방 그리스도교도들이 이들 동방 사도들 가운데 "녹해" 혹은
"가장 먼 바다"에 인접한 인도와 중국으로 보냄받은 사도로 특정한
이는 바로 토마였다. 동방 그리스도교도들에게, 특히 몽골 출신 사우
마에게 사도 토마가 시리아어로 "시나이" 그리고 페르시아어로 "시
니스탄"이라고 불리는 옛 진나라 지역과 그 너머까지 이르러 복음을
전했음을 확신케 해 주는 증거는 어떤 역사적 실증자료가 아니었다.
암루가 밝히듯이, 그것은 사도 토마가 사도 베드로 및 다른 사도들과
함께 예수 그리스도로부터 받아 제자들에게 전한, 그래서 크테시폰
의 총대주교로부터 시나이^{남중국}와 카타이^{북중국} 중국 대주교까지 전해
받은, 그리고 14세기 초 기준으로 스물일곱 개 대주교구에 속한 동방
그리스도교도들이 지역 대주교를 통해 전해 받고 있는 "한 가르침,
한 믿음, 한 신앙고백"이었다.[7]

---

6.   Assemani, *Bibliotheca orientalis* 3/2, 5.
7.   암루 총대주교 열전, 126-127; Gismondi, 72-73. 초기 전승 중 하나는 토마가
      파르티아로 갔고 바로톨로매는 인도로 갔다고 전하는 반면(에우세비오스,
      교회사 3.1.1; GCS 9/1, 189), 5세기 후대 전승 중 하나는 토마가 파르티아, 미
      디아, 페르시아뿐만 아니라 박트리아, 카르마니아, 히르카니아까지 갔다고
      전한다(히에로니무스, 사도들의 생애 9; PL 23, 721). 한편, 《토마 행전》은 3
      세기 초부터 토마를 인도의 사도로 지목한다. 후대로 갈수록 사도 토마가 복

대주교, 일치성과 다양성의 상징

한 교리, 한 믿음, 한 신앙고백, 그리고 한 예수 그리스도를 눈으로 보고 손으로 나눌 수 있도록 일체화시킨 상징이 있다면 바로 성찬이었다. 14세기 니시빈과 아르메니아의 대주교였던 아브디쇼에 따르면, 동방으로 보냄받은 사도들은 "모든 동방 교회가 주께서 다시 오실 때까지 성찬의 신비에 참여할 수 있도록 가는 곳마다 성찬을 지니고 다녔다"고 한다.[8] 또 다른 일치성의 상징은 한 성찬과 함께 한 대주교를 한 대주교구에 보낼 단 한 명의 총대주교였다. 동방 교회의 총대주교는 동방 사도들의 제자이자 (바그다드 인근) 크테시폰의 첫 주교였던 마리의 제자들이다. 통치 세력이 사산 왕조 페르시아[224-651년]에서 이슬람 칼리프 왕조[661-1258년]로 바뀌면서 동방 교회도 775년 칼리프를 따라 크테시폰에서 인근 바그다드로 총대주교청을 옮긴다. 몽골 일칸국의 치세기[1256-1335년]에는 흑해와 카스피해 사이, 군마를 먹일 건초가 풍부한 목초지 타브리즈에 주둔하는 일칸을 따라 인근 마라가로 옮긴다. 그럼에도 동방 교회 총대주교는 언제나 크테시폰에 있는 쿼케 교회에서 총대주교로 안수받았고, 그의 총대주교구는 언제나 크테시폰이었다.

음을 전한 지역 범위가 확대되며, 다른 사도 및 제자들의 전승이 토마 전승과 통합되는 현상은 동방 시리아 교회가 5세기 초부터 한 사람의 총대주교를 중심으로 직제를 조직하고 옥서스강 너머 시나이 중국과 카타이 중국까지 직제를 확대시켜 나간 현상과 결을 같이 한다.

8. Mai, *Scriptorum veterum nova collectio* 10, 359.

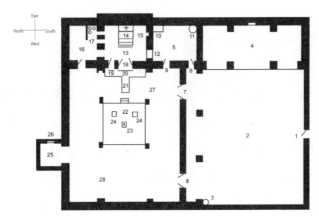

메소포타미아 지역에 보편적으로 적용되었던 동방 교회의 건축 구조[9]

총대주교의 선출은 크테시폰 주변 메소포타미아 지역의 대주교
들을 통해 이루어졌다. 410년 제1차 총회는 총대주교 선출위원장으
로 엘람 대주교를 그리고 선출위원으로 니시빈, 마이샨, 아비아딘,
그리고 벳 가르마이 대주교를 선임한다.[10] 554년 총회에서 파르스와 코

---

9. [1] 정문, [2] 앞마당(공동묘지), [3] 우물, [4] 기도실 및 소예배실(시. 벳 슬
루토), [5] 세례실, [6] 세례실 실외 출입문, [7] 남성 전용 예배실 출입문, [8]
여성 전용 예배실 출입문, [9] 세례실 실내 출입문, [10] 제구대, [11] 성수
반, [12] 창문, [13] 찬양대, [14] 제단, [15] 성찬 집례실(시. 벳 라제), [16] 성
경 및 성구집(lectionary) 보관실, [17] 성유와 유교병 보관실, [18] 가리개,
[19] 간이문, [20] 연단(시. 코스트로마), [21] 복도(시. 샤카코나), [22] 강론
단, [23] 골고다 십자가, [24] 강론대/독서대, [25] 순교자 기념실, [26] 성유
물, [27] 남자 회중석(위쪽/오른쪽), [28] 여자 회중석(아래쪽/왼쪽). 삽화 출
처—© [2021] Christoph Baumer, 2019, *The Church of the East*, I.B. Tauris &
Bloomsbury Publishing PLC.
10. 410년 동방 교회 총회 제21 교령; Chabot, 32-35/271-273. 도시의 나열 순서
는 교권 서열 순서를 의미한다.

시리아 (알레포 남부)
벤나위 지역 교회에서
발견된 강론대[11]

라산이 그리고 642년 총회에서 할완이 여덟 번째 내지 대주교구로
추가 편입된다.[12] 그렇게 유프라테스강부터 옥서스강 사이 지역은 동

11.　6세기 초반, 돌로 제작된 강론대에 새겨진 문구의 내용은 다음과 같다—"이
　　강대상을 헌물한 사제 아브라함과 요한 그리고 그의 어머니를 기념한다." 참
　　조, Loosley, *The Architecture and Liturgy of the Bema in Fourth-to-Sixth-Century
　　Syrian Churches*, 245-246. 삽화 출처—© [2021] Brock-Grassetti-Witakowski,
　　The Hidden Pearl, Gorgias Press (2002), 211.

12.　Wilmshurst, "Beth Sinaye", 259; Platt, "Changing Mission at Home and
　　Abroad", 163 [n] 9.

방 시리아 교회의 본거지 혹은 내지가, 옥서스강 너머 동방은 외지가 되었다. 총대주교의 선출과 선임 과정에서 동방 교회는 그 뿌리부터 썩어들어가기 시작했다. 총대주교 선출을 둘러싸고 선출위원회 내부는 계파 갈등과 권력 암투로 얼룩졌고, 후보자들과 선출위원들 사이에 오가는 청탁성 뇌물은 관례가 되었다. 하지만 총대주교의 최종 선임권은 시대에 따라 바뀌는 이교도 통치자 샤, 칼리프, 그리고 일칸을 통해 이루어졌다. 이교도 통치자들은 최종 임명권을 손에 쥐고서 동방 교회의 지도부를 어렵지 않게 통제할 수 있었다.

8세기 중반, 이슬람 통치 세력이 우마이야 칼리파 왕조에서 압바스 칼리파 왕조로 바뀌는 시기와 맞물려 동방 교회도 개혁의 적기를 맞는다. 자신을 총대주교로 선출해준 댓가로 금전과 은전으로 가득 찬 자루를 기대하고 있던 후원 세력에게는 동전으로 가득 채운 자루로 깜짝 놀래키면서 정치가로서의 면모를, 주교급 이상 교권자에게는 독신과 금욕을 요구하면서 수도사로서의 면모를, 그리고 칼리프 알마흐디 앞에서 헬라 철학 용어로 그리스도교를 변증하며 신학자로서의 면모를 보여준 신임 총대주교는 티마테오스^{재위 780-823년}였다.[13] 게다가 개척가로서도 탁월한 면모를 갖춘 그와 함께 동방 교회는 어느 때보다도 활발하게 외지 영토로 뿌리를 뻗어간다. 8세기 말^{약 795-798년}, 엘람 대주교 세르기우스에게 보낸 서신은 그 비결을 담고 있다.

요 근래 성령님께서 '벳 튀르카이'에 첫 대주교를 세우셨습니다. 현

---

13. 참조, 그리스도교 동유기, 일화 3 "이즐라산 대수도원 전통", "학자와 지혜자".

재 우리는 티베트 지역에도 첫 대주교를 파견하려고 준비하고 있습니다. … [카스피해 남단] 라이 지역과 구르간 지역에도 후임 대주교를 파견하려고 준비하고 있습니다.[14]

'벳 튀르카이', 곧 "튀르크인들의 땅"에 첫 대주교를 세운 일은 앞서 780년대 초기에 튀르크족 계열 국가의 통치자 '카간'으로부터 받은 서신 요청에서 시작되었다. 수도사들을 통해 자신과 모든 백성이 복음을 듣고 믿게 되었으니 세례를 베풀어 줄 주교를 보내달라는 요청이었다.[15] 인근의 가장 가까운 대주교구였던 사마르칸트에서 주교를 보내기 시작한 이후 790년대 초기에 이르러 교세가 확연히 커

---

14. 티마테오스 총대주교 서신 no. 47; Labourt, 43, 45.
15. 동방교회의 교세 확장과 관련된 기록에서 튀르크인들의 개종이 처음 언급된 시기는 앞선 7세기 중반으로, 작자 미상의 《쿠지스탄 교회사》에 따르면 메르브 대주교 엘리아스 주도로 카스피해와 옥서스강 사이에 거주하는 튀르크인들을 대상으로 적극적인 포교 활동이 이루어졌다(참조, Hunter, "The Conversion of the Kerait to Christianity in A.D. 1007", 142-163). '튀르크'인은 중앙아시아 초원 일대를 누비는 유목민을 포괄하는 통칭이었으므로, 티마테오스 총대주교에 주교 파견을 요청한 '카간'과 그 왕조를 특정하기 어렵다. 이 주제를 다룬 한 논문은 사마니드 이슬람 왕조가 9세기 말에 정복한 튀르크계 그리스도교 왕국에 대한 기록 그리고 총대주교의 서신에서 짝지어 등장하는 티베트와의 관계 등을 바탕으로 '카를루크' 튀르크 왕조를 유력한 후보로 지목한다(참조, Dickens, "Patriarch Timothy I and the Metropolitan of the Turks", 117-139). 이 튀르크 왕조의 겨울 수도였던 탈라스에는 무슬림 정복자들이 즉시 회당으로 용도 변경해 사용할 수 있을 만큼 대규모의 교회 건물이 존재했고, 남은 왕족 세력이 새로운 본거지로 자리 잡은 카쉬가르(혹은, 카쉬가얼)는 12세기 말에 동방교회의 대주교구로 격상한다. 튀르크·몽골계 수도사 사우마와 마르코스가 상단과 함께 카쉬가르와 탈라스를 거쳐 바그다드로 향했듯이, 두 도시는 실크로드 무역로에서 주요 거점 도시였다.

진다.[16] 그리고 790년대 말기에 '카간'의 왕궁이 있는 탈라스카자흐스탄
남부로 첫 대주교를 세워 보낸다. 수도사를 보내 미개척지에 자리를
잡고, 주교를 보내 교회를 세우면, 대주교를 보내 또 다른 개척지로
수도사와 주교를 보낼 디딤돌을 놓는 방식이었다.

이 방식이 효율적으로 작동할 수 있도록 티마테오스 총대주교는
외지 대주교들에게 스스로 판단하여 수도사와 주교를 세워 보낼 수
있도록 자율권을 보장했다. 카스피해 남부 길란과 다일람 지역에 파
견한 대주교 카르다그와 야발라하에게 보낸 서신이 선교 정책에서
현장성을 중시하는 총대주교의 기조를 잘 보여준다.

> 안수받은 주교 세 명이 [성부, 성자, 성령의] 증인으로 서야 신임 주교 안
> 수가 유효하다는 교례는 절대적이지 않습니다. 더군다나 그대들의
> 교구에서는 이 교례를 반드시 지키지 않아도 괜찮으니, 그저 모든 것
> 을 세우시고 인도하시는 주의 말씀의 능력에 의지해서 주교를 세우
> 면 됩니다. 하나님을 경외하는 두 분 대주교께서 택정한 자들을 주교
> 로 세우되, 복음서를 주교좌 우편에 놓고 세 번째 증인으로 삼아 하

---

16. 레바논 북부 산지를 근거지로 형성된 '마론'과 그리스도교 공동체더러 자신
    의 권위 아래 들어올 것을 설득하는 792/3년 서신에서 티마테오스 총대주교
    는 튀르크와 티베트 그리고 중국 지역을 이미 동방 교회의 교세권에 포함시
    키고 있다—"바벨론과 페르시아 그리고 앗시리아 지역은 물론이거니와 인도
    와 티베트와 중국 그리고 모든 튀르크 지역까지 동방의 모든 민족들이 크테
    시폰 총대주교좌 아래 속해 있습니다. 우리를 위해 십자가에 못 박히신 구세
    주가 비로소 동방의 모든 나라와 민족과 방언 가운데 전파되었습니다."(티마
    테오스 총대주교 서신 no. 41; Labourt, 45).

나님의 손으로 첫째 후보자를 주교로 안수하십시오. 그리고 나서 안
수받은 첫 신임 주교를 세 번째 증인으로 세워 나머지 후보자들에게
안수하면 될 것입니다. 성령 하나님께서 거룩한 사도들을 인치시고
거룩한 길로 인도해 주셨듯이 그대들을 사용하셔서 신임 주교들을
사도들과 같은 길로 인도해 주시기를 축원합니다![17]

서신을 통해 엿볼 수 있는 외지 현장의 또 다른 면모는 이들 외지
대주교에 속한 주교가 현재 두, 세 명이 채 되지 않는 상황이다. 그럼
에도 대주교를 세웠다는 사실은 티마테오스 총대주교가 최소 여섯
명 이상 (그리고 최대 열두 명 이하) 주교가 존재하는 지역에 대주교를 세우
던 동방 교회의 교례마저 파격적으로 그리고 전략적으로 뛰어넘은
것으로 해석된다.[18]

이러한 해석을 뒷받침해 주는 실증은 그들과 함께 같은 지역으
로 파견된 수도원 동문이자 대주교 슈브할이쇼이다. 그는 "사도 때
부터 현재까지 어떤 설교자와 전도자도 하나님의 말씀으로 굴레 씌
운 적 없는" 미전도 종족 지역에 들어가 말씀 선포와 기적을 행하면
서 많은 현지인들로 그리스도교 신앙을 믿게 하여 교회를 세웠다. 그
러면서 자신을 수행한 수도사 중에서 말씀을 가르치고 예배를 인도

---

17. 토마, 수도사 교부 열전 5.7.267; Budge 2, 490-491.
18. 410년 동방 교회 총회 제1 교령에 따르면, 신임 주교의 임직은 최소 3명 이상
     의 주교들이 모여 공동 결정해야 유효하다(Chabot, 23/263). 티마테오스 총
     대주교가 보여준 파격은 신임 주교와 대주교의 임직과 관련한 동방 교회의
     관례를 모두 뛰어넘었다.

할 주교를 세우고 현지인 중에서 사제와 부제개신교. 장로와 집사를 세워 교회를 맡겼다. 그리고 자신은 더 먼 곳으로 들어가 이같은 방식을 되풀이하며 대주교구를 넓혀갔다.[19] 대주교 슈브할이쇼는 개척 선교사였다. 대주교 한 명당 주교 비율을 시대별로 비교해 봐도 이러한 해석에 무게가 실린다. [아래 표에 따르면] 410년에 6.3명에서 650년에 10.7명까지 오른 비율은 그의 재위 기간인 820년을 기점으로 대주교의 증가로 말미암아 4.5명으로 급락한다. 대주교의 숫자의 증가는 외지에 신설된 새 교구의 증가를 반증하고, 동방 교회의 확장 추세는 새 천년에도 이어진다.

상위 성직제	410년	650년	820년	1000년	14세기
총대주교	1명	1명	1명	1명	1명
대주교	6명	9명	19명	20명	27명
주교	38명	96명	85명	75명	200명
합계	45명	106명	105명	96명	228명

시대별 동방 교회의 상위 성직제 명수 통계[20]

티마테오스 총대주교가 내지와 외지, 전통과 혁신 사잇길로 이끈 동방 교회는 이슬람 압바스 왕조의 국경선을 넘어 중앙아시아를 거쳐 인도와 티베트와 시나이 중국까지 동방 전역에 걸쳐 뻗어갈 수 있었다. 내지 대주교들은 4년마다 한 번씩 총대주교를 직접 대면하여

---

19. 토마, 수도사 교부 열전 5.4.261; Budge 2, 480-482.
20. Platt, "Changing Mission at Home and Abroad", 164.

그리고 외지 대주교들은 6년마다 한 번씩 서면으로 총대주교에게 교구 현황을 보고했다.[21] 그럼에도 대주교는 언제까지나 어디로든지 단 한 명의 총대주교가 직접 세워 보냈다. 동방 사도들이 예수 그리스도로부터 받아 전해준 한 가르침, 한 믿음, 한 신앙고백, 그리고 한 성찬은 총대주교로부터 대주교를 거쳐 주교까지 이어진 인맥을 통해 동방의 땅끝까지 전해졌다. 일치성의 상징이 언제나 단 한 명이었던 총대주교이고 다양성의 상징이 여러 민족과 언어와 지역 출신의 주교였다면, 일치성과 다양성을 아우르는 상징은 대주교였다.[22]

대진사 수도승

14세기 니시빈의 대주교 아브디쇼에 따르면, 시나이 중국에 첫 주교구가 생긴 시기는 아카이오스[재위 410-414년] 혹은 쉴라스[재위 503-523년]가 총대주교좌에 앉았던 5-6세기이다.[23] 시나이 중국인들에게 첫 대주교를 파견한 총대주교는 8세기 슬리바즈카[재위 714-728년]로 알려져 있다.[24] 7세기에 첫 대주교가 세워진 헤라트[아프가니스탄]와 인도보다 늦었지만 동방 교회의 내지에서 훨씬 가까운 사마르칸트[우즈베키스탄] 보다

---

21. 참조, Dauvillier, "Les provinces chaldéennes 'de l'extérieur' au Moyen Age", 263-266; Hage, *Syriac Christianity in the East*, 22-25.
22. 410년 동방 교회 총회 제1 교령에 따르면(Chabot, 23/263), 주교로 임명받을 수 있는 자격 조건 중 하나는 이웃들로부터 경건한 행실로 인정받는 지역 주민이어야 한다.
23. 사산 왕조 페르시아와 북위 왕조 중국 사이에 교역로가 열린 시기였다(참조, Asmussen, *Xuāstvānīft*, 149).
24. Mai, *Scriptorum veterum nova collectio* 10, 141.

앞서 세워졌다는 아브디쇼의 진술은 중국 당나라 시대 그리스도교
의 역사와 전통을 대변한다. 게다가, 시나이 중국 대주교구가 동방
교회의 대주교구 구성 교례에 미달되지 않았음을 보여주는 자료와
정황은 중국 당나라 그리스도교의 활력을 가늠케 한다.[25] 당나라의
동방 교회 공동체는 장안^{시안}에서 서역으로 나가는 국제 교역로인 영
하^{닝샤} 지역과 하서주랑(무위, 장액, 가욕관, 안서, 둔황) 지역에, 그리고 항주^항
^{저우}, 천주^{취안저우}, 광주^{광저우} 같은 남단 항구 지역에 점조직으로 존재했
다. 이들 점조직을 연결하는 실크로드는 크테시폰으로부터 동방 교
회 공동체에 전통과 활력을 공급하는 핏줄과 같았다.

　　당나라 그리스도교의 역사와 활력을 비석에 새긴 상징이 "대진
경교유행중국비^{大秦景教流行中國碑}"라는 표제를 달고 781년 장안 대진사
에 건립된다. 장안 경교 기념비는 삼위일체론과 기독론을 중심으로
그리스도교의 신조를 강론하고, 이 "불변하는 진리의 길^{眞常之道}"이 여
러 이름으로 당나라에 전해지다 "[태양처럼 광대하게] 천하를 밝히는 가
르침^{天下文明}"이라는 뜻의 '경교'로 귀결된 전말을 서술하는 비문을 담
고 있다.[26] 비문의 양쪽 가장자리에 시리아어로 (오른쪽) "시나인들의
아버지^{대주교} 아담"과 (왼쪽) "아버지들의 아버지, 총대주교 하나니쇼 2

---

25. 참조, Wilmshurst, "Beth Sinaye", 258-263.
26. 기념비에서 밝히고 있는 그리스도교의 또 다른 이름은 삼위일체에서 연유된
　　'삼일'이다—"道惟廣兮應惟密^{도유광혜응밀} 强名言兮演三一^{강명언혜연삼일}(도는
　　극히 광대하고 또한 극히 미세하니 굳이 이름을 짓자면 '삼일'이라 부를 수
　　있다)." 동방 교회에서 근본 교리인 삼위일체를 논증할 때 보편적으로 사용
　　하는 유비 중에 하나는 태양의 구체(성부)와 빛(성자)과 열(성령)이다. '경교'
　　와 '삼일' 모두 빛과 관련 있다.

세"가 각각 새겨져 있다. 비문 하단부와 기념비 측면은 이들 부계父系에 속한 77인의 이름이 시리아어와 한자로 빼곡히 병기되어 있다. 이들 후손은 당나라 교회의 주교들과 부주교들 그리고 사제들이었다. 장안 기념비는 결국 불변하는 진리로 천하를 밝히는 가르침이 사도 토마로부터 크테시폰 총대주교와 시나이 대주교를 통해 당나라에까지 전달되고 있음을 보여주는 진리의 부계도였다. 이 부계도에 속한 자는 아홉 명을 제외하고 모두 총대주교와 마찬가지로 '승僧', 곧 검정색 수도복 '에스키마'를 입은 금욕과 금혼의 수도사들이었다.

중국어 비문의 시작은 이렇다. "대진사 수도승 경정이 기술하다.大秦寺僧景淨述/대진사승경경술" '경정'이라는 인물의 개인 신상보다 중요한 것은 이 수도사가 속한 공동체 '대진사'를 통해 반추된 당나라 황실과 현지인들의 시선이다. 동방 교회를 바라보는 현지 인식이 어떤 변곡점들을 거쳐 장안 기념비에서 대진사로 귀결되었는지 745년에 당 현종이 내린 조서가 행간을 통해 이야기해 준다.

> 천보 사년 아홉째 달. 파사경교波斯經教는 사실 [대진]으로부터 전래되어 왔으며, 오래도록 중국에 유행하였다. 초기에 사원을 건립하고 이름을 지어 사람들에게 보여주려 하였으나, 반드시 그 근본을 고쳐야 하니, 동서 두 도시[장안과 낙양]의 파사사는 마땅히 대진사大秦寺로 개칭할 것이라. 천하의 여러 부군府郡들은 조처하여 이에 준하도록 하라.[27]

---

27. 당회요, 49권; 윙샤오쥔, 73.

　　"큰 진나라"를 뜻하는 '대진'은 당나라 시대 사람들에게 로마제

국을 가리키는 명칭이었다. 하지만 동방 그리스도교의 기원지가 근

동 메소포타미아 지역임을 고려할 때 그리고 '파사'(곧, 페르시아)에서

기원하지 않았음을 강조하는 조서의 맥락을 고려할 때 이 조서 속

'대진'은 지정학적 의미 외에 문화적 의미 또한 내포한다. 그 기원지

가 중국을 중심으로 서쪽에 존재하는 페르시아보다 더 멀리 떨어져

있다는 외래성과 고유성을 강조하는 의미로 사용된다. '파사경교'에

서 '대진경교'로 그리고 '파사사'에서 '대진사'로 개명하였다는 것은

그리스도교의 기원과 전달 매체에 대한 현지 인식이 바뀐(혹은, 이후로

바뀌기 시작하는) 변곡점을 가리킨다. 그리스도교가 포교 초기에 조로아

스터교 그리고 마니교와 함께 페르시아에서 기원한 삼대 가르침의

하나로 인식되었다면, 당 현종 치세기에 이들 가르침과 구별되기 시

작한 계기가 있었음을 시사한다.[28]

　　슬리바즈카 총대주교가 파견한 첫 시나이 대주교 가브리엘이 장

28.　동방 시리아 그리스도교의 기원과 관련해 이수민 박사는 2006/7년 장신대
　　특강에서 (1) 토마 사도의 선교 외에도 6가지 가설을 추가로 제시했다―(2)
　　동방 학자와 점성가들의 선교; (3) 바빌로니아 유대인 가운데 메시아 신앙의
　　확산; (4) 사도적 제자들(마리, 앗다이)의 선교; (5) 로마의 동방 원정 때 포로
　　가 된 그리스도교 병사들의 선교; (6) 바빌로니아 유대 그리스도교 공동체와
　　엘카사이 세례 공동체의 확산; (7) 마르키온파와 바르다이산파 기원설. 이처
　　럼 다양한 가설을 상호배제적이지 않고 종합적으로 받아들여야 한다는 이수
　　민 박사의 주장은 동방 시리아 그리스도교가 그 기원부터 확장에 이르기까
　　지 동방 지역의 다양한 종파를 상대 삼아 상호 경쟁 및 동화와 변용 과정을
　　통해 동방 지역에 토착화되었음을 시사한다(서원모, "아시아교회사의 첫 장
　　으로서 시리아 교회", 100-103).

안에 도착했을 때 알현한 당나라의 황제는 현종이었다.[29] 장안 경교
기념비는 막전 막후 정황을 이렇게 기술한다.

> 당 측천무후 치세기[690-705년]에 불자가 득세하여 낙양에서 경교의 가
> 르침을 헛소리라고 경멸하였다. 당 현종 치세 712년에 어리석은 자도
> 자와 유자들이 장안에서 경교를 비웃고 조소하였다. 그러나 경교사 수
> 도원장僧首/승수 라함羅含/아브라함, [시나이] 대주교大德/대덕 급렬及烈/가브
> 리엘, 그리고 서방 귀인의 후손으로 세상과 연을 끊고 사는 고승이 힘
> 을 모아 경교의 심오한 가르침을 떨쳐 올리게 하고 끊어진 교세를 다
> 시 회복하였다. 이에 당 현종 황제는 맏형 영왕을 비롯해 다섯 형제
> 와 함께 복된 집인 경교사를 친히 방문하여 제단을 세우니, 경교의
> 법도가 잠시 굽혀졌다가 다시 숭상을 받고 경교의 기초가 잠시 기울
> 어졌다가 다시 바르게 되었다.[30]

　장안 기념비의 추가 진술에 따르면, 가브리엘 대주교의 후임자
기와르기스佶和/길화가 "중국 백성이 되고자 별을 보며 해 뜨는 곳으로
찾아와瞻星向化望日/첨성향화망일" 745년 당 현종을 알현한다. 이후 당 현종
은 대주교와 수도원장을 격려하여 경교 사업을 장려하고, 자신이 직

29.　가브리엘 대주교는 현종 714년과 733년 각각 두 차례 당 현종을 알현한 것으
　　로 알려져 있다(참조, 웡샤오췬,《중국어 경교 전적 해석》, 91).
30.　다음 두 자료에서 번역과 해제를 참고하였다─이장식,《아시아 고대 기독교
　　사》, 244-255; 웡샤오췬,《중국어 경교 전적 해석》, 90-92.

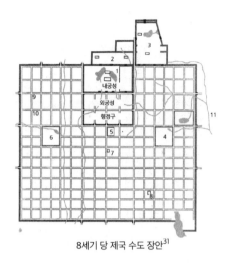

8세기 당 제국 수도 장안[31]

접 바로잡은 새 이름 '대진사'를 친필로 써서 장안 경교사원의 현판으로 하사한다. 동방 그리스도교와 교회의 개명은 측천무후 치세기부터 그리스도교를 이슬람교, 조로아스터교, 그리고 마니교와 같이 페르시아에서 기원한 여러 종교들 중 하나로 치부하여 폄하하던 세간의 시선을 바꾸려 총대주교가 1대와 2대 시나이 대주교를 파견하여 이뤄낸 외교적 성과였다. 이를 돌에 새겨 기념한 '대진경교유행중국비'가 장안 대진사에 세워진 781년, 그해 총대주교는 하나니쇼 2세의 후임자로 벳아베 수도원 소속 다위드 수도사를 시나이 대주교로 파견하려 준비 중이었던 티마테오스 총대주교였다.

---

31. [1] 황궁, [2] 내원(內園), [3] 대명궁, [4] 동부 시장, [5] 황실 학교, [6] 서부 시장, [7] 소탑골 공원, [8] 대탑골 공원, [9] 대진사, [10] 대진경교유행중국비, [11] 대진경교유행중국비 이전지(1907-). 삽화 출처—© [2021] Sharon Kinoshita, *The Description of the World*, Hackett Publishing (2016), XLIII.

대진경교유행중국비 전면부 탁본[32]

32. 삽화 출처—© [2021] Sysywjel, "Reproduction of drawing of the text from Nestorian Stele, Xi'an" (2011년 5월 25일), <Wikimedia Commons>, https:// commons.wikimedia.org/wiki/File:Nestorian_Stele_(front).JPG, 2021년 2월 12일 접속.

790년대 후반, 엘람 대주교 세르기우스에게 보낸 서신에서 티마테오스 총대주교는 "수많은 수도사들이 오로지 한 자루 지팡이와 한 봇짐만 가지고 동해 지역으로, 힌두와이인도와 시나이로 건너갔다."라고 기록한다.[33] 중국 당나라 그리스도교의 전통과 활력은 서방 기원지 '대진'으로부터 실크로드를 따라 공급되는 인력 그 자체였다. 이 국제 교역의 주역은 수도사들이었고, 그들이 실어 나른 교역품은 예수 그리스도로부터 동방 사도들을 통해 전해 받은 한 가르침, 한 믿음, 한 신앙고백이었다. 유대인 사도들이 회당을 디딤돌 삼아 전한 것을 그들의 동방 제자들은 수도원을 디딤돌 삼아 전했다.

당 현종 이후로 그리스도교의 기원지는 중국인들의 인식에서 '파사'에서 '대진'으로, 장안으로부터 페르시아보다 더 멀어지게 되었다. 크테시폰과 장안 사이를 잇는 실크로드는 다양한 기후와 지형, 민족과 종교, 그리고 정치 집단을 가로지르는 기다란 길이자, 그만큼 다양한 변수로 말미암아 끊어지기 쉬운 가느다란 길이었다. 비단을 실어 나르는 길이었지만 결코 비단처럼 곱고 매끈한 길은 아니었다. 불안정한 실크로드에 의존하던 당 시대 그리스도교의 생명력은 불안정할 수밖에 없었고, 그럴수록 가까운 당 황실에 대한 의존도는 반대급부로 커져갔다.[34] 그런 정황에서 당 무종이 불교와 함께 모든 외

---

33. 티마테오스 총대주교 서신 no. 13; Braun 107/70.
34. 중국 역사학자 장원한은 당나라 그리스도교의 한계를 논하면서 황궁 담장 안에 갇혀 민중에 뿌리 내리지 못한 점을 꼽는다─"그들은 당시 민중에 대한 기반이 없었다. 경교비의 비문은 단지 경교사원의 설립에 관해서만 언급하고 있으며, 신도를 받아들인 정황에 대해서는 설명하지 않았다. 그들의 선교 범위는 주로 황실 귀족과 당나라 서역 상인 및 사신에만 국한되어 있어서 경

래 사상을 배격하려 840년부터 846년까지 시행한 금이교禁異敎 정책과 907년 당나라의 패망은 중국 그리스도교의 생명줄을 끊었다. 987년, 바그다드의 한 아랍인 서적상은 당나라에 다녀온 수도사로부터 현지 그리스도교가 소멸했다는 이야기를 전해 듣는다.

> 그해 바그다드 그리스도교도 구역의 교회 뒤뜰에서 (아라비아반도) 나지란 출신의 수도사 한 명을 만났다. 7년 전 그는 동방 교회 총대주교로부터 당나라 교회가 겪고 있는 문제를 바로잡으라는 임무를 받아 다섯 명의 성직자와 함께 중국으로 떠난 사람이었다. 동방 여행길에 대해 묻자 그 수도사는 이야기를 들려주다가 중국 그리스도교는 이제 소멸되었다고 말했다. 현지 그리스도교도들은 여기저기로 흩어져 버렸고, 그들의 교회는 파괴되었으며, 그 땅에는 단 한 명의 그리스도교도도 남아 있지 않다고 말했다.[35]

이 수도사가 실크로드를 따라 귀환하는데 걸린 시간을 고려하면, 그가 목격한 현실은 이미 3-5년 전 과거였다.

동방수도사 서유기

끊어지기 쉬운 길 실크로드는 그만큼 다시 잇기도 쉬운 길이었다. 14세기 동방 교회 역사가 암루가 나열한 스물일곱 개 대주교구

교를 신봉하는 현지인들은 결코 많지 않았다.”(웡샤오췐,《중국어 경교 전적 해석》, 27-28).

35. Kitab al-Fihrist, 227; Moule, 75-76.

명단에서 '시나이'는 열네 번째로 이름을 올리고 있다. 스물여섯 번째 '탕구트' 혹은 '티베트' 바로 앞자리를 차지한 대주교구는 "칸의 도시"라는 뜻을 지닌 '칸발리크', 즉 몽골 원나라의 수도 대도^{북경}였다.[36] '칸발리크' 대주교구의 또 다른 이름은 "거란족의 영토"라는 뜻을 지닌 '카타이'로, 만리장성을 사이에 두고 '시나이' 남중국과 마주한 북중국 지역을 가리킨다. 시나이 대주교구의 부활 시기와 카타이 대주교구의 신생 시기는 불확실하나, 옥서스강과 황하강 사이 실크로드 교역로를 따라 디딤돌처럼 존재하는 메르브, 헤라트, 사마르칸트, 발흐, 그리고 카쉬가르 대주교구가 산파 역할을 했음은 분명하다.[37]

일례로 몽골 초원 남서부에 세력을 잡고 있던 튀르크·몽골계 케레이트족은 메르브 대주교의 도움으로 처음 동방 교회의 일원이 된다. 바히브라야의 《동방 교회사》에 따르면, 1007년 무렵 (1009년 이전) 메르브의 대주교 아브디쇼는 케레이트 족장으로부터 서신 요청을 받는다. 서신에서 족장은 자신이 심한 눈보라 속에 길을 잃고 헤매다 생애 마지막 순간임을 직감했을 때 환상 중에 나타난 4세기 (로마 군인으로서 그리스도교 신앙을 지키다 죽은) 순교자 세르기우스의 안내를 받아 극적으로 목숨을 건진 이야기를 전한다. 그리고 나서 자기 영토를 지나가던 동방 그리스도교도 무역상을 통해 그리스도교 신앙에 대해 전

---

36. 암루 총대주교 열전, 126-127; Gismondi, 72-73.
37. Dickenson, "Syriac Gravestones in the Tashkent History Museum", 22; Klein, *Das nestorianische Christentum an den Handelswegen durch Kyrgystan bis zum 14. Jh.*, 250-255; Moffett, *A History of Christianity in Asia* 1, 380, 449.

해 듣고 개종을 결심했으니, 자신과 자기 족속에게 세례를 베풀고 신
앙을 계도해 줄 성직자를 파견해 달라고 요청한다. 이에 메르브 대주
교는 총대주교 요한나 5세의 허락을 받아 사제와 부제 한 명씩 파견
한다. 그로부터 약 2년 후인 1009년 무렵, 메르브 대주교는 족장과
더불어 케레이트족 20만 명이 세례받았다고 총대주교에게 보고한
다.[38]

　이 일화가 담고 있는 극적 서사성은 12-13세기를 거치면서 케레
이트족 그리고 나이만족과 온구트족 같은 극동 지역의 주요 튀르크·
몽골계 부족이 동방 교회의 충실한 일원이 되었음을 자랑할 정당성
을 그 시초부터 부여한다.[39] 실크로드를 따라 크테시폰으로부터 메르
브를 거쳐 몽골 초원까지 공급된 동방 그리스도교의 활력은 마침내
북중국 대교구의 신생과 남중국 대교구의 재생이라는 가시적 열매
를 맺는다.[40] 케레이트 족장의 일화와 더불어 온구트족 수도사 두 명

---

38. 바히브라야 동방 교회사 2.11.50; Lamy 3, 279-282.
39. 참조, Moffett, *A History of Christianity in Asia* 1, 400-401; Grousset, *The Empire of the Steppes*, 191; Bartol'd, *Zur Geschichte des Christentums in Mittel-Asien bis zur mongolischen Eroberung*, 14-16, 51, 56f.
40. 케레이트의 마지막 족장 토그릴은 12세기 중반 (장차 징기스칸이 될) 테무친의 아버지 예수게이와 의형제 관계를 맺고, 이어 12세기 말(1178년) 테무친과 의아버지·아들 관계를 맺었다. 남중국과 북중국 사이 지정학적 위치에 자리를 잡은 온구트족은 1204년 족장이 징기스칸의 셋째 딸과 혼인하여 혈맹을 맺으면서 징기스칸으로부터 "왕족들"이란 의미로 '온'(튀르크어 "왕")과 '구트'(몽골어 복수어미)가 합성된 '온구트'라는 존칭을 받았다. 징기스칸이 통일한 몽골 연합 국가 안으로 자연스럽게 흡수된 이들 그리스도교도 튀르크족들은 몽골 제국의 행정과 학문 영역에서 요직을 차지하면서 몽골 제국과 서방 세계 사이에서 중요한 가교 역할을 한다. 참조, Pelliot, *Recherches*

의 일화는 카타이 북중국 대주교구의 신생 시기를 대략 11세기 중반부터 12세기 말 사이로 좁혀준다. 13세기 초, 대도북경에서 카타이 대주교구 시찰장의 아들로 태어나 자란 사우마는 그의 나이 스물셋이 되던 해1253년(?) 대주교 기와르기스 앞에서 삭발례를 받고 인준 수도사가 된다. 그의 제자 마르코스 수도사는 후임 대주교 네스토리스 앞에서 수도사로 인준 받는다.[41] 1275년, 스승과 제자 수도사는 몽골 대칸 쿠빌라이의 옷을 품고 대도를 떠나 예루살렘 순례길에 나선다.[42] 온구트와 하서주랑을 거쳐 중앙아시아 권역으로 들어간 이들은 실크로드 남로를 따라, 쿤룬 산맥에서 녹아내린 눈이 만든 물길을 따라 타림 분지를 건넌다. 그리고 실크로드 선상에 디딤돌처럼 존재하는 대주교구 도시를 디딤돌 삼아 마침내 동방 교회의 기원지 크테시폰에 도착한다.[43]

도착 후 얼마 되지 않은 1280년, 총대주교 덴하는 극동 지역의 교세를 더 강화할 목적으로 제자 마르코스를 카타이(그리고 온구트)의 대주교로, 스승 사우마는 아버지를 이어 대주교를 돕는 시찰장으로 임명한다. 사실 두 몽골 수도사는 마지못해 새 직분을 받아들였는데,

---

sur les chrétiens d'Asie centrale et d'Extrême-Orient, 263-267; Maurizio. "White Tatars", 238; Rossabi, *Voyager from Xanadu*, 23-24.

41. 동방수도사 서유기, 일화 1.
42. 대칸 쿠빌라이는 이들 수도사에게 자기 옷 몇 벌을 건네주며 요단강 물에 담겼다가 예루살렘 '성묘' 교회 제단 위에 올려 줄 것을 위탁했다—참조, 바히브라야 동방 교회사 2.13.62(Lamy 3, 451-452); 암루 총대주교 열전 123-124(Gismondi, 71).
43. 이들이 거쳐 간 대주교구는 (차례대로) 탕구트, 카쉬가르, 사마르칸트, 메르브, 라이, 타브리즈, 니시빈, 모술, 그리고 벳 가르마이였다.

극구 고사한 첫 번째 이유는 대도에서 크테시폰까지 건너온 길을 절
대로 되돌아가고 싶지 않다는 지극히 현실적인 이유였다.

> 사실 저희는 절대로 되돌아가지 않을 생각으로 고향을 떠나 이곳까
> 지 왔습니다. 여기까지 오는 길에 [4-5년 동안] 겪었던 끔찍한 고생을
> 또다시 반복하고 싶지 않습니다. 같은 돌부리에 두 번 걸려 넘어지는
> 사람은 어리석은 자일 것입니다.[44]

극동인들에게 근동으로 가는 서방 길은 죽음의 길이었다. 1279
년, 마르코스보다 한 해 먼저 시나이 남중국의 대주교로 임명받은 자
는 투스의 주교 쉬몬이었다. 그는 새 임지로 떠나보지도 못하고 감옥
에서 사망하는데, 시나이 대주교로 임명한 데 반발하여 덴하 총대주
교와 대립각을 세운 것이 발단이었다.[45] 근동인들에게도 극동으로 가
는 동방 길은 마찬가지로 죽음의 길이었다. 그 길고 좁은 길을 따라
다시 극동으로 돌아갈 시기를 기다리고 있던 마르코스와 사우마는
결국 되돌아가지 못한다. 크테시폰에서 대도까지 이어진 길은 다시
잇기 쉬운 만큼 다시 끊어지기도 쉬운 불안정한 길이었다.

---

44. 동방수도사 서유기, 일화 4.
45. 바히브라야 동방 교회사 2.13.62; Lamy 3, 447-454.

일화 3
수도사, 세속 성자로 부르심

    동방 시리아 교회의 모든 수도사가 주교는 아니었으나, 총대주교와 대주교를 포함해 모든 주교는 수도사였다. 완전한 거룩에 이르는 것이 이들의 인생 소명이었다면, 소명을 이루어 나갈수록 수도사는 주교에서 대주교, 대주교에서 마침내 총대주교가 된다. 사산 왕조 페르시아 '샤한샤'의 크테시폰부터 아랍 압바스 왕조 '칼리프'의 바그다드를 거쳐 몽골 일 왕조 '칸'의 마라가까지, 동방 교회의 총대주교는 언제나 세속 최고 통치자의 도시에 거주했다. 동방 수도사의 소명이 성취되는 현장은 역설적으로 세상 밖이 아닌 세상 중심이었다. 완전한 거룩에 가까이 갈수록 동방 수도사는 세속 성자가 된다.

순결을 사랑하는 자들
    《디다케》로 알려진, 시리아 지역 교회 교권자들을 위해 1-2세기에 제작된 일종의 사역 지침서는 소위 "선지자/선견자"로 불리는 개

인 방문자를 어떻게 참과 거짓으로 분별하고 응대할지에 관한 지침
을 담고 있다. 지침에 따르면 참 선지자가 되는 자격 요건은 금욕, 청
빈, 구제, 그리고 유랑 같은 것들이었다.

> 선지자가 방문하거든 주님을 대하듯 맞으라. 참된 선지자라면 하룻
> 밤만 머무를 것이고, 피치 못할 사정이 있다손 쳐도 기껏해야 이틀
> 밤만 머무를 것이다. 그러나 삼일 밤을 머무른다면 거짓 선지자임이
> 분명하다. 선지자가 떠날 때 그날 묵을 곳을 찾을 때까지 필요한 만
> 큼만 양식을 주어라. 만약 한 푼이라도 돈을 요구한다면 그자는 거짓
> 선지자임이 분명하다. … 자신이 행하는 바를 다른 사람도 행하도록
> 가르치지 않는다면 그자는 하나님의 심판 아래 있다… 가난한 자의
> 필요를 채워주라고 말한다면, 누구도 그를 참 선지자인지 아닌지 의
> 심하지 말지어다.[1]

---

1. 디다케 11.4-12; LCL 24, 434-435. 베네딕토회 창시자인 수도사 베네딕토
    (서력 480-547년)는 "수도실 밖으로 나온 수도사는 물 밖으로 나온 물고
    기와 같다"는 격언으로 특정 수도회/수도원 공동체에 정착을 중시하는 서
    방 라틴 고유의 수도사 전통을 규정했다. 반면, 동방 시리아 수도사들은 스
    승과 가르침을 찾아서 그리고 축사와 치유와 이적을 행하러 여기저기 떠
    돌아 다니는 유랑 수도 방식으로 구별된 전통을 발전시켜 나갔다. 그런 관
    점에서 《디다케》에서 언급하는 이들 유랑 선지자들을 4세기 초부터 등장
    할 동방 시리아 수도사들의 토착 전형으로 볼 수 있다. 이들 유랑 선지자
    들에 관해 연구한 다음 문헌을 참고하라—Theißen, "Wander radikalismus:
    Literatursoziologische Aspekte der Überlieferung von Worten Jesu im
    Urchristentum", *Zeitschrift für Theologie und Kirche* 70.3 (1973), 245-71; Wolf-
    Henning Ollrog, *Paulus und seine Mitarbeiter: Untersuchungen zu Theorie und
    Praxis der paulinischen Mission* (Neukirchen-Vluyn: Neukirchener Verlag,

참 선지자로 검증된 방문자에 관해서는 주교와 동등하게 존귀한 자로 대접하라는 지침 역시 명시되어 있다. 주교로부터 성찬을 받을 수 있는 차원을 넘어서 주교와 함께 성찬을 집례할 수 있는 가능성까지 열어둔다. 참 선지자임을 증명하는 인증은 다름 아닌 주교와 나누는 성찬 교제였다.

반면, 거짓 선지자는 주교를 중심으로 형성된 제도권 교회를 위협하는 세력으로 간주되었다. 2세기보다 조직화된 시리아 지역 교회의 직제와 직무에 초점을 맞추고《디다케》를 세부적으로 발전시킨 3세기 문서《디다스칼리아》는 주교가 중심된 "온 교회" 혹은 "대 교회"를 분열시키는 위협 세력의 하나로 "거룩에 심하게 집착하는" 일단의 금욕주의자 무리를 특정 지목한다.[2] 이들 무리가 가장 심하게 집착한 거룩은 자발적으로 성적 금욕을 추구하는 독신 생활이었고, 이들의 주요 비판 대상은 아내와 자녀를 둔 주교였다. 하지만 자발적 금욕을 추구하는 미혼(그리고 더러는 기혼) 남녀 가운데 제도권 교회 안에서 주교로부터 거룩한 자들로 인정받는 자들도 있었다. 대표적으로

1979). 서방 헬라 수도사 전통은 동방 시리아 수도 전통의 유산을 전승받아 유랑적 특징을 보여준다. 대표적으로 7세기 초 요한네스 모스코스 수도사는 제자 소포리노스 수도사와 함께 팔레스티나, 시나이, 이집트, 시리아, 그리고 실리시아와 키프로스 일대를 돌아다니며 여러 수도원과 수도사들을 방문하며 그들의 언행을 섭렵하고 기록으로 남긴다. 요한네스 모스코스의 유랑/순례 기록은《영적 초원》(라. *Pratum spirituale*)이라는 제목으로 알려져 있다.

2. "온 교회", "대 교회"—디다스칼리아 9.36; Connolly, 86. "거룩에 심하게 집착하는 [일단의 금욕주의자 무리]"—디다스칼리아 23.97-98; Connolly, 195-196.

예수 그리스도의 신부로만 살겠다는 순결과 독신 언약 아래 살아가는 자들이란 의미로 "언약의 자녀들"로 불린 무리가 등장한 시기 역시 3세기였다.[3] 자발적 독신·금욕주의자들을 포괄하는 수식어는 "미혼자/독신자"를 뜻하는 시리아어 '이히다이야'였는데, 이 수식어가 예수 그리스도에게 사용되면 그의 고유성을 드러내는 "독생자"를 뜻하였다. 독생자 그리스도가 사단을 이기었듯이 순결을 무기 삼아 사단과 앞장서 싸우는 이들 독신자는 소위 "순결을 사랑하는 자들"이었다.[4]

사도 토마의 제자

동방 교회 교권의 중심을 차지한 주교 전통과 더 가까워지지도 더 멀어지지도 않는 거리를 유지하며 동행한 '이히다이야' 전통은 4세기 니시빈의 초대 주교 야곱을 통해 새로운 차원으로 변이한다. 야곱은 한 겨울에도 동굴에서 옷도 걸치지 않고 불도 피우지 않으며 극

---

3.   4세기 이전까지 시리아 지역권 교회의 초기 금욕주의 운동에 관해 다음 문헌을 참고하라—Griffith, "Asceticism in the Church of Syria", 220-245; Koltun-Fromm, "Yokes of the Holy-Ones", 205-218; Bumazhnov, "Qyāmā before Aphrahat", 65-81.

4.   아프라핫 논증 6.20; ME 23, 160. '언약의 자손들' 운동은 사단이 아내 이브를 통해 남편 아담을 유혹해 죄가 세상에 들어왔기 때문에 성욕을 멀리하는 독신 생활이야말로 죄와 사단에게 대항하는데 유용한 무기라고 여겼다(아프라핫 논증 6.2). 이들은 성별에 따라 '언약의 아들'과 '언약의 딸'로 무리를 구분하여 엄격하게 교류를 통제하였다(아프라핫 논증 6.3-4). 남녀가 구별된 공동체의 모든 규칙은 오직 그리스도의 신부가 되어 그를 섬기는 결혼 생활의 원리와 실천을 담고 있다(아프라핫 논증 6.7-18).

단적으로 독수도하던 '이히다이야'였으나, 306년부터 도시 주교가
되어 로마 황제 콘스탄티누스가 소집한 325년 니케아 서방 공의회에
도 참석한다.[5] 1-2세기 방랑 선지자가 하루 또는 길어야 이틀 방문하
는 동안 주교와 비등한 대접을 받았고, 3-4세기 '언약의 자손들'이
특별한 세례를 받음으로써 일반 성도와 구별된 무리로서 주교의 인
정을 받았다 해도, 이제까지 '이히다이야' 출신이 주교가 된 적은 한
번도 없었다. 하지만 야콥 안에서 주교와 자발적 독신자 사이는 처음
으로 동체이명同體異名의 관계를 이룬다.[6]

　독신자 주교 야콥을 통해 일어난 '이히다이야' 전통의 변이는 외
래 전통과 조우하면서 동방 시리아 교회의 방향을 전환시킨 운동력
으로 작용한다. 야콥은 (325년 니케아 공의회 전후로) 칠십인 무리와 그 지
도자 아위겐을 이집트 사막에서 모셔와 니시빈 근처 이즐라산에 정
착할 터전을 마련한다. 아위겐이 야콥의 땅에 이주했다는 것은 (파코
미오스292-348년로부터 아위겐-379년에게 전수된) 이집트 외래 '모나코스' 전통
이 시리아와 메소포타미아 자생 '이히다이야' 전통에 파종되었음을
의미한다.[7] 이즐라산에서 각지로 흩어진 아위겐의 칠십인 제자들은

5.　테오도레토스, 시리아 수도사 열전 21; Gutberlet, 50. 야콥이 주교가 된 해 니
　　시빈에서 태어난 에프렘은 목격한 극단적 '이히다이야'에 대해 야생동물과
　　함께 지내고, 풀을 뜯어 먹으며, 새처럼 바위에 걸터앉고, 산발 머리에 피부
　　는 갈라 터졌으며, 옷이라곤 덮어쓴 흙먼지뿐이라고 묘사한다(참조, Vööbus,
　　A Letter of Ephrem to the Mountaineers, 1-12).
6.　'페르시아의 현자'로 칭송받은 아프리핫(270-345년) 역시 자발적 독신자로
　　서 모술 북부 마마타이 지역의 주교가 된다(Workman, *The Evolution of the
　　Monastic Ideal*, 113).
7.　참조, Columba Stewart, "Rethinking the History of Monasticism East and

이집트 그리스도교 전통을 동방 시리아 교회 영토 곳곳에 뿌린다. 그
렇게 자라나 열린 열매가 수도사/수도원 운동이었다.

4세기 초부터 9세기 중반까지 동방 교회 수도사들의 행적을 정
리한 《수도사 교부 열전》은 수도사를 일컬어 "성결한 마음"으로 "무
시로 기도"하고 "고난 가운데 인내"의 길을 걸어가며 사단흑은, 마귀의
세력과 앞장서 싸우는 존재로 소개한다.[8] 이 전위대가 사용하는 무기
와 방패는 성경 낭독과 시편 찬송, 은거와 독거, 금식과 청빈, 자기 부
인과 눈물의 회개, 그리고 순결과 선견지명이다. "수도사"를 뜻하는
헬라어 '모나코스'는 시리아어로 '이히다이야'로 번역된다.[9] 놀라운
행적을 보여주는 수도사 주위로 제자가 모이면서 시작된 활력이 수
도원 공동체의 규율을 통해 조직력을 더해가면서 '이히다이야'는 다
른 어떤 자발적 독신자 개인과 무리보다도 일차적으로 수도원 공동
체에 속해 다른 '아흐아'시. 형제 사이에서 수행하는 수도사를 지칭하
는 용어로 굳어진다. 수도사는 그리스도의 순결한 신부이자 지혜로
운 선지자로서 동방 교회에 속한 모든 '이히다이야'의 대표자로 자리
매김한다. 하지만 수도사의 참 정체성은 다른 무엇보다도 "무시로
금식 기도하고, 오직 소금 뿌린 빵과 물만 섭취하며, 사시사철 옷 한
벌만 걸치고, 아무에게도 받는 것 없이 자기가 가진 것을 모두 나눠

West", *Prayer and Thought in Monastic Tradition* (London, 2015), 3-8; Fiey,
"Aonès, Awun et Awgin", 52-81; Jullien, "Aux sources du monachisme
oriental", 37-52.

8. 토마, 수도사 교부 열전 6.1.325; Budge 2, 569-570.
9. "수도사"를 뜻하는 헬라어 μοναχός와 파생 라틴어 *monachus*는 "독거자"라
   는 뜻을 담고 있다.

주었다.”라고 알려진 사도 토마의 제자였다.[10]

　　13세기, 극동에서부터 이즐라산을 찾아온 몽골인 수도사 두 명은 이집트 수도사 아위겐을 “제2의 메시아”로 기억하고 존대한다.[11] 이 극존칭 속에 수도원 운동이 제2의 복음으로 그리고 수도사가 제2의 사도로 인정받게 된 이야기가 함축되어 있다. 그 이야기란 다름 아니라 수도사들이 본래 예수 그리스도와 사도들의 제자, 특히 사도 토마의 직계 제자로 인정받던 (그래서 동방 교회 직제의 중심을 차지하는) 주교가 되었다는 이야기이다. 동방 시리아 그리스도교의 이야기는 주교와 수도사, 도시인과 재야인, 그리고 통치자와 은둔자라는 대척점에 서 있던 두 이름이 사도 토마의 제자로서 한 몸 된 이야기이다.

검정색 ‘에스키마’와 왕관형 ‘수파라’

　　‘이히다이야’ 주교 야콥과 함께 4세기 동방 교회 수도사 운동의 진원지가 되었던 니시빈은 5세기 말 대주교 바르사우마와 함께 반反수도원 운동의 진원지가 된다.[12] 바르사우마에겐 ‘이히다이야’ 출신의 소실小室이 있었고, 이는 주교급 이상 교권자혹은, 성직자에게 ‘이히다이야’ 기준을 요구했던 수도사 출신의 총대주교 바보와이재위 457-484년 사이에 갈등과 반목을 키우는 씨앗이 된다.[13] 484년, 동방 교회의 교

10.　토마행전 2.20; SNT 108, 65.

11.　동방수도사 서유기, 일화 3.

12.　니시빈은 410년 총회를 통해 엘람(주도 군데샤푸르), 마이샨(주도 바스라), 아비아딘(주도 모술), 그리고 벳 가르마이와 함께 초대 대주교구로 격상된다.

13.　소실의 이름은 “마마이” 혹은 “마모와이”로 페르시아인으로 추정된다. 마

권 서열 3위인 니시빈의 대주교 바르사우마는 서열 2위 엘람 대주교
와 함께 총대주교가 요구하는 엄격한 기준과 규율에 반감을 품고 있
던 다른 교권자들을 (엘람 대주교의 도시) 군데샤푸르에서 규합하여 총대
주교를 규탄한다. 그해 사산 왕조의 샤 페로즈 1세^{재위 459-484년}는 내란
죄를 덮어씌워 총대주교 바보와이를 처형한다. 로마 황제와 서방 교
회가 나서 동방 교회의 질서 회복을 도와달라는 내용을 담아 지팡이
안에 숨겨 보낸 바보와이의 밀서가 동로마 영토로 넘어가기 전 발각
된 곳은 국경 도시 니시빈이었고, 그 밀서를 샤 페로즈 1세에게 보낸
이는 니시빈의 대주교 바르사우마였다. 총대주교 바보와이는 손가락
하나 묶은 줄에 온몸이 매달린 채 서서히 그리고 고통스럽게 죽었다.
줄에 묶인 손가락은 다름 아닌 밀서를 봉랍할 때 직인 찍은 반지를
끼고 있던 손가락이었다.[14]

485년, 바르사우마 세력이 신임 총대주교 아카크^{재위 485-496년}에게
복종과 협력을 약속하면서 교권 서열 1-3위 사이에 벌어진 동방 교
회의 내분은 봉합된다.[15] 신임 총대주교는 이듬해 486년에 (424년 이후
반세기 만에) 총회를 소집하여 복종과 협력에 대한 댓가를 지불한다. 아
카크는 본래 선임 바보와이가 크테시폰에 세운 신학교의 초대 교장
으로서 바보와이의 이상을 따르는 '이히다이야'였다. 하지만 동방 교

마이가 바르사우마를 통해 동방 교회에 미친 영향력에 관해서는 다음 문헌
을 참고하라―Gero, *Barsauma of Nisibis and Persian Christianity in the Fifth
Century*, 41-57, 68-72, 79-88.

14. 시이르트 동방 교회사 2.1.99-102; 암루 총대주교 열전, 17-18; 마리 총대주교
열전, 37.

15. Chabot, *Synodicon orientale*, 525-531/531-539.

회의 주교 이상 교권자에게 더 이상 '이히다이야'의 굴레를 씌우지 않음으로써 비독신 교권자와 독신 수도사를 제도적으로 구별시킨다는 골자의 교령에 그 자신도 서명한다[제486-3 교령].[16] 흰색 주교복시. 바이론과 검정색 수도복시. 에스키마으로 상징된 구별은 주교의 권한 아래 수도사를 복속시키는 위계질서의 제도화였고, 수도사의 활동 영역을 수도원 안에 제한시킴으로써 외부 사회로부터 격리하려는 견제 장치였다[제486-2 교령]. 교권 분열은 봉합되었으나 4세기부터 수도사와 주교 사이에 형성되기 시작한, 아직 채 여물지 못한 동체이명 관계는 파열되고 말았다. 독신자 아카크의 후임 총대주교는 바바이재위 497-503년였고, 그는 기혼자였다.[17] 5세기 말부터 7세기 말까지 총대주교부터 동방 교회의 모든 상위 교권자는 중·하위 교권자들과 마찬가지로 흰색 예복을 입었고, 고기를 먹었으며, 결혼하였다.[18]

니시빈에서부터 파열되기 시작한 동체이명 관계는 6세기 중반

---

16. 486년 동방 교회 총회록; Chabot (1902), 53-61/299-309.

17. 총대주교 바바이는 497년 총회에 참석한 주교들에게 당시 사산 왕조 페르시아의 샤 자마습(재위 496-498년)이 보낸 친서를 보여주면서, 그 안에 적힌 샤의 뜻과 성경의 가르침에 따라 "총대주교로부터 말단 평신도 사역자까지" 결혼을 의무화하고 일부일처제를 통해 자손을 낳도록 결의한다(497년 동방 교회 총회록; Chabot (1902), 62-63/311-312). 결혼과 가족을 중시한 페르시아 문화에 동방 교회의 최고 교권자들이 앞장서 동조한다는 것은 샤를 향한 동방 그리스도교도 전체의 충성심을 보여주는 상징적 행위였다.

18. 참조, Malech, *History of the Syrian Nation and the Old Evangelical-Apostolic Church of the East*, 269. 니시빈 대주교 아브디쇼의 14세기 작《동방 교회 개요서》3.8에 따르면, 동방 교회의 교권자는 천사들을 따라 3위 9급 체계로, 따라서 상위(총대주교, 대주교, 주교), 중위(부주교, 교구장, 사제/장로), 하위(부제/집사, 차부제, 대독자/영경)로 구성된다.

니시빈으로부터 회복되기 시작한다. 《수도사 교부 열전》에 따르면, 니시빈 인근 이즐라산은 카쉬카르^{이라크 남부} 알와싯 출신 수도사 아브라함^{500-588년}이 6세기 중반에 세운 수도원으로 말미암아 고대 아테네와 비견될 만큼 수도사들로 크게 붐빈다.

> 과거에 헬라 이교 철학을 배워 지혜자가 되길 바라는 자마다 아테네로 갔다면, 당시 참 철학을 익히고 싶어하는 자들은 모두 존귀한 아브라함이 수도원장으로 있는 거룩한 수도원으로 갔다.[19]

아브라함의 수도원은 동방 교회 수도사 운동의 발원지 이즐라산에 존재했던 (아위겐의 수도원을 포함해) 다른 수도원 세 곳을 제치고 "이즐라산의 대大수도원"이라는 존칭과 함께 동방 교회 수도원의 대표 자격을 인정 받는다.[20] 이 수도원이 부여받은 대표성과 정통성은 이집트 사막으로부터 공급되는 것이었다. 570년에 아브라함이 제정한 12개 조항의 수도원 규율은 독수도와 공수도를 조합한 수도 방식을 구현하기 위한 것들로, 3세기 이집트 수도사 안토니오스^{251-356년}로부터 시작된 이집트 수도원 전통에 뿌리를 두고 있다.[21] 이즐라산에 정착하기 전 아브라함은 안토니오스의 제자들이 흩어져 이집트 스케티

---

19. 토마, 수도사 교부 열전 1.4.23-24; Budge 2, 41-42.
20. 이즐라산의 다른 수도원은 각각 아위겐, 자파란, 그리고 요한나의 수도원이었다(참조, Budge, *The Book of Governors*, 32 [n] 2).
21. 12개 조항으로 이루어진 수도원 규율과 관련해 다음 문헌을 참고하라— Budge, "Introduction", *The Book of Governors* 1, cxxxiv-cxl.

스와 시나이 광야에 세운 수도원들을 순례하며 그곳에서 수도사 경
력을 시작하였다.

　　아브라함의 수도원이 부여받은 대표성과 정통성은 또한 4세기
에 이집트 외래 수도사 전통이 시리아와 메소포타미아 자생 '이히다
이야' 전통에 파종되어 동방 시리아 교회에 전해주었던 열매, 곧 수
도사 운동의 발흥을 의미한다. 이집트를 떠나 이즐라산에 정착한 '제
2의 그리스도' 아위겐의 발자취를 뒤따른 아브라함의 여정은 제자들
을 통해 이즐라산에서 동방 교회 전역까지 이어진다. "동방 교회 독
신자와 금욕자 무리의 아버지"로서 아브라함은 동로마 교회 수도사
들처럼 민머리도 아니고, 서방 시리아 교회 수도사들처럼 정수리를
중심으로 십자가 모양으로 삭발한 머리도 아닌, 마치 왕관처럼 머리
둘레만 남기고 나머지 부분을 삭발한 머리 모양으로 자신의 제자들
을 구별시킨다.[22] 구별된 수도사 삭발례 '수파라'와 더불어 구별된 검
정색 수도복 '에스키마'는 아브라함과 그 제자들이 동방 시리아 그리
스도교 전통에만 속했음을 보여주는, 구별된 정체성의 상징이었다.

　　이즐라산 대수도원의 규율 가운데 하나는 수도원장의 허락 없이
임의로 수도원을 떠나 다른 수도원이나 마을을 방문하는 행위, 특히
일반 성도의 집에 방문하여 식사 교제하는 행위를 엄격히 금지한다.
규율을 어겼을 시 뒤따르는 조치는 당사자의 수도실을 불태워 없애
버리는 것, 즉 수도원으로부터 완전한 추방이었다.[23] 이 규율은 486

22.　토마, 수도사 교부 열전 1.4.23; Budge 2, 40.

23.　여섯 번째 규율(Budge, "Introduction", *The Book of Governors* 1, cxxxviii).

년 총회에서 공표한 교령을 존중하고 지키겠다는 의지의 표현이자, 마을에 빈번히 나타나 일반 성도들로 하여금 교권을 불신하고 자신들의 가르침을 따르도록 선동했던 '므살리야나' 수도사들로부터 자신의 제자들을 구별하겠다는 의지의 표현이기도 하다.[24] 반면 대수도원에 첫 입문한 외부인이 자기 수도실을 짓기까지, 즉 수도원의 정식 일원으로 인정받기까지 3년의 짧지 않은 검증 기간을 거쳐야 했다.[25] 동방 교회의 교권자들이 불신하는 세력과 자신의 제자들을 분명하게 구별 지음으로써 아브라함과 그의 수도사 제자들은 동방 시리아 그리스도교 전통에 충실한 일원으로 두터운 신뢰를 얻게 된다. 구별된 검정색 '에스키마'와 왕관형 '수파라'는 동방 시리아 교회가 인정하고 신뢰하는 수도사의 상징이 된다.

---

24. '므살리야나'파는 사람이 태어날 때부터 마귀가 들어와 죄를 짓게 만들며, 마귀를 쫓아내기 위해 교권자가 베푸는 죄 사함의 세례는 임시적이고 대신 끊임없는 기도만이 유일한 수단이라고 가르쳤다. 이들은 일하지 않고 마을을 돌아다니며 음식을 구걸하면서 오로지 "기도만 하는 자들"이었기에 시리아어로 '므살리야나'로 불린다(Budge, *The Book of Governors* 2, 91 [n.] 3). '므살리야나'에 대해 현존하는 가장 이른 기록을 남긴 4세기 에프렘은 교회가 정한 법도를 벗어나 "제멋대로 행하는 자들"이라는 이유로 이 집단을 이단으로 규정한다(에프렘, 이단 반박 찬가 22.4).

25. 열 번째 규율(Budge, "Introduction", *The Book of Governors* 1, cxxxix).

[좌] 성구집에 그려진, '에스키마'를 입은 동방 교회 수도사 삽화[26]
[우] 주교의 예복 '바이론'을 걸치고 목자의 지팡이 '후트라'를 쥐고 있는 9세기 동방 교회 성직자 벽화
(이라크 중부, 사마라)[27]

이즐라산 대수도원 전통

스승 아브라함이 좁히기 시작한 교권자와 수도사 사이 거리를 밀착시킨 이는 아브라함의 제자 가운데 하나로, 604년부터 스승의 뒤를 이어 대수도원장이 된 바바이[551-628년]였다. 사산 왕조 샤 호스로 2세가 자신이 살아있는 동안 절대로 총대주교를 임명하지 않기로 천

---

26. 삽화 출처—© [2021] Biblioteca Apostolica Vaticana (Vat. syr. 559, fol. 45v.).
27. 삽화 출처—© [2021] Uriel1022, "Mural of a Cleric of the Church of the East" (2018년 7월 22일), <Wikimedia Commons>, https://commons.wikimedia.org/wiki/File:Mural_of_a_Cleric_of_the_Church_of_the_East.jpg, 2021년 2월 12일 접속.

명한 까닭에, 총대주교 그리고르 1세가 사망한 609년부터 샤 호스로 2세가 사망한 628년까지 이십여 년 동안 총대주교좌는 공석 상태로 남는다.[28] 최고 교권자의 공백 여파를 최소화하기 위해 동방 교회는 크테시폰의 부주교시. 아르케디아콘 (곧, 총대주교의 대리자) 아바와 대수도원장 바바이를 공동 대표로 세운다. 아바와 바바이의 협력은 각자 대표하는 교권자와 수도사 사이의 협력을 상징했다.

486년 동방 교회 총회 이후 동방 교회로부터 격리되고 고립된 수도사들 사이에 대표 '이히다이야'즉, 독신자로서 기본 정체성마저 상실하는 현상이 발생하고 있었다. '아브라함' 수도원의 엘리야 수도사는 어느 날 꿈에서 어린이들이 특정 수도실 주변에서 뛰노는 모습을 생생히 본다. 그리고 아이들로부터 그 수도실이 자기 아버지의 집이란 말도 생생히 듣는다. 다음날 그는 긴급 소집한 수도사들과 함께 꿈에서 본 수도실에 찾아가 비밀리에 동거하고 있던 소실과 아이들을 찾아낸다.[29] 수도사가 독신 순결을 버렸다는 것은 사단이 심어놓

---

28. 샤 호스로 2세는 니시빈의 대주교 그리고르를 차기 총대주교로 임명했지만, 동방 교회의 대주교단은 크테시폰 신학교의 선생이었던 동명이인을 호스로 2세 몰래 세운다. 니시빈 대주교가 호스로 2세의 총애를 받던 왕후 '아르메니아인' 쉬린과 왕실 주치의 가브리엘과 갈등을 일으킬 소지가 높다고 판단한 대주교단은 동방 교회의 안위를 위해 호스로 2세를 기만하는 위험한 모험을 감행했지만, 이를 알아챈 호스로 2세는 동명이인의 그리고르를 총대주교로 임명하는 대신 남은 생애 동안 후임 총대주교를 임명하지 않는 방식으로 복수한다(참조, 시이르트 동방 교회사 13.65.521ff; Wigram, *An Introduction to the History of the Assyrian Church*, 247). 니시빈 대주교 그리고르와 왕실 사이 갈등의 소지에 관하여는 다음을 참조하라—그리스도교 동유기, 일화 4, "니시빈 신학교의 몰락과 수도원 신학교의 발흥."

29. 토마, 수도사 교부 열전 1.9.29-1.11.32; Budge 2, 53-58.

은 거짓과 오류의 씨앗이 진리에 대한 무관심으로 자라나 끝내 정욕
의 열매를 맺은 상태를, 달리 손을 써 고칠 수 없는 말기 증상을 의미
했다.[30] 수도원장 바바이는 해당 수도사와 가족을 즉시 추방하고 수
도실을 남김없이 소각한다. 동방 교회의 공동 대표로서 바바이가 받
은 공식 직함은 '수도원 시찰장'이었고, 그 역할은 동방 교회 수도사
들의 총대표였다. 시찰장으로서 바바이는 이즐라산 대수도원에 행했
던 개혁을 시찰 방문한 다른 수도원 및 산하 신학교로 확대한다. 독
신 순결을 저버린 자들부터 우선해서 ('므살리야나' 같이) 거짓 가르침을
전하는 자들 그리고 수도사의 본분에 게으른 자들을 추방한다.[31] 그
리고 남은 '이히다이야'들과 함께 그동안 "경시되고 방치되어 무너
졌던 규율과 제도를" 바로 세운다.[32]

바바이가 수도원 개혁을 위해 표준으로 제시한 규율과 제도, 그
출처는 다름 아닌 그의 스승 아브라함이 이즐라산 대수도원을 세우
면서 제정한 규율과 제도였다. 그중에서 바바이가 가장 심혈을 기울
여 바로 세운 표준은 하루 일곱 차례 정해진 시간에 드리는 예배^{혹은,}
^{시간 예전}로 짜여진 수도사의 성무일과聖務日課였다. 모든 예배마다 성경
독서와 기도가 기본 활동이었으므로 성경에 기록된 기도문 모음집
인 시편 책이야말로 수도사에게 매일과 평생의 동반자였다. 대수도
원의 세 번째 규율은 하루 일곱 차례 예배 드리는 당위성조차 시편에
서 끌어온다.

---

30. 토마, 수도사 교부 열전 1.8.27; Budge 2, 49.
31. 토마, 수도사 교부 열전 1.27.52; Budge 2, 92.
32. 토마, 수도사 교부 열전 3.1.141; Budge 2, 290.

주의 의로운 규례들로 말미암아 내가 하루 일곱 번씩 주를 찬양하나
이다.시 119.164

　이 규율은 원래 모든 동방 그리스도교도들에게 일반 적용되었으
나 어느 시점부터 (주교 이상) 교권자와 수도사에게만 제한 적용되고,
생업에 종사하는 일반인에게는 네 차례로 소급 적용된다.[33] 14세기
초 니시빈의 대주교 아브디쇼가 발췌 편집한 《동방 교회 법령집》은
이 규율이 예수 그리스도로부터 열두 사도를 통해 전수된 것, 따라서
예수와 사도 토마의 직계 제자들이라면 반드시 지켜야 할 영속적 규
율이라고 밝힌다.[34]

　《동방 교회 법령집》에 따르면 동방 교회는 전체 150개 시편을
20개 '훌랄레'단위들로 나눠 묶고, 구약 성경의 다른 찬송 기도문을 스
물한 번째 '훌랄라'단위로 묶어서 각 예배 때마다 세 '훌랄레'씩(평균
18-20개 시편씩) 차례로 노래하도록 정한다.[35] 즉, 매일 일곱 차례 예배드
리는 수도사는 날마다 시편 책을 처음부터 끝까지 노래하는 셈이

---

33. 아브디쇼, 동방 교회 법령집 5; Badger 2, 17. 네 차례 일반 예배는 1) '람샤'(저
　　녁), 2) '슈비하'(종일/종과), 3) '렐야'(밤), 4) '샤프라'(새벽/아침)이고, 세 차
　　례 별도 예배는 5) '틀로트'(제3시, 오전 9시), 6) '쉐트'(제6시, 오후 12시), 7)
　　'트샤'(제9시, 오후 3시)이다. '슈비하'는 그 모호함 때문에 점차 사라져서 오
　　늘날 더 이상 지키지 않는다(참조, Dickens, "The Importance of the Psalter at
　　Turfan", 361).
34. 아브디쇼, 동방 교회 법령집 5; Badger 2, 17.
35. '훌랄라'(단수) 하나는 3개의 '스타시오네스'(소단위, 또는 '마르마야타')로
　　구성되며, '스타시스'(단수) 하나는 평균 6개의 시편으로 구성된다.

다.[36] 그리고 매일 '렐야'[밤 예배] 때마다 일곱 '홀랄레'씩 시편 찬송을 불렀으므로 삼일 밤마다 시편 책 전체를 노래했다.[37] 게다가 일요일 예배 두 번마다 그리고 특별 절기 예배마다 시편 책 전체를 노래했다.[38] 이뿐만 아니라 홀로 밤을 새며 기도할 때도, 마귀를 내쫓는 기적을 행할 때도, 견습 수도사 및 개종자를 가르칠 때도, 그리고 전도 여행 길을 걸어갈 때도 수도사의 입술에는 언제나 시편 찬송이 마르지 않았다.[39] 시편 찬송은 수도사에게 생명의 호흡 그 자체였다. 《수도사 교부 열전》은 대수도원장 바바이를 동방 수도사에게 일치된 생명의 호흡을 불어 넣어준 아버지로 칭송한다. 바바이 이전까지 "주, 지역, 수도원, 그리고 학교마다" 시편 찬송을 부르는 방식이 제각각 달랐기 때문에 본래 처소를 떠나 타지를 여행하다 예배를 드리게 된 사람은 내내 꿀 먹은 벙어리처럼 입을 다물고 있어야 했다.[40] 바바이는 소위 '대수도원장 바바이 찬송법'을 통해 전체 시편을 나눠 묶는 단위법부터 "곡조, 가락, 음율, 기호, 그리고 강약"까지 정립한다.[41]

　시편 찬송의 일치는 예배의 일치를 통해 동방 교회의 일치에 다

36.　3('홀랄레') x 7(예배) = 21('홀랄레') = 시편 전체
37.　월/목요일(홀랄레 1-7; 시편 1-58), 화/금요일(홀랄레 8-14; 시편 59-101), 수/토요일(홀랄레 15-21; 시편 102-150 그리고 기타 구약 찬송 기도문).
38.　참조, Dickens, "The Importance of the Psalter at Turfan", 360-362; Maclean, *East Syrian Daily Offices*, 1-224.
39.　철야기도(토마, 수도사 교부 열전 4.22.243; 5.9.276-277; etc.), 퇴마(6.17.396-397; etc.), 교육(2.8.74-75; 5.11.284-285; etc.); 여행(3.9.168; 4.25.249; 5.10.279-280; etc.).
40.　토마, 수도사 교부 열전 3.1.142; Budge 2, 291-293.
41.　토마, 수도사 교부 열전 3.1.142-143; Budge 2, 291-293.

다르기 위한 틀림없는 첫걸음이었다. 각 지역마다 제각각 달랐던 예배를 "일관된 체계"로 정립한 이는 총대주교 이쇼야브 3세[재위 649-659]년였다.[42] 후대가 그에게 붙여준 존칭 '성령의 하프'는 그의 예배 개혁이 시편 찬송을 중심으로 이루어졌음을 시사한다.[43] 시편 찬송과 얽혀있는 흥미로운 일화 하나는 그에게 붙은 다른 존칭 '학자들의 아버지' 그리고 '지혜자들의 스승'이 어디에서 연유하는지 그 출처를 밝혀준다. 총대주교는 어느 날 벳 아베 수도원을 방문하여 새 교회 봉헌식에서 자신이 맡은 설교 순서를 기다리고 있었다. 설교에 앞서 야곱이라는 젊은 수도사가 시편 찬송을 부르고 내려가자 설교단에 선 총대주교는 감동하여 울부짖는다.[44]

> 젊은 수도사여, 그대가 방금 무슨 짓을 했는지 아는가? 설교할 말들을 내 생각 속에 단단히 붙잡으려 애썼지만 그대의 달콤한 목소리와 아름다운 창법이 모든 것을 날려 버렸다네![45]

벳 아베 수도원에 새 토지와 교회를 기증하여 수도원을 팔십여 명에서 삼백여 명 수준으로 대규모 확충한 이는 이쇼야브 3세였고, 그는 이 수도원 출신이었다.[46] '학자'와 '지혜자'는 수도사에게 흔히

42. 토마, 수도사 교부 열전 3.1.142; Budge 2, 293.
43. 토마, 수도사 교부 열전 3.1.142; Budge 2, 294.
44. 토마, 수도사 교부 열전 3.1.142; Budge 2, 293.
45. 토마, 수도사 교부 열전 2.3.67; Budge 2, 120.
46. 참조, Brock, "Beth ʿAbe, Monastery of", *E-GEDSH*, 2021년 2월 12일 접속, https://gedsh.bethmardutho.org/Beth-Abe-Monastery-of.

사용되던 존칭으로, 대수도원장 바바이 역시 "학식과 지혜를 갖춘 자"로 불렸다.[47]

벳 아베 수도원은 초대 대수도원장 아브라함의 제자이자 시찰장 바바이의 동문이었던 야콥이 595/6년 마라가^{이란 마르게} 지역에 세운 수도원이었다. 바바이가 시작한 시편 찬송의 일치는 같은 대수도원 전통에 속한 후배 이쇼야브 3세를 통해 예배의 일치로 이어진다. 하지만 이에 못지않게 중요한 사실은 대수도원장 아브라함이 좁히기 시작했고 시찰장 바바이가 밀착시킨 교권자와 수도사 사이 관계가 수도사 출신 총대주교 이쇼야브 3세를 통해 비로소 하나가 되었다는 것이다. 벳 아베 수도원 출신 이쇼야브는 니네베 주교와 아르벨라 대주교를 거쳐 649년 총대주교가 된다. 496년 총회 교령을 통해 분리되었던 교권자와 수도사 사이 동체이명 관계는 이즐라산 대수도원을 통해, 검정색 '에스키마'와 왕관형 '수파라'로 구별된 아브라함의 제자들을 통해 회복된다.

8세기 말, 벳 아베 수도원장이었던 시라쿠스는 어느 날 자신에게 속한 제자 수도사들 가운데 마흔두 명이 수도원을 떠나 여러 지역 교회에 주교 이상 교권자로 부임하는 환상을 본다. 이 환상은 차례차례 빠짐없이 성취되었고, 《수도사 교부 열전》의 기록자 토마 수도사는 이들의 이름과 입지를 하나하나 자랑스럽게 열거한다.[48] 마흔두 명 가운데 슈브하리쇼는 카르다그 그리고 야발라하와 함께 카스피해

---

47. 토마, 수도사 교부 열전 1.7.26; Budge 2, 47.
48. 토마, 수도사 교부 열전 4.20.238; Budge 2, 447-448.

남부 지역에 대주교로 파견받는다. 수도사 다위드는 ('대진경교유행비'에 기록된) 시나이 중국 대주교 아담의 후임자로 파견받는다. 수도사 아브라함은 하다타 주교를 거쳐 총대주교^{재위 837-850년}가 되고, 자신을 도와 총대주교청 사무총장으로 일하던 토마 수도사를 벳 아베 수도원 인근 도시 마르가의 주교로 임명한다. '하쥐야'^{선지자/선견자} 시라쿠스가 앞서 본 경륜은 (모든 수도사가 교권자는 아니지만) 총대주교를 포함해 모든 교권자는 수도사여서 검정색 '에스키마'를 입고 왕관형 '수파라'를 쓴, 머지않아 자신의 제자들을 통해 성취될 동방 교회의 미래였다.

벳 아베 수도원 출신을 대거 주교와 대주교로 세운 당시 총대주교는 티마테오스^{재위 780-823년}였다. 벳 아베 수도원은 티마테오스가 다른 경쟁자를 이기고 총대주교좌에 오르는 과정에서 그를 지지한 세력의 한 축을 감당한다. 총대주교가 된 티마테오스는 당시 벳 아베 수도원장 이쇼야브를 자신의 고향 아르벨라의 대주교로 임명하며 각별히 보답한다.[49] 두 번의 폐위와 두 번의 복권을 거치는 과정에서 가장 큰 경쟁 세력이었던 엘람의 대주교 에프렘을 복속시킨 티마테오스는 남은 경쟁 세력이었던 카쉬카의 대주교 토마로부터 복종과 협력을 약속받으며 하나니쇼 2세 선임 총대주교의 독살로부터 시작된 동방 교회의 깊은 내부 분열을 끝낸다.[50] 대표적인 복종과 협력은

---

49. 토마, 수도사 교부 열전 4.4.196-4.8.201; Budge 2, 382-391. 바히브라야 동방 교회사 2.8.34; Lamy 3, 165-170.
50. 에프렘은 파면당하고, 그의 동조 세력자였던 메르브의 주교 요셉은 도망쳐 이슬람교로 개종한다. 에프렘과 요셉이 아르벨라의 대주교 이쇼야브에 대항해 세운 대립 대주교 로스담은 어느 날 잔치에 참여해 배불리 먹고 돌아오던 길에 들개 떼에게 물려 비참하게 죽는다(토마, 수도사 교부 열전 4.8.201;

니시빈 인근 이즐라산 대수도원 및 주변 수도원[51]

다름 아닌 총대주교로부터 주교까지 동방 교회의 모든 교권자는 '이히다이야'로서 독신과 금욕을 지킨다는 협약이었다.[52] 내부 분열을 끝내고 외부 확장으로 눈을 돌린 티마테오스가 벳 아베 출신 수도사들을 대거 대주교와 주교로 세운 결정은 당연한 수순이었다. 이즐라산 대수도원 전통에 속한 아브라함, 바바이, 그리고 이쇼야브 3세가 점진적으로 좁혀 놓은 교권자와 수도사 사이 관계는 대수도원 전통의 후원을 받아 총대주교좌에 오른 티마테오스를 통해 공식적으로 동체이명 관계로 맺어져 오늘날까지도 변하지 않는 동방 교회의 강

Budge 2, 390-391). 요셉은 남색을 벌이다 발각돼 무슬림들에 의해 처형당했다고 전해진다(바히브라야 동방 교회사 2.8.34; Lamy 3, 171-172).

51.　삽화 출처—© [2021] 곽계일 (참조, Bell, *Churches and Monasteries of the Tûr'abdin and Neighboring Districts*, 62, [fg] 1; Baumer, *The Church of the East*, II "The Beginnings of East Syrian Christianity").

52.　참조, Malech, *History of the Syrian Nation and the Old Evangelical-Apostolic Church of the East*, 269-270.

령으로 남아 있다.

학자와 지혜자

벳 아베 수도원과 함께 티마테오스를 도운 다른 세력은 시리아어로 '스콜래스티카'[학자]라고 불린 주요 신학교의 교장들이었다.[53] 청소년 시절 티마테오스는 벳 베가쉬 주교였던 삼촌 기와르기스의 추천으로 (이라크 나브쿠르 평야 사프샤파 지역에 세워진) 바쇼쉬 수도원 신학교에서 성직자 훈련을 시작한다. 수도원장이자 신학교장 아브라함 바다샨다드는 처음 본 청소년에게서 장차 40년 넘게 동안 동방 전역을 다스릴 전무후무한 총대주교를 본다. 그리고 총대주교에 합당한 사람이 되기 위한 길을 보여준다.

> 전심을 다해 성경을 연구하고, 세상의 모든 사사로운 것들로부터 자신을 깨끗하게 지켜야 한다. ⋯ 이 두 가지를 항상 명심하거라.[54]

성직 안수를 받은 티마테오스는 '선지자/선견자' 아브라함이 본 대로 벳 베가쉬 주교를 거쳐 780년부터 동방 교회의 총대주교좌에 올라 사십이 년을 다스린다.[55]

---

53. 바히브라야 동방 교회사 2.8.34; Lamy 3, 167-168.
54. 토마, 수도사 교부 열전 4.3.195-196; Budge 2, 381.
55. 티마테오스의 스승 아브라함 역시 다리를 저는 자였던 어린 시절 선지자 바브하이 수도사로부터 "다른 사람의 키에 절반도 안 되는 다리를 저는 자가 아니라 교부들의 교부요 선생들의 선생이 되어 그 가르침이 동방 전역에 퍼져나갈 것이다"라는 예언을 듣는다. 이 예언은 결국 그 제자 티마테오스를

티마테오스 총대주교는 어떤 선임보다 동방 교회의 영토를 넓힌 개척가였지만, 동시에 어느 누구보다 영토 확장의 주역인 '이히다이야' 교권자가 되는 길을 좁혀 놓은 개혁가이기도 했다. 총대주교 교령에서 스승 아브라함이 자신에게 보여주었던 것보다 더 좁은 길을 주교 후보자들에게 보여준다.

> 동방 교회의 교권자, 그러니까 영혼들의 목자와 재판장이 반드시 갖춰야 할 자격 요건은 세 가지입니다. 세상으로부터 택정받은 교권자인지 아닌지 이 세 가지 자격 요건을 잣대로 철저히 검증해야 할 것입니다. 첫째 요건은 타고난 지성입니다. 설령 다른 두 요건을 모두 갖추었다 하더라도 이 기본 요건을 갖추지 못한 자는 아무 요건도 갖추지 못한 자입니다. 둘째 요건은 모든 지혜의 시작인 주님을 경외하는 삶입니다. 주님을 경외하는지 여부는 세부적으로 두 가지 영역에서 검증해야 합니다. 하나는 거룩한 삶을 살아가고 있다는 증거인 선한 행실이고, 다른 하나는 참 믿음과 바른 교의에 대한 깊은 이해입니다. 마지막 요건은 하나님의 말씀을 아는 지식입니다. 세 가지 요건 중에서 가장 중요합니다.[56]

성경 해석으로부터 깨닫는 진리 그리고 독신을 지키는 거룩한 삶을 통한 진리의 실천, 제자 티마테오스는 스승 아브라함이 제시한

통해 성취된다(토마, 수도사 교부 열전 3.3.145-146; Budge 2, 301-302). 티마테오스의 후임 총대주교 이쇼바눈 역시 아브라함의 제자였다.

56. Mai, *Scriptorum veterum nova collectio e Vaticani codicibus* 10, 305.

두 가지 요건에다 "타고난 지성"이라는 기초 요건을 추가한다. 벳 아베 수도원 출신 슈브하리쑈 수도사가 길란과 다일람 지역 대주교로 안수받을 때 토마 수도사가 남긴 현장 기록은 총대주교가 요구하는 이 기초 요건이 언어 구사 능력과 관계 있음을 시사한다.

> 거룩한 티마테오스 총대주교는 슈브하리쑈 수도사가 사도 때부터 현재까지 어떤 전도자도 하나님의 말씀으로 굴레 씌운 적 없는 미전도 종족 지역에 목자와 교사로 보내도 될 정도로 제대로 훈련받은 후보자라고 확신했다. 그래서 그에게 성유를 부어 안수하고 목자의 지팡이를 주었다. 슈브하리쑈 수도사는 시리아어와 수사학뿐만 아니라 아랍어와 페르시아어에도 능통한 사람이었다. … 티마테오스 총대주교는 나에게 미전도 종족을 그리스도교 신앙으로 끌어들이는데 그가 지닌 유려한 언변이 어느 정도 도움이 될 거라고 귀띔해 주었다.[57]

하지만 781년, 중국 당나라 수도에 '대진경교유행중국비'가 건립된 그해 티마테오스 총대주교가 아랍 압바스 왕조의 3대 칼리프 알 마흐디[재위 775-785년]의 초청 자리에서 이슬람 학자와 대면해야 했던 순간은 왕실 공용어였던 아랍어 구사 능력 이상의 "타고난 지성"을 요구했다.

티마테오스의 총대주교 재위기인 8세기 말부터 9세기 초는 아랍 압바스 왕조 역사에서 문화사상 혁명의 태동과 돋움기였다. 압바스

---

57. 토마, 수도사 교부 열전 5.4.260; Budge 2, 479-480.

왕조는 헬라인들이 수 세기에 걸쳐 발전시킨 철학·과학 유산을 불과
한 세기만에 자신들의 전유물로 만든다.[58] 이를 통해 '아랍인'유목민들
은 기원전 4세기 알렉산드로스 대왕이 범지중해 권역에 구축한 헬레
니즘 문명 세계에 정착해서 살아갈 수 있는 문명 시민의 자격을 얻을
수 있었다.[59] 아랍인들의 이주·정착을 도와준 중개인은 이들보다 훨
씬 앞서 고대 헬라 철학사상을 그들의 언어인 아람어/시리아어로 수
용하여 헬레니즘 문명 세계에 정착한 동방 그리스도교도들이었다.[60]
게다가 이들은 앞서 기원후 3세기부터 엘람 지역의 군데샤푸르를 중
심으로 사산 왕조 페르시아의 문명 정착을 도운 경험도 갖추고 있었
다.[61] 제5대 칼리프 하룬 알라시드와재위 786-809년 제7대 칼리프 알마문
은재위 813-833년 바그다드를 '압바스 왕조의 군데샤푸르'로 만들어 나간
다.[62] 이 구상은 과거 사산 왕조를 위해 군데샤푸르에서 활동하던 동
방 그리스도교도 학자들을 바그다드로 이주시키는 것으로 시작되었
다. 바그다드로 이주한 그리스도교도 학자들은 중앙아시아특히, 메르브
에서 이주해온 이슬람 학자들과 함께 '지혜의 집'이라는 협업 공동체

58. 참조, Hitti, *History of the Arabs*, 85.
59. 참조, Brown, *The World of Late Antiquity*, 194-203.
60. 참조, Pelikan, *Christianity and Classical Culture*, 177-183; Starr, *Lost Enlightenment*, 88-92; 서원모, "아시아교회사의 첫 장으로서 시리아 교회", 93-95, 109-111.
61. 예를 들어, 시찰장 바바이와 함께 동방 교회의 공동 대표직을 수행했던 크테시폰의 부주교 아바는 아리스토텔레스의 《논리학 총서》를 페르시아어로 번역, 소개한다.
62. 참조, Gutas, *Greek Thought, Arabic Culture*, 1-27; Starr, *Lost Enlightenment*, 140-148.

를 이루어 왕실 도서관을 중심으로 활동한다.[63] 그리고 왕실의 후원
아래 헬라어로 기록된 천문학, 수학, 그리고 의학 자료를 기존 시리
아어와 팔레비어 번역 자료와 대조하여 아랍어로 번역한다. 천문학
은 왕조의 경영을 위해, 수학은 왕조의 건설을 위해, 그리고 의학은
왕조의 존속과 승계를 위해 반드시 필요한 학문이었다.[64]

압바스 왕조로부터 중용 받은 그리스도교도들은 학자이며 번역
가이자 동시에 칼리프의 비서관들이었다. 그리고 이들은 하나같이
아리스토텔레스 논리학 전문가들이었다.[65] 아리스토텔레스 논리학은
천문학, 수학, 그리고 의학 같이 가시적 세상의 이치를 해석하고 설
명할 때 학자들이 사용하는 방법론이자 언어였다. 무명의 10세기 역
사가가 남긴 기록은 성경 해석(그리고 성경 해석 위에 구축되는 신학) 역시 아
리스토텔레스의 도움이 절대적으로 필요한 최고등 학문이라는 당시
인식의 편린을 보여준다.

---

63. 참조, Starr, *Lost Enlightenment*, 143-145.
64. 압바스 왕조가 번역한 헬라어 자료는 철저히 실용 학문 중심이며, 반면에 시
    문학, 역사학, 그리고 정치학 같은 인문학 자료는 철저히 제외된다. 아랍어
    로 번역된 헬라 자료들의 목록은 다음 문헌에 정리되어 있다—Gutas, *Greek
    Thought, Arabic Culture*, 193-196; 서원모, "아시아교회사의 첫 장으로서 시리
    아 교회", 93-95.
65. 예를 들어, 테오필루스 빈 토마는 에데사 출신의 그리스도교도로 칼리프 알
    마흐디의 왕실 천문가였다. 유한나 빈 마사와이흐는 칼리프 하룬 알라시드
    의 주치의로서 의학 자료 다수를 번역했다. 후나인 빈 이샤크는 왕실 번역위
    원장으로서 아들과 함께 대를 이어 칼리프 알마문을 돕는다. 참조, Griffith,
    Church in the Shadow of the Mosque, 106-128; Hitti, *History of the Arabs*,
    307-314; Moffett, *A History of Christianity in Asia* 1, 354-357; Gutas, *Greek
    Thought, Arabic Culture*, 133-136.

아리스토텔레스는 흩어진 모든 철학 사상을 모아 하나의 위대한 체계로 집대성했다. 이 체계를 통해 그는 참과 거짓을 분별하는 철학자 중의 철학자가 되었다. 그의 논리학 총서^{오르가논}를 읽지 않는 자는 다른 저서나 학문을 이해할 수 없고, 아울러 그리스도교도들에게 소망의 출처가 되는 성경의 의미도 깨달을 수 없다. 《논리학 총서》를 읽지 않고도 성경을 읽고 깨달을 수 있는 사람은 오직 고도의 경건 훈련을 통해 온갖 지혜를 주시는 성령의 임재가 가득한 사람일 것이다.[66]

성경 해석과 연구가 제일 중요한 자격 요건인 동방 교회의 '이히다이야' 교권자에게 아리스토텔레스의 권위는 성령의 권위에 비견될 만큼 절대적이었다. 티마테오스 총대주교가 교권자들에게 요구한 세 가지 자격 요건 중 가장 기본 요건인 "타고난 지성", 즉 성경 해석과 신학 연구를 가능케 하는 기초 자질은 아리스토텔레스 논리학을 의미했다.

781년, 티마테오스 총대주교가 칼리프 알마흐디 앞에서 이슬람 신학자^{무타칼리문}들과 더불어 아랍어로 질문하고 답하는 변증 방식으로 대담한 주제는 아리스토텔레스의 논리학과 이에 기반해서 동방 교회가 사용하는 신학 용어에 관한 것이었다.[67] 이듬해 칼리프는 아

---

66. Chabot, *Chronicon anonymi auctoris ad annum Christi 1234 pertinens*, 104-105.
67. 티마테오스의 스승 아브라함 바다샨다드 역시 아리스토텔레스 전문가로서, 특별히 헬라 철학 용어를 시리아 신학 용어로 집대성한 유산을 티마테

리스토텔레스의 《논리학 총서》 중 〈변증론〉의 아랍어 번역을 티마테
오스에게 맡긴다.[68] 티마테오스 총대주교는 가시적 세상의 이치를 헤
아리는 아리스토텔레스 철학자였고, 비가시적 세상에 관한 비밀을
담은 계시를 풀이하는 성경 해석가였으며, 이성과 계시를 거룩한 삶
으로 통합하고 체화하는 수도사였다.[69] 티마테오스가 '이히다이야'

오스에게 전수했다. 티마테오스는 신학 토론의 내용을 서신 형식으로 정리
하여 기록으로 남겼고, 〈티마테오스 총대주교 서신 no. 40〉으로 알려진 이
변증서는 이성을 사용하여 논증적으로 신앙/신학을 변증하는 이슬람 신학
의 조류 '일름 알칼람('ilm al-Kalām)의 전형을 따르고 있다. 시리아어 본문
과 프랑스어 번역 및 관련 연구는 다음 문헌을 참고하라―Hanna Cheikho,
Dialectique du langage sur Dieu: Lettre de Timothée I (728-823) à Serge (Rome:
Institutum Studiorum Orientalium, 1983). 압바스 칼리파 왕조 아래 가해지
는 이슬람 신앙/신학의 압박에 대응하기 위해 서신 변증서와 더불어 동방
시리아 교회가 모색한 또 다른 방식은 신학 교본을 통해 그리스도교 신학을
요약해 제시하는 것이었다. 대표적으로 티마테오스와 동시대에 활동한 테오
도로스 바르코니가 성경 주석의 형태로 그리스도교 신앙/신학을 요약, 정리
한 《에스콜리온》이 있다. 변증서와 신학 교본 외 대응 방식으로 서원모 박사
는 묵시문학, 성경 번역, 아랍어 신학의 발전을 꼽는다(서원모. "역사신학적
관점에서 본 기독교와 이슬람", 18-40).

68. 티마테오스는 헬라어-아랍어 번역에 참고할 시리아 번역본을 (이라크 북
부) 알파프 산에 세워진 '존귀한 마타이' 수도원에서 빌린다. 방대한 도서관
을 자랑하는 이 수도원은 서방 시리아 교회(일명, '야곱파') 소속이었다. 아
리스토텔레스는 기독론으로 말미암아 분화된 동·서방 시리아 그리스도교
전통의 공통 뿌리 중 일부였다. 티마테오스는 모술의 무슬림 총독 비서였던
아브 누흐 알안바리의 도움으로 아랍어 번역 작업을 마칠 수 있었다. 참조,
Brock, "Two Letters of the Patriarch Timothy from the Late eighth Century
on Translations from Greek", 233-246.

69. 티마테오스는 성경 속 계시라는 원재료를 헬라 철학의 용어와 방법론을 거
쳐 신학 담론으로 정립한 헬라 교부들의 저작 또한 시리아어로 번역하고 자
신의 신학/철학 저작에 광범위하게 인용한다. 티마테오스가 인용한 헬라 교

교권자에게서 보기 원했던 모습 또한 이성과 계시를 체화하여 지성과 믿음을 통합 실천하는, 다름 아닌 자신이 추구하던 이상적인 자아상이었다. 그가 동방으로 보낸 '이히다이야' 교권자들은 학자이자 지혜자(혹은, 선지자)로서 그를 빼닮은 아들들이었다.

티마테오스가 총대주교 재임 중 큰 희열을 느낀 순간 중 하나는 제대로 준비된 후보자를 주교 혹은 대주교로 세울 때였다. 반대로 큰 낙담에 빠지는 순간은 그런 후보자를 찾기 어려운 현실과 직면할 때였다. 희열과 낙담, 희망과 절망 섞인 그의 시선이 자주 머문 곳은 성직자 양성 기관인 신학교였다.

> 그대가 추천한 주교 후보자가 경건 훈련을 비롯해서 여러모로 주교가 될 자질을 잘 갖춘 사람이라니 기쁘기 그지없습니다. 이런 자질을 갖춘 하늘에 속한 사람이라야 이 땅에 속한 사람들을 변화로 이끌 수 있을 테니 말입니다. 무엇보다 이 후보자가 성경에 관해 건실하고 해박한 지식을 가지고 있을뿐더러 삼 개 국어에 능통하다니 금상첨화입니다. 모든 요건을 제대로 갖춘 후보자를 안수하고 주교로 세우기가 어려운 현실이기에 더없이 기쁘기만 합니다.[70]

부는 대표적으로 아타나시오스, 에우세비오스, 크리소스토모스, (타르수스 출신) 디오도로스, 디오니시오스 아레오파기테스, 바실리오스, (니사 출신) 그레고리오스, 그리고 네스토리오스 등이다(참조, 티마테오스 총대주교 서신 no. 47; Labourt, 27-28).

70. 티마테오스 총대주교 서신 no. 54; Hurst, 16.

티마테오스가 "그대"라고 부른 서신의 수신자는 그의 수학 동문 세르기우스로, 자신의 모교인 바쇼쉬 수도원 신학교를 이끄는 교장이었다. 칼리프 궁에서 이슬람 학자와 아리스토텔레스 논리학을 주제로 대담한 내용 그리고 칼리프 알마흐디와 그리스도교의 주요 교리와 관습을 주제로 대담한 내용을 담은 서신의 수신자 역시 그였다. 같은 수신자에게 보낸 또 다른 서신에서 티마테오스는 동방 교회의 아들들을 길러내는 데 수고를 아끼지 말라는 당부와 함께 양육비까지 손수 챙겨 보낸다.

> 선한 청지기답게 수도원과 학교를 잘 돌보십시오. 그대에게 속한 '아흐아'[형제]들을 가르치고 지도하되, 그들이 스승인 당신을 가르치는 일이 생기지 않도록 항상 깨어 계시길 바랍니다. 지난 서신에서 필요하다고 했던 수도실 수리 비용으로 500 '쥐제' [대략 한화 10만 원]를 보냅니다. 만약 다른 일이 더 급하다면 거기에 먼저 사용하셔도 됩니다. 전적으로 당신의 재량에 맡깁니다.[71]

총대주교 자신이 동방 교회의 아버지라면 수도원 신학교장은 동방 교회의 아들들을 낳고 기르는 어머니였다.

---

71. 티마테오스 총대주교 서신 no.17; Braun, 122/81.

일화 4
수도원, 동방 교회의 어머니

　　동방 시리아 교회의 모든 수도사가 주교는 아니었으나, 8세기 말 이후로 모든 주교는 수도사였다. 마찬가지로, 동방 교회의 모든 수도원이 주교 후보생을 교육하는 신학교는 아니었으나, 모든 신학교는 수도원과 관련이 있었다. 신학교장을 뜻하는 '랍반'은 또한 수도원장을 높이는 존칭이었고, 두 공동체 구성원 가운데 최고 성경 해석가에게 수여되는 존칭이기도 했다. 최고 성경 해석가가 최고 권위자 '랍반'이 되어 다스리는 수도원과 신학교는 다른 무엇보다 성경을 가르치고 배우는 공동체였다. 수도사와 교권자가 동체이명 관계가 되면서 수도원은 동방 교회의 교권자들을 낳고 길러내는 어머니가 된다.

너희는 나를 누구라 하느냐?
　　5세기는 페르시아와 로마, 동·서방 양대 제국의 국경선을 따라 그리스도교가 본격적으로 동·서방 전통으로 분화하기 시작한 시기였다. 이 시대 그리스도교의 분화는 이전 시대와 마찬가지로 예수 그리스도의 정체를 둘러싼 질문에서 촉발되었다. "너희는 나를 누구라 하느냐?"라고 1세기 초 예수가 던진 질문은 그를 "그리스도시요 살아계신 하나님의 아들"로 고백한 열두 제자를 "선지자 중의 하나"로 아는 다른 사람들과 구분 지었다.[마 16.13-16] 4세기에 이 질문은 325년에 제정되고 381년에 개정된 '니케아 신경'에 따라 예수를 "참 하나님이시며 … 참 사람이시다"라고 고백하는 주류를 그 외 다른 신앙고백을 따르는 모든 비주류와 구분 지었다.[1] 324년에 통합 로마 황제가 된 콘스탄티누스 1세[재위 324-337년]가 325년 (콘스탄티노폴리스 인근, 자신의 여름 별궁이 있는) 니케아에서 소집한 공의회에 참석해 신경에 서명한 것으로 알려진 318명의 주교 중에는 '요한'이라는 이름의 페르시아인도 있었다. 그는 페르시아부터 인도까지 포함한 동방 지역을 대표해 참석한 주교였다.[2] 페르시아와 로마 제국의 국경을 초월해 '니케아 신경'으로 묶인 동·서방 그리스도교는 5세기 초에 파생된 새 질문을

---

1. 325년 니케아 신경의 종결부는 예수 그리스도가 참 하나님이심을 부정하고 피조물이라고 주장하는 자(소위, 아리우스파)를 주요 이단으로 규정한다— "거룩하고 보편되며 사도들로부터 이어오는 교회는 '성자 하나님이 존재하지 않은 때가 있었다' 또는 '그는 지음받기 전에는 존재하지 않았다'라고 말하는 사람들, 그리고 '그분은 무에서 생겨났다거나, 성부 하나님과 다른 본체 또는 본질로 존재한다'고 말하는 사람들, 그리고 '그분은 창조되었으며, 변할 수 있으며, 달라질 수 있다'고 말하는 사람들을 파문한다." 반면, 381년 개정판 니케아-콘스탄티노폴리스 신경은 원판 신경을 바탕으로 예수 그리스도가 참 인간임을 확증하는 문구를 추가함으로써 (예를 들어, 4세기 라오디케아의 주교 아폴리나리오스를 따르는 추종자들 같이) 예수의 신성만을 지나치게 강조하며 인성을 부정하는 자들 역시 반(反) 니케아파에 포함시킨다.

2. 에우세비오스, 콘스탄티누스 황제의 생애 3.7; GCS 7, 84-85.

사이에 두고 국경을 따라 분리되기 시작한다. "한 분이신 예수 그리스도는 어떻게 참 하나님이시며 동시에 참 사람이신가?"

　4세기 니케아 신경이 '누구'에 초점을 맞추느라 대답하지 않고 남겨둔 '어떻게'의 질문은 시리아 속주 출신 수도사와 함께 428년 콘스탄티노폴리스에 등장한다. 그해 4월에 콘스탄티노폴리스 대주교좌에 오른 네스토리오스^{재위 428-431년}는 취임하자마자 전방위로 반(反)니케아파를 척결함으로써 로마 황제의 도시 콘스탄티노폴리스에 거주하는 시민들의 시선에서 시리아 안티오키아 인근의 유프레피우스 수도원에서 막 올라온 시골뜨기 수도사라는 자신에 대한 이미지를 지워 내려 노력한다. 척결 대상을 찾던 네스토리오스의 시선은 예수가 "참 하나님이시다"라는 진리를 충분히 강조하지 않는 집단에서 점차 "참 사람이시다"라는 진리를 충분히 강조하지 않는 집단으로 옮겨갔다. 그리고 마침내 예수의 생모 마리아를 "하나님을 잉태한 자^{헬. 테오토코스/시. 얄닷 알라하}"로 부르며 신격화하는, 그럼으로써 마치 4세기 (라오디케아의 주교) 아폴리나리오스를 따르던 추종자들 같이 예수의 인성을 간과하는 듯한 자들을 찾아낸다.

　그해 11월 28일, 안티오키아에서부터 네스토리오스를 수행한 사제 아나스타시오스는 설교단에서 "누구든지 한낱 여자일 뿐인 마리아를 '테오토코스'라고 불러서는 안 된다"라고 공개 선언한다.[3] 네스토리오스의 또 다른 측근이었던 (마르시아노폴리스의 주교) 도로테오스는 심지어 "누구든지 마리아를 '테오토코스'라고 부르는 자는 파문받아

3.　아나스타시오스 설교; Pusey, "Preface", li.

마땅하다"라며 공공연히 위협하고 다녔다.[4] 문제는 '테오토코스' 추종
자들이 특정 소수가 아닌 일반 다수였으며, 그 가운데 황제의 누이면
서 마리아처럼 평생 동정녀로 살기로 헌신한 풀케리아 아우구스타가
포함되어 있었다는 사실이다. 이들의 설교를 듣고 있던 청중들 중에
는 귀를 막은 채 그 자리를 박차고 일어나 소리 지르며 교회 밖으로
뛰쳐나가는 자들이 있었는가 하면, 수도사들부터 고관들에 이르기까
지 '테오토코스' 거부자들과 성찬 교제를 거부하는 이들도 있었다.[5]
주교들 중에는 서방 로마의 대주교 켈레스티누스에게 서신을 보내 이
사태를 바로 잡아 달라며 적극적인 개입을 요청하는 자들도 있었다.

어찌 됐든지 네스토리오스는 황제의 도시뿐만 아니라 니케아파
그리스도교 세계 전체의 주목을 한 몸에 받는데 성공했고, 절정의 시
점은 그보다 더 좋을 수 없는 (하지만 결과적으로, 그보다 더 나쁠 수 없는) 그해
성탄절이었다. 예수의 '초생'을 기념하는 절기 예배에서 네스토리오
스는 예수 그리스도가 참 하나님이자 참 사람이라면 그의 육신의 어
머니인 마리아를 "하나님을 잉태한 자"로 부르기 위해 동시에 "사람
을 잉태한 자헬. 안드로포토코스"라고도 불러야 마땅하다고 설파한다. 이
어서 둘을 모두 포괄하는 존칭으로 "그리스도를 잉태한 자"라는 뜻
의 신조어 '크리스토토코스'를 대안으로 제시한다.[6] 로마 대주교에게
보낸 서신에서 밝히듯, 네스토리오스의 의도는 양쪽 극단을 적당히
"절충"하려는 것으로 그 자체로서는 니케아파 정신에 지극히 충실한

4.   도로테오스 설교; Pusey, "Preface", li.
5.   참조, Pusey, "Preface", *Cyril of Alexandria: Five Tomes against Nestorius*, lvi.
6.   네스토리오스 설교; Pusey, "Preface", li.

문제 해결 방식이었다.[7]

하지만 니케아파 세계에서 대다수는 '안드로포토코스' 자체를 '테오토코스'라는 정定에 상응할 만큼 무게감 있는 반反으로 인정하지 않았고, 따라서 네스토리오스가 절충안으로 제시한 '크리스토토코스' 역시 온전한 합合으로 성립되기 어려웠다. 열렬한 '테오토코스' 지지자들은 네스토리오스가 그저 '테오토코스'를 부정하기 위해 '안드로포토코스'와 '크리스토토코스'라는 신조어를 만들어낸 것으로 치부했다. 그들 중 하나였던 이집트 알렉산드리아의 대주교 키릴로스재위 412-444년는 네스토리오스에게 두 차례 서신을 보내 공개 사과 및 입장 철회를 요구했고, 이에 불응하자 이듬해 429년 예수 그리스도의 '재생'을 기념하는 부활절에 맞추어 12개 조항으로 이루어진 파문서를 보낸다. 시리아 안티오키아의 대주교가 네스토리오스를 대신해 키릴로스를 맞파문하면서 마리아 존칭 논쟁은 그가 잉태했던 그리스도 논쟁으로, 두 대주교 사이 논쟁은 안티오키아 교회와 알렉산드리아 교회 사이 논쟁을 통해 니케아파 그리스도교 전체로 확산된다.[8]

5세기 '어떻게'로 초점이 바뀐 새 질문은 4세기 '누구'에 관한 초점의 질문과 마찬가지로 대답하는 과정에서 기존 철학 용어를 차용해서 새로운 신학적 개념을 덧입히는 작업을 요구했다. 예를 들어, 4세기 니케아 신경은 "참 하나님이시며… 참 사람이시다"라는 신학적

---

7.   네스토리오스 서신; Pusey, "Preface", xlix.
8.   참조, '테오토코스' 논쟁의 발단과 전개 과정을 살펴려면 다음 문헌을 참고하라—Jenkins, *Jesus Wars*, "Not the Mother of God?", 131-167.

선언 앞에 "본질에 있어서…"라는 선행 조건을 붙이며 헬라 철학 용어 '우시아'본질를 차용한다. 5세기 그리스도론 논쟁에서 새로 차용한 핵심 용어는 '휘포스타시스'와 '휘시스'이었다. 이 중 '휘포스타시스'는 앞서 4세기 니케아 신경에서 '우시아'와 유사/연관 용어로서 '본체/실체' 개념으로 사용되었다.[9] 하지만 5세기 논쟁에서는 이 용어를 '프로소폰'형체, 개체과 연관 지어 고유한 지위와 역할을 통해 다른 존재와 구별된 개체성을 강조하는 '위격'位格이 유력한 개념으로 등장한다. 이 현상은 4-5세기에 삼위일체 신학이 보다 정교하게 발전되면서 더 이상 '우시아'와 '휘포스타시스'를 혼용하지 않고 '일체'본질상 하나님 한 분와 '삼위'위격상 성부, 성자, 성령로 구분하게 됨에 따라, 삼위일체론에서부터 '휘포스타시스'에 덧입혔던 '위격' 개념을 그리스도론에도 적용한 결과였다.

전통적으로 헬라 철학에 전향적이었던 알렉산드리아 교파는 최신 개념의 수용에도 적극적이어서, 고유한 한 분인 예수 그리스도는 오직 한 '휘포스타시스'위격에 한 '휘시스'본성만을 지닌다고 보았다. 반면, 상대적으로 헬라 철학에 비전향적이었던 안티오키아 교파는 '휘포스타시스'를 니케아 신경처럼 여전히 '우시아'와 유사/연관 개념으로 사용함으로써, 본질상 하나님이며 사람인 예수 그리스도는 마땅히 두 '휘포스타시스'본체에 두 '휘시스'본성를 지닌다는 입장을 고

---

9. 니케아 신경에서 '휘포스타시스'를 '우시아'와 유사/연관 용어로 사용하게 된 배경에는 라틴 신학 전통의 영향력이 있었다. 라틴 신학 전통에서는 헬라 용어 '휘포스타시스'에 상응하는 라틴 용어 '섭스탄시아'를 "본질"을 뜻하는 라틴 용어 '에센시아'와 구분 없이 혼용하는 경향이 강했다.

수했다. 알렉산드리아 교파 관점에서 두 '휘포스타시스'와 두 '휘시스'의 보존을 강조한 안티오키아 교파의 그리스도론은 마치 하나님한 분과 인간 한 분이 예수의 육체를 함께 뒤집어쓰고 있다는 식의해괴한 주장으로 들렸다. 반면에 안티오키아 교파 관점에서 알렉산드리아 교파의 그리스도론은 불변·영존하는 신성을 지닌 하나님께서 십자가 위에서 인간의 '휘포스타시스'본체와 하나 되어 실제로 고통 받고 죽으셨다는 식의 신성모독으로 밖에 들리지 않았다.[10] 5세기그리스도론 논쟁은 핵심 용어 '휘포스타시스'를 알렉산드리아 교파처럼 진보적인 '위격' 개념으로 수용할지, 아니면 안티오키아 교파처럼 보수적인 '본체' 개념으로 수용할지 선택의 문제이기도 했다.[11] 하지만 이는 그리 간단한 문제가 아니었다.

동방 교회

325년과 381년 교회 공의회를 통해 사도장 베드로의 도시 로마를 대신해 종교 권력의 새 구심점이 된 콘스탄티노폴리스는 5세기게르만족의 침탈로 더럽혀진 이탈리아반도의 로마를 대신해 서방

---

10. 동방 교회 486년 총회 제1 교령; Chabot (1902), 54-55/301-302—"… 누구라도 하나님의 신성 안에 수난과 변화가 내재되어 있다고 생각하거나 가르치는 자 그래서 우리 구세주가 한 분이라고 말할 때 동시에 그가 완전한 하나님이자 완전한 사람이라고 고백하지 않는 자는 파면 받아 마땅하다."

11. 이후부터 본문에서는 '휘포스타시스'가 하나 이상의 개념을 지닌 신학 용어임을 견지한 상태에서 한글 번역어로 보다 보편적으로 사용되는 '위격'으로 용어를 통일한다. 이에 따라 알렉산드리아 교파의 그리스도론은 '단격·단성론', 안티오키아 교파의 그리스도론은 '양격·양성론'으로 비교해서 사용한다.

정치권력의 새 구심점이 된다. '황제 콘스탄티누스의 도시'라는 이름에 걸맞는 이 도시에 어울리는 유일한 존칭은 "새 로마"였다.[12] 이탈리아반도에서 비잔틴 보스포러스 해협으로, 서에서 동으로 이루어진 정·교 구심점의 동반 이동은 주변부에 서열 질서의 개편을 부추겼다. 그 과정에서 옛 로마 교회와 가까웠던 알렉산드리아 교회를 제치고 안티오키아 교회가 (네스토리오스 같이) 새 로마에 필요한 새 총대주교를 배출하기 시작했다. 네스토리오스의 성탄절 설교에 키릴로스가 보인 민감한 신학적 반응은 알렉산드리아 교회가 느꼈던 정치적 위기 의식의 반영이었다. 황제가 거주하는 새 로마를 둘러싸고 두 대주교 도시가 벌인 서열 경쟁 탓에 5세기 신학 논쟁은 성격상 정치 논쟁으로, 범위상 로마 제국 전체로 비화되었다.

당시 황제 테오도시우스 2세는 로마 황제 중 최초로 예수 그리스도의 지상 최고 대리자임을 자처한 콘스탄티누스 1세의 전례를 따라 431년과 449년 소아시아[터키] 에페소스에서 공의회를 소집하여 신학 논쟁을 종결지을 작정이었다.[13] 하지만 전임 황제의 전례를 따르지

---

12.   381년 콘스탄티노폴리스 공의회 제3 교령; NPNF 14, 178—"콘스탄티노폴리스 대주교는 로마 대주교 다음으로 명예로운 자리이므로 그에 합당한 특권을 갖는다. 콘스탄티노폴리스는 새 로마이기 때문이다."

13.   콘스탄티누스 1세, 325년 니케아 공의회 개회 연설—"어떤 전쟁이나 무력 충돌도 하나님의 교회 안에서 벌어지는 내분보다 악하거나 위험하지 않습니다. 어떤 외부적 문제도 우리가 직면한 내부적 불일치만큼 우리를 짓누르지 못합니다. … 여러분 모두가 하나의 의견으로 일치된 모습을 보일 때 저는 비로소 제 소임을 다했다고 느낄 것입니다. … 그러므로 나의 친구들이여 지체하지 마십시오. 제발 지체하지 마십시오. … 지금부터 우리를 분열시키는 원인을 즉각 제거하고, 평화라는 제일 원칙 아래 이번 논쟁이 불러온 모

않고 콘스탄티노폴리스에서 멀리 떨어진 도시에 대리자를 보내 공의회를 소집한 결과 남은 것은 "강도들의 공의회"라는 오명이었다. 신학 논쟁 자체에 무지, 무관심했던 황제가 손들어줄 수밖에 없었던 쪽은 권모술수를 부리고 폭력을 행사하며 강도 역할을 자처했던 알렉산드리아 교파였다.[14] 하지만 테오도시우스 2세는 얼마 후 예기치 못하게 낙마사하고, 그를 대신하여 황제가 된 마르키아누스는 451년 (콘스탄티노폴리스 인근) 칼케돈에서 새 공의회를 열어 새 결론을 내린다. 소위 '칼케돈 신앙 정식'에 정리된 황제의 공식 입장은 안티오키아 교파의 그리스도론을 배제한 채 로마 교파의 것을 바탕으로 알렉산드리아 교파의 것을 절충 수용한 결과물이었다.[15] 칼케돈 공의회 끝

든 혼란을 청산합시다. 그렇게 하는 것이 지극히 높으신 하나님을 기쁘시게 하는 일이며, 동시에 여러분과 같은 하나님의 종인 저를 도와주시는 길입니다"(에우세비오스, 콘스탄티누스 황제의 생애 3.12; GCS 7, 87-88).

14. 제2차 에페소스 공의회에서 알렉산드리아 대주교 디오스코로스는 (431년 제1차 에페소스 공의회에서 선임 대주교 키릴로스가 보여준 전례를 따라) 황제가 파견한 대리 의장과 사전 담합하여 자기 파에게 유리한 방향과 결론으로 모든 회의와 심사를 몰아간다. 이 과정에서 디오스코로스는 (또다시 키릴로스의 전례를 따라) 무장한 이집트 수도사들을 동원하여 반대파를 물리적으로 위협하고, 심지어 콘스탄티노폴리스 대주교 플라비아노스를 치사 상태에 이르도록 폭행한다. 물리적 거리의 제한으로 제2차 공의회에 참석할 수 없었던 로마 대주교 레오 1세는 서신을 통해 자기 입장을 전달하려 했지만, 이마저 디오스코로스의 조직적 훼방에 막혀 무산된다. 이에 로마 대주교는 제2차 공의회를 "강도들의 공의회"라고 비난하며 정통 공의회로 인정하기를 거부한다.

15. 논쟁이 과열되어 가면서 알렉산드리아 교파 가운데 (콘스탄티노폴리스 수도원장 에우티케스 같은) 극단 세력이 등장한다. 이 세력은 예수의 신성과 인성이 합성되어 제3의 본성이 되었다는 키릴로스 대주교의 관점에서 더 나아가, 인성이 신성으로 변화, 혼합되었으므로 예수 안에 인성은 남아있지 않고

에 콘스탄티노폴리스 대주교는 로마 대주교와 손잡은 대가로 총대주교로 격상된다. 반면, 로마 대주교는 그 대가로 로마 제국의 서방 영토가 게르만족들의 영토로 재편되는 과정에서 발생한 5-6세기 정치적 혼돈기 동안 라틴어권 그리스도인들 사이에 유일하고 절대적인 '아버지'라. 파파 곧 교황으로 격상된다.[16]

그리스도론	개체/분	위격	본성	교회(5-13세기)
서방 단격·단성 그리스도론	1 (예수)	1 (하나님의 말씀/아들)	1 (합성)	알렉산드리아 교회 누비아/에티오피아 교회 서방 시리아 교회 아르메니아 교회
서방 단격·양성 그리스도론	1 (예수)	1 (하나님의 말씀/아들)	2 (신성, 인성)	콘스탄티노폴리스 교회 로마 교회
동방 양격·양성 그리스도론	1 (예수)	2 (하나님, 인간)	2 (신성, 인성)	동방 시리아 교회

니케아파 그리스도론 전통의 분화[17]

오직 신성 하나만 존재한다고 주장했다. 칼케돈 신앙 정식은 결국 양극단에 위치한 안티오키아 교파와 알렉산드리아 교파의 그리스도론을 배제하고, 중도에 위치한 로마 대주교 레오 3세와 알렉산드리아 대주교 키릴로스의 그리스도론을 절충한 결과물이었다.

16. 451년 칼케돈 공의회에 참석하지 않고도 주역이 된 로마 대주교 레오 1세는 452년 로마 외곽에서 훈족 왕 아틸라와 협상을 벌여 로마 침공을 앞둔 훈족의 철군을 이끌어 낸다. 455년 게르만 반달족장 가이세리크와의 협상에서도 비록 로마 약탈 자체를 막지는 못했으나, 살인과 방화를 금지한다는 실리적 조건을 얻어내 로마 시민을 지켜낸다. 590년, 게르만 일파 랑고바르드족이 이탈리아반도를 침탈하는 상황에서 로마 대주교가 된 그레고리오 1세는 로마 도시 재건, 위생관리, 민생 구제 등 실제적인 정부 책임자 역할을 수행함으로써 "하나님 집의 아버지"라는 칭송을 받아, 타계 이후 곧바로 성인으로 시성된다.

결과적으로 5세기 로마 황제들은 니케아 신경을 따르는 그리스
도교 주류 전통을 삼분할시켰다. 그중에서 칼케돈 신앙에서 정식으
로 상징화된 중도파 전통은 로마에서 콘스탄티노폴리스까지, 라틴어
권에서 헬라어권까지 가로지르는 수평 주축을 이룬다. 반면에 알렉
산드리아가 중심된 단격·단성 그리스도론 전통은 남쪽으로는 누비
아를 거쳐 에티오피아까지 그리고 북쪽으로는 시리아를 거쳐 아르
메니아까지 이르는 수직 단축을 형성하며 로마 제국의 동방 경계선
을 차지한다. 어떤 황제에게도 지지받지 못했던 유일한 전통은 양
격·양성 그리스도론 전통으로, 곧 시리아 안티오키아를 중심으로 활
동했던 디오도로스-390년와 테오도로스350-428년 그리고 네스토리오스
386-451년를 통해 발전된 전통이었다. 서방 그리스도인들은 배제된 전

---

17. 동방 교회의 그리스도론은 안티오키아 교파의 전통을 따라, 하나의 '위격/
본체'(시. 케노마; 헬. 휘포스타시스)는 하나의 고유한 '본성'(시. 키야나; 헬.
휘시스)을 통해 다른 위격들과 구별된다는 전제 위에 세워진다. 따라서 동
방 교회 관점에서 예수 그리스도가 하나의 '위격'을 지녔다고 주장하는 서
방 교회의 그리스도론은 그가 하나의 '본성'을 지녔다고 주장하는 것, 곧 단
성론을 의미하는 것과 다를 바 없었다. 이는 예수 그리스도가 참 하나님이자
참 사람이라고 선언한 니케아 신경에 대한 심각한 부정이나 다름 없었다. 반
면 서방 교회의 그리스도론은 하나의 '위격'(헬. 휘포스타시스)은 고유한 '개
체'(헬. 프로소폰)를 통해 다른 위격들과 구별된다는 전제 위에 세워진다. 따
라서 서방 교회 관점에서 예수 그리스도가 두 '위격'을 지녔다고 주장하는
동방 교회의 그리스도론은 실상 두 개의 '개체'로 나눠진 하나님과 인간이
예수의 육체 안에 공존하고 있다는 의미와 다를 바 없었다. 이 또한 "우리는
한 분이신 주 예수 그리스도를 믿습니다"라고 선언한 니케아 신경에 대한 심
각한 부정이나 다름 없었다.

통에 속한 자들을 "네스토리오스 추종자들" 혹은 "네스토리오스파 교회" 등 경멸하는 어조로 불렀지만, 정작 이들은 자신을 "동방 그리스도인" 혹은 "동방 교회"로 규정했다.[18] 로마 황제가 다스리는 서방 영토를 떠나야 했던 이들이 정착한 새 본토는 페르시아 황제가 다스리는 동방 영토였다. 그렇게 양격·양성 그리스도론은 동방 제국으로 이주하여 서식하게 된 동방 교회를 로마 제국에 서식하던 서방 교회와 구별 짓는 고유한 상징이 되었다. "한 분이신 예수 그리스도는 어떻게 참 하나님이시며 동시에 참 사람이신가?" 5세기 초에 등장한 이 질문은 세기말에 이르러 그리스도교 세계를 민족과 국가별로 구분 짓는 국경선이 되었다.

경계 도시 신학교

사산 왕조 페르시아에 필요한 천문학자와 수학자 그리고 의학자를 공급하는 교육 중심지가 군데샤푸르였다면, 왕조의 통치 아래 살아가는 동방 교회에 필요한 성직자를 공급하는 신학 교육의 중심지는 니시빈이었다. 410년 제1차 총회를 통해 동방 교회의 교권 서열 2, 3위로 올라선 양대 교육 도시의 대주교는 424년 총회에서 서방의 대주교들과 동등하고 독립된 교권자로 추대받은 크테시폰의 총대주

---

18. 참조, 아브디쇼, 그리스도교 신앙의 보석[마르가니타] 3.4; Badger, 400—"네스토리오스가 동방 교회의 총대주교도 아니었음에도, 또한 그가 동방 교회의 공용어[시리아어]와 다른 언어[헬라어]를 사용했음에도 불구하고 동방인들은 부당하게도 '네스토리오스 추종자들'이라는 오명으로 불리고 있다."

교와 함께 동방 교회 교권의 트로이카^{troika}를 형성한다.[19] 동방 교회에
게 5세기는 서방 교권의 영향권에서 점차 벗어나 자치 기초를 마련
한 원년이었다. 두 내륙 도시와 달리 니시빈은 363년을 기점으로 로
마에서 페르시아 영토로 바뀐, 두 제국 사이에 존재하는 경계 도시였
다. 서방과 마주한 동방의 경계 도시 니시빈에 동방 교회를 대표하는
신학교가 개교한 시기는 5세기 말이었다.

니시빈 신학교의 초대 교장은 페르시아인 나르사이^{-약 500년}였다.
벳삽다이^{터키 동남부} 지역에서 수도원장 삼촌 아래 자란 그는 케파르 마
리 수도원과 로마 제국의 국경 도시 에데사에 세워진 페르시아인 신
학교를 오가며 수도사이자 성경 학자로 성장한다.[20] 삼촌의 부탁으로
잠시 수도원장직을 맡았다가 일 년여 만에 내려놓고 국경 너머 에데
사에 정착한 나르사이는 교사를 거쳐 교장 '랍반'에 올라 20여 년 동

19. 410년 동방 교회 총회 제21 교령; Chabot (1902), 32-35/271-273. 424년 동방
교회 총회록; Chabot (1902), 51/296—"그러므로 하나님의 말씀으로 다음과
같이 선언한다. 동방 그리스도인들은 우리 총대주교와 관련해 서방 총대주
교들에게 불평해서는 안 된다. 동방 교회의 총대주교를 통해 해결되지 않은
동방 교회의 문제는 그리스도의 심판 때까지 기다려야 할 것이다. … 동방
교회의 총대주교가 하급자나 심지어 동급의 [서방] 총대주교들로부터 판단
받을 수 있다고 생각하거나 말하는 것은 가당치 않다. 동방 교회의 총대주교
만이 그 권세 아래 있는 모든 사람들의 심판자가 되어야 마땅하며, 그를 판
단할 자는 오로지 그를 선택하셔서 동방 교회의 머리로 세우신 그리스도 밖
에 없다." 424년 총회 참석자들로 하여금 총대주교의 수장권을 선포하고 총
대주교로 하여금 이를 수용하도록 총회를 주도한 참석자는 두 교육 도시의
대주교들이었다(Chabot, *Synodicon orientale*, 50-51/294-296).
20. 바르하벳샤바 동방 교회사 596-598; TTH 50, 54-56.

안 신학교를 이끈다.[21] 그의 수학 동문이었던 바르사우마가 수학 후 페르시아로 돌아가 니시빈의 대주교가 되었듯이, 이 신학교는 조로 아스터교도 통치자가 다스리는 국경 너머 동방 지역으로 그리스도 교 선교사들과 교권자들을 공급하는 교육 기관이었다.[22] 그러던 5세 기 말, 로마 황제의 도시 콘스탄티노폴리스에서부터 에데사까지 불 어닥친 단격·단성 그리스도론의 광풍은 나르사이와 페르시아인 신 학교를 차례로 국경 너머 동방으로 내몰아 버린다. 당시 에데사에는 페르시아인들의 신학교 외에 시리아인들와 아르메니아인들의 신학 교도 있었다. 시리아인 신학교 졸업생 하나가 떠올린 학창 시절에 대 한 회상은 나르사이가 동방으로 월경한 급박한 사정을 짐작게 해준 다.

> 지금으로부터 45년 전 내가 에데사[시리아인 신학교]에서 성경 해석을
> 공부하고 있을 때… 그곳에 페르시아인 신학교도 있었다. 그들은 디
> 오도로스[그리고 테오도로스와 네스토리오스]의 거짓 가르침을 진리인 양
> 붙들었을 뿐만 아니라 그 악한 가르침으로 동방 지역 전체를 오염시
> 키고 있었다. 하지만 에데사의 존귀한 주교 쿠라의 열심과 하나님의
> 신실한 종이신 황제 제노의 명령으로 페르시아인 신학교는 [약 489
> 년] 에데사에서 뿌리째 뽑히고 말았다.[23]

---

21. 바르하벳샤바 동방 교회사 598-599; TTH 50, 57-58.
22. 참조, 시므온 서신 353-354; Becker, 35.
23. 야곱 서신 58.21-59.8; Becker (2006), 52. 나르사이가 이끄는 페르시아인 신
     학교와 관련해 야곱이 기억하는 또 다른 인상적인 모습은 디오도로스, 테오

나르사이는 신학교가 강제 폐교되기 앞서 자신을 먼저 붙잡아 없애려는 모의를 알아채고 현지 페르시아인들의 도움을 받아 야반 도주한다.[24] 니시빈 인근 페르시아인 수도원에 은신한 나르사이는 원래 페르시아 내륙으로 들어가 신학교를 세울 작정이었다. 하지만 수학 동문이자 니시빈 대주교인 바르사우마의 끈질긴 설득에 못이긴 나머지 로마령 페르시아인 신학교의 마지막 교장 나르사이는 페르시아령 니시빈 신학교의 초대 교장이 된다.[25]

바르사우마는 니시빈 '마르 야콥' 교회 근처에 원래 무역상과 낙타 떼가 쉬어가는 무역관으로 지었던 건물을 신학교 부지로 매입해 준다. 중앙아시아 카쉬가르 출신의 성경 학자 시므온이 건물을 개조해 이미 학교 시설로 사용하고 있었던 터라 대주교의 후원을 힘입은

도로스, 그리고 네스토리오스가 헬라어로 남긴 주석 자료를 시리아어로 번역하여 동방에 보급하는 활동이었다. 에데사의 주교 쿠라(헬. 키로스)는 페르시아인 신학교가 폐교된 자리에 '성모 마리아' 기념 교회를 세운다(참조, 시므온 서신 353; TTH 50, 34-35).

24. 바르하벳샤바 동방 교회사 602-605; TTH 50, 60-62. 나르사이의 탈출 시기는 불문명하나, 쿠라가 에데사 주교로 임직한 471년 이후 그리고 페르시아인 학교가 강제 폐교된 489년 이전으로 추정할 뿐이다.

25. 바르하벳샤바 동방 교회사 605-608; TTH 50, 62-65. 니시빈 신학교 설립기 384-386; TTH 50, 151-152. 반면,《시이르트 동방 교회사》는 나르사이가 니시빈에 도착해 시므온의 학교에 합류하고 나서 에데사 페르시아인 신학교 같은 면모로 기틀을 잡자 그제서야 바르사우마가 학교에 관심을 갖기 시작했다고 기록한다(시이르트 동방 교회사 2.1.114). 압바스 아랍 왕조가 동방 교회의 본토를 다스리던 9세기에 작성된《시이르트 동방 교회사》는 사산 페르시아 왕조와 결탁하여 총대주교 바보와이를 처형하게 만든 장본인인 바르사우마를 다소 부정적 시선으로 묘사하면서 나르사이와 거리를 둔다.

니시빈 신학교는 설립 초기부터 빠르게 외적 면모를 갖추어 나갈 수 있었다.[26] 시므온 아래 공부하던 기존 학생에 더해 489년을 마지막으로 에데사를 떠나 월경한 페르시아 신학교 교직원들과 신학생들이 합류하면서 니시빈 신학교는 급속히 성장한다.[27] '랍반' 나르사이의 명성이 페르시아 전역에서 많은 학생들을 불러 모았다면, 풍족한 먹거리를 산출하는 니시빈의 비교적 온화한 날씨는 학생들의 장기간 거주를 도왔다.[28] 에데사의 페르시아인 신학교 출신인 대주교 바르사우마가 뒤에서 밀어주고 '랍반' 나르사이가 앞서 이끈 40여 년 동안 니시빈 신학교는 동방 영토에 세워질 다른 신학교의 전형이 될 기틀을 마련한다.[29]

당시 바르사우마는 사산 왕조 페르시아의 황제 페로즈 1세로부터 두터운 신임을 받고 있던 덕분에 동방 교회 서열 3위의 교권에 더해 국경 수비대를 지휘하고 로마 군부와 협상에서 페르시아 측 대표 역할을 수행하는 막강한 군권마저 얻게 된다.[30] 그리고 양손에 쥔 교권과 군권을 효과적으로 활용해 자신과 정적 관계였던 총대주교 바보와이를 제거하는 데 성공한다.[31] 바르사우마가 칼끝을 겨눈 또 다

---

26. 바르하벳샤바 동방 교회사 608; TTH 50, 65.
27. 니시빈 신학교 설립기 386; TTH 50, 152.
28. 당시 메소포타미아 상류 지역의 기후에 관해서는 다음 문헌을 참고하라— Dillemann, *Haute Mésopotamie orientale et pays adjacents*, 64-67.
29. 40년(바르하벳샤바 동방 교회사 615), 혹은 45년(니시빈 신학교 설립기 386).
30. Chabot, *Synodicon orientale*, 532f/536f.
31. 참조, 그리스도교 동유기, 일화 3 "검정색 '에스키마'와 왕관형 '수파라'." 총대주교 바보와이와 니시빈 대주교 바르사우마 사이에 갈등의 씨앗이 되었

른 대상은 양대 제국의 국경선을 따라 세력을 펼치던 '단격·단성 그리스도론' 추종자들이었다.[32] 대주교 바르사우마가 설립부터 적극 후원한 니시빈 신학교는 그 시작부터 동방 교회 정체성의 상징인 양격·양성 그리스도론을 가르치는 교육 기관이었다. 페르시아 제국에게 니시빈이 로마 제국과 맞닿은 최서단 국경을 지키는 군사적 요충지였다면, 동방 교회에게 니시빈 신학교는 서방으로부터 침투하는 이질적 가르침을 막는 신학적 파수대였다.

구별된 사회

7세기 초[602년 추정] 작성된 《니시빈 신학교 정관》은 니시빈 신학교

던 바르사우마의 소실 마마이(혹은, 마모와이)는 결혼하고 정실이 된 이후에는 '랍반' 나르사이와 남편 사이에 갈등의 씨앗이 된다. 니시빈 사람들이 남편보다 먼저 나르사이에게 찾아와 인사하는 광경을 본 마마이는 질투심에 불타 둘 사이를 이간질 한다. 나르사이는 니시빈을 떠나 벳 삽다이에 있는 케파르 마리 수도원으로 돌아갔고, 바르사우마는 곧 후회하며 사람을 보내어 나르사이를 모셔온다(참조, 바르하벳샤바 동방 교회사 609-611; 시이르트 동방 교회사 2.1.136-137; 마리 총대주교 열전 47.20ff; Gero, *Barsauma of Nisibis and Persian Christianity in the Fifth Century*, 68-72).

32. Assemani, *Bibliotheca orientientalis* 1.346. 니시빈으로 월경한 나르사이를 만난 바르사우마는 "최근 들어 [단격·단성 그리스도론] 이단자들이 메소포타미아 지역을 호시탐탐 노리고 있기 때문에" 양격·양성 그리스도론을 가르치는 정통 학교가 니시빈에 필요하다고 설득한다(니시빈 신학교 설립기 385; TTH 50, 152). 6세기 초, 메소포타미아 지역에 살고 있는 단격·단성 그리스도론 추종자들을 격려하고 교육하기 위해 보낸 서신에서 벳 아르샴의 주교 시므온은 정력 넘치는 바르사우마를 "수풀을 헤집고 다니는 야생 멧돼지" 그리고 금욕 생활하는 나르사우마는 "나병환자"라며 원색적으로 비하한다(시므온 서신 352; TTH 50, 32-33).

의 역사부터 구성원 조직, 교육 과정, 운영 방식 그리고 졸업생 진로
현황까지 포괄적으로 기억하는 자료이다. 정관 기록 가운데 특별히
496년과 590년 두 차례에 걸쳐 개정된 교칙은 신학교의 100년 역사
를 압축한 나이테이다. 정관은 496년에 마무리된 제1차 교칙 개정이
"위험과 악이 가득한 시대를 틈타 사단이 활개를 침으로 그에게 미
혹된 신학교 구성원들이 [개교 교칙에서 미처 염두에 두지 않은] 여러 죄를 범
하였기 때문"에 이에 상응하는 조치 방안을 마련하기 위해 이루어졌
다고 그 배경을 밝힌다.[33] 제1차 개정 교칙으로 재구성해 본 "여러
죄"는 뒷담화 하거나[제496-13 조항] 물건을 훔치는[제496-14 조항] 등 개인 차
원의 윤리부터 돈을 빌려주고 이자를 받거나[제496-6 조항] 시당국 법정
을 통해 법적 시비를 가리는[제496-12 조항] 등 사회 차원의 윤리까지 포
괄한다. 게다가 교칙 제496-4 조항에서는 국가 차원의 윤리도 다룬
다.

> 학교에 속한 형제 누구라도 공부, 기도, 또는 상거래 목적으로 선배
> 형제나 학장의 허락과 지시 없이 무단으로 로마인의 영토로 월경해
> 서는 안 된다. … 상거래 활동은 교칙 제496-5 조항에서도 금지하고
> 있을 뿐만 아니라 우리 신학교와 상관없는 활동이므로 어떤 경우에
> 서든 허락될 수 없다.[34]

---

33. 니시빈 신학교 정관, "서문"; Vööbus, 53.
34. 니시빈 신학교 정관, 496년 교칙 제4 조항; Vööbus, 75-77.

교칙 제496-19 조항에 따르면 여타 교칙들을 도합 세 번 이상 위
반할 경우 퇴학 조치가 내려진다.[35] 하지만 무단 월경을 금지한 이 교
칙만큼은 위반 즉시 퇴학 조치가 내려지고, 그 사유가 비단 소속 신
학생의 기본 활동인 성경 공부와 기도와 관련 있다 할지라도 예외가
아니다.[36] 니시빈 신학교에서 가장 위험하고 악하다고 판단한 죄 그
래서 가장 엄격하게 다스려야 할 죄는 바로 로마인의 영토에 들어가
는 일, 곧 사단이 가르치는 서방 그리스도론에 미혹된 자들과 접촉하
는 일이었다.[37] 니시빈 신학교의 근본 정체성은 동방 그리스도교의
삼대 학자인 디오도로스와 테오도로스 그리고 네스토리오스의 가르
침을 따라 성경을 연구하고 기도에 전념하는, '서방' 로마인들과 구
별되는 '동방' 페르시아인들로 이루어진 그리스도교 신학 공동체였
다.[38]

---

35. 니시빈 신학교 정관, 496년 교칙 제19 조항; Vööbus, 82-83.
36. 징계 위원회에서 조사 후 교칙 제496-4 조항을 위반한 학생에게 특별 선처
를 베푸는 예외 사항도 마련되어 있으나, 재위반 시 이유 불문하고 즉시 퇴
교 조치가 이루어진다. 이 교칙 조항은 나머지 21개의 어떤 조항보다 분량이
길고, 내용이 자세하며, 처벌 기준이 엄격하다는 점에서 초창기 니시빈 신학
교가 무단 월경을 얼마나 심각한 범죄로 인식했는지 방증한다.
37. 초대 '랍반'으로서 496년 제1차 교칙 개정을 주도했던 나르사이는 단격·단
성 그리스도론을 따르는 서방인들을 이단자로 규정하면서 이들을 그리스
도의 양떼를 유린하는 사나운 늑대와 사단의 졸개 노릇 하는 마귀에 비교한
다(나르사이, 동방 교회 삼대 교부에게 바치는 찬송 시가 446-493; Martin,
469-525).
38. 나르사이는 특히 테오도로스를 "신학자 중의 신학자"라고 칭송하며, 자신
은 그 누구보다 테오도로스를 "성경 연구의 지침"으로 삼았다고 밝힌다
(Vööbus, *History of the School of Nisibis*, 106).

니시빈 신학교의 초기 정체성을 규정한 이 상징적 교칙은 흥미롭게도 590년에 이루어진 제2차 교칙 개정에서 삭제된다.[39] 대신 새로 추가된 교칙 조항들, 예를 들어서 병원 시설과 운영 그리고 의료직원 '말파나'와 관련된 제590-1 조항이나, 충분한 식량 확보를 위해 '마우트바'[학기] 일정을 봄과 가을 추수기에 맞춰 재조정한 교칙 제590-10, 14 조항 등은 신학교의 규모와 조직이 자립·자치 공동체 수준으로 발전했음을 시사한다.[40] 496년 제1차 교칙 개정판이 서방 로마인과 구별되는 동방 페르시아인으로서 대외적 정체성을 강조했다면, 반면 590년 제2차 개정판은 니시빈 도시와 구별된 사회로서 대내적 정체성을 강조한다. 니시빈 신학교라는 구별된[혹은, 거룩한] 사회에서 살아가는 시민들은 니시빈에서 일반인들과 함께 기숙해서는 안 된다[제590-2 조항]. 비록 졸업하지 못한 채로 신학교를 그만두고 떠나는 사람일지라도 일반인보다 더 존귀한 자로 대우 받아 마땅하다[제590-6 조항]. 따라서 일반인으로부터 대가성 사례를 받아서도[제590-12, 13 조항] 손을 벌려 구걸해서도 안 된다[제590-14 조항]. 니시빈에서 벌어지는 저급한 오락 행사에 일체 참여할 수 없고[제590-16 조항], 일반 남자처럼 구렛나룻을 길러서도 안 된다[제590-17 조항]. 일반인들이 읽는 저급한 서적을 읽어서도 안 되고, 신학교에서 승인한 거룩한 서적만

---

39. 자세한 배경은 아래 "니시빈 신학교의 몰락과 수도원 신학교의 발흥" 단락에서 다룬다.

40. 개교부터 590년까지 신학교의 일 년은 한 번의 학기(11-7월) 그리고 한 번의 여름 방학과 가을 추수(7-11월)로 구성되었다. 이후 겨울 학기(11-4월), 봄 곡식 추수(4-6월), 여름 학기(6-10월), 그리고 가을 열매 추수(10-11월)로 재구성된다(참조, 니시빈 신학교 설립기 393-394; TTH 50, 157-158).

읽어야 한다[제590-19 조항]. 마지막 조항에서조차 니시빈에서 도망친 전쟁 포로나 노예를 숨겨주고 보호하려다 일반 시민과 송사에 휘말리지 말라고 당부함으로써 끝까지 일반 사회와 구별된 사회 정체성을 심어준다[제590-21 조항].

니시빈 신학교는 머리 일부를 삭발한 '수파라' 머리 모양을 하고 검정색 '에스키마' 복장을 입은 '이히다이야' 시민들이[제590-17 조항] 선·후배 세 명씩 무리지어 한 주거실에서 공동생활 하면서[제496-10 조항; 제590-9 조항] 아침부터 저녁까지 학년별로 수학하고, 이후에는 주거실 단위별로 그날 시편 말씀을 가지고 찬송기도(혹은, 성무일과^{聖務日課})하며 하루를 마무리하는 공동체였다[제496-9 조항]. 이 공동체는 일반 사회뿐만 아니라 여성 '이히다이야' 공동체인 '케이아마'^{언약의 딸}와도 구별된 '아흐하'^{형제} 공동체였다[제590-18 조항]. 13세기 니시빈의 대주교 아브디쇼는 이 신학교를 입학부터 졸업까지 3년 동안 성직자와 의사 양성에 필요한 기초 교육을 제공하는 교육 기관으로 기억한다.

신학생들 가운데 성직자의 길을 갈 사람들은 필독서 외에 추가로 에프렘의 단편 성경 주석집과 테오도로스의 장편 주석집도 읽어야 했다. 반면, 의학을 공부할 사람들은 병원에서 전문 의학 공부를 이어갔다. 요약하자면, 이 학교에 입학한 학생들은 [성직자 또는 의사가 되는 데 필요한] 전문 훈련을 본격적으로 시작하기 전에 시편[및 구약 성경]과 신약 성경 그리고 그 외 [교회력 절기와 성찬 성례식 및 장례 예식과 관련된]

예전용 찬송 시가를 배우고 익혔다.[41]

성직자 후보생이 전문 훈련과 안수를 받고자 졸업 후 선택한 유력한 진로는 다름 아닌 수도원 입문이었다[제590-4, 7 조항]. 100년 동안 두 차례 교칙 개정을 거치면서 점점 또렷해져 가는 니시빈 신학교의 정체성은 대주교가 거주하는 니시빈 도시와 대수도원이 있는 이즐라산 사이에 위치한 신학교이자 예비(혹은, 준準) 수도원이었고, 대다수 졸업생들은 예비 성직자와 예비 수도사들이었다.

예비 수도원으로서 신학교의 정체는 교장 '랍반'과 학장 '라바이타'와 함께 교칙 제정과 개정에 참여한 교사들의 면면에서 밝히 드러난다.[42] '메하게이아나'가 기초 문법과 음절 낭송법 그리고 수사법 등을 가르치는 기초 교사라면, '마크레이아나'는 고등 교사이다.[43] 필사와 번역 그리고 작문을 가르치는 교사이자《니시빈 신학교 정관》같은 자료를 문서 기록으로 정리하는 서기는 '사페라'이다. '바두카'는 역사, 지리학, 천문학, 그리고 아리스토텔레스 논리학 등을 가르치는 교사들의 통칭이다.[44] 의학을 가르치는 '말파나'를 제외한 모든 교사는 결국 예비 수도사와 성직자들이 올바른 성경 해석자로 그리고 예배 인도자로 성장할 수 있도록 기초 쌓는 작업을 돕는 이들이었다.[45]

---

41.   Vööbus, *The Statutes of the School of Nisibis*, 109.

42.   니시빈 신학교 정관, "서문"; Vööbus, 51-52.

43.   참조, Vööbus, *The Statutes of the School of Nisibis*, 83 [n] 42, 42.

44.   참조, Vööbus, *The Statutes of the School of Nisibis*, 52 [n] 7.

45.   참조, 니시빈 신학교 정관, 496년 교칙 제8 조항; Vööbus, 79—"정식 학생으로 등록한 형제들은 특별한 경우를 제외하고 항상 쓰기와 읽기 그리고 성경

이들을 대표하고 다스리는 '랍반'으로서 나르사이가 20년 동안 매일 감당한 기본 직무는 성경을 해석하고 가르치는 일 그리고 찬송 시가를 만들고 가르치는 일이었다.[46] 두 가지 직무는 "성경해석의 최고 권위자"를 뜻하는 '메파스카나' 고유의 것이었다. 니시빈 신학교는 '메파스카나'가 '랍반'을 겸직하는, 곧 최고 성경 학자가 최고 권위자인 공동체였다.

니시빈 신학교의 몰락과 수도원 신학교의 발흥

'메파스카나' 나르사이가 지은 찬송 시가는 "선대 해석가들의 의견을 참고하여 확신한 성경의 가르침"에다 시리아어로 '메므라'복수, '메므레'라고 부르는 고유의 음율 형식을 입힌 것으로, 그에게 "성령의 하프"라는 명성을 가져다주었다.[47] 이 별명의 원소유자는 4세기 에프렘306-373년으로, 사산 왕조 페르시아의 침략과 핍박을 피해 363년 니시빈에서 로마령 에데사로 월경해 활동하면서 '메므라' 찬송 시가 형식을 정립하고 전승한 신학자로, 나르사이와 데칼코마니 같은 인물이었다.[48] 에데사에서 에프렘의 유산을 받은 또 다른 전승자는 에데

해석과 찬송 시가를 부르며 익히기에 힘써야 한다."

46. 니시빈 신학교 설립기 383; TTH 50, 150-151.

47. 바르하벳샤바 동방 교회사 612; TTH 50, 69. '메므레'는 12음절로 이루어진 한 행이 다른 행과 대구를 이루는 시리아 지역의 토착 시 운율 형식이다.

48. 시리아어가 에데사에서 통용되던 아람어 방언을 바탕으로 발전한 언어였다는 사실은 갈릴리에서 활동하던 예수 그리스도에게 초청 서신을 보냈고, 그 결과 예수 그리스도가 보낸 (70인 제자 중 한 사람) 앗다이를 통해 복음을 받아들였다는 아브가르 왕에 관한 전설만큼이나 에데사를 동방 시리아 그리스도교 전통의 주요 기원지로 꼽는데 필요한 초기 정당성을 부여한다(참조,

사의 시리아인 신학교 출신으로 "성령의 피리"로 불린 야콥[451-521년]이
었다.[49] 로마령 스루가야 지역 주교가 된 후로 야콥은 나르사이가 부
르는 아름다운 '메므레'에 현혹되어 그 안에 담긴 "악한 가르침" 곧
양격·양성 그리스도론에 감염된 동방인들을 진리로 치료한다는 명
분으로 본격적으로 단격·단성 그리스도론 교리를 담은 '메므레'를
짓는다. 이에는 이, 눈에는 눈, 그리고 '메므레'에는 '메므레'. 성령의
하프와 피리 소리가 약속된 운율에 맞춰 동·서방 제국의 국경선을
넘나들며 '메므레' 배틀이 벌어졌다.

초대 '메파스카나'이자 '랍반'인 나르사이와 함께 동방 교회 그리
스도론의 파수대로서 발흥한 니시빈 신학교는 서방 그리스도론의
침투로 말미암아 7세기 초 갑작스레 붕괴되고 만다. 니시빈 신학교
는 6세기 말 학생만 오백여[혹은, 팔백] 명에 육박하는 공동체로 발전하
고, 규모에 적합하게 운영 방식을 재조정해야 할 필요성에 따라 '랍
반' 헤나나[610년] 주도 아래 590년 제2차 교칙 개정 작업을 마무리한
다.[50] 하지만 개정 후 불과 이십여 년이 채 못되어 '랍반' 헤나나를 포

Brock, *An Introduction to Syriac Studies*, 22). 에데사가 지닌 초기 정당성은 4
세기 에데사 페르시아인 신학교에서 '메므라' 찬송 시가를 지어 가르치면
서 서방 교회와 구별된 동방 교회 고유의 상징신학과 예전 전통이 세워질 토
대를 마련한 신학자이자 "성령의 하프" 에프렘을 통해 한층 더 강화된다(참
조, 서원모, "예언자적 역사해석", 135-149; "시리아 교부 에프렘의 실존적 신
학", 201-204).

49. 시리아 찬송 시가 전통에서 에프렘, 나르사이, 그리고 야콥이 차지하는
    위치에 관해 개관 정리한 문헌은 다음을 참고하라—Brock, "Poetry and
    Hymnography (3)", 657-671.
50. Vööbus, *The Statutes of the School of Nisibis*, 91-92.

함해 겨우 이십여 명만 남은 상태로 몰락하고 만다.[51] 교칙 개정을 둘러싸고 5년 전과 6년 후에 열린 두 차례 총회는 동방 교회를 대표하는 신학교가 최고 전성기를 구가하고 있던 시기에 이미 붕괴 조짐을 경고하고 있었다. 두 총회는 모두 (동방 교회의 대표 해석자이자 신학자인) 테오도로스의 가르침을 부정하는 익명의 인물과 그 추종 세력을 규탄한다. 테오도로스의 성경 해석 전통으로부터 이탈했다는 이유로 585년 총회로부터 엄중한 경고를 받은 익명자는 급기야 테오도로스의 그리스도론 전통마저 부정했다는 이유로 596년 총회에서 규탄받게 된다.

[585년 동방 교회 총회 제2교령] 동방 교회 총회는 하나님의 말씀에 의거해서 다음과 같이 분명히 밝힌다. 누구든지 지위를 막론하고 동방 교회를 대표하는 신학자 테오도로스를 비공개 또는 공개적으로 폄하하거나 [욥기 책에 관한] 그의 성경 해석에 이의를 제기하는 사람은 용납할 수 없다. 또한, 지어낸 이야기를 너무 사랑해서 마치 역사적으로 실제 사건인 양 진실을 왜곡하는 어떤 사람이 있는데, 그자가 유려한 언변으로 하나님의 말씀을 진리와 상관없이 해석한 이 [욥기] 주석집을 읽는 사람 또한 용납할 수 없다.[52]

[596년 동방 교회 총회 교령] 동방 교회 총회는 우리 주 예수 그리스도께서 신성과 인성 모두 지니고 계신 분임을 부정하는 자, 하나님의 아

---

51.   시이르트 동방 교회사 2.2.510-512.

52.   Chabot, *Synodicon orientale*, 138/400.

들 안에서 신성과 인성이 혼합, 합본, 혹은 혼동 되었다고 가르치는
자, 또는 수난과 죽음 등 인성에만 해당되는 특성을 하나님의 영광된
신성으로 분류하는 자…[곧 단격·단성 그리스도론자]는 누구든지 파면하
여 우리와의 [성찬] 교제에서 끊어낸다.[53]

차마 실명으로 거론하지 못하고 익명으로 보호할 만큼 총회에서
조차 다루기 부담스러워한 거물은 니시빈 신학교의 '랍반' 헤나나였
다.

헤나나의 성경 해석론과 그리스도론에는 서방 전통과 동방 전통
이 혼재되어 있었다. 특히 그의 그리스도론은 451년 칼케돈 서방 공
의회에서 '칼케돈 신앙 정식' 안에 절충하고 553년 콘스탄티노폴리
스 서방 공의회에서 확증한 단격·양성 그리스도론을 시리아 신학 용
어로 수용한 것이었다. 하지만 596년 총회에서 헤나나를 단격·단성
그리스도론자로 규정하고 있듯이, 동방 교회 관점에서 보면 단격·양
성 그리스도론 역시 국경 너머 '서방' 로마인들의 가르침이라는 측면
에서 피차일반이었다. 동방 교회의 585년과 596년 총회 사이에 이뤄
진 590년 신학교 교칙 개정에서 헤나나는 신학교의 초기 정체성을
상징하던 교칙 제496-4 조항, 곧 로마인의 영토로 무단 월경을 금지
한다는 조항을 삭제한다. 동방 교회가 그 행보를 예의 주시하며 두
차례 총회를 통해 경고하다가 끝내 규탄한 '랍반' 헤나나와 그 추종
세력은 신학적으로 동방에서 서방으로 월경한 전향자들이었다.

---

53. Chabot, *Synodicon orientale*, 198/458.

헤나나는 자신이 전향했다는 사실을 사람들이 알지 못하도록 익명을 사용하여 에둘러 경고함으로써 동방 교회 신학의 파수 대장이 지켜야 할 제자리로 돌아올 수 있도록 뒷문을 열어준 총회의 고육지책을 묵살한다. 도리어 사산 왕조의 황제 호스로 2세^{재위 609-628년}로부터 총애받던 왕후 '아르메니아인' 쉬린과 왕실 주치의 가브리엘, 두 명의 유력한 단격·단성 그리스도론 지지자를 통해 총대주교 사브리쇼 1세를 압박한다.[54] 그 결과, 정작 니시빈을 떠나야 했던 이는 헤나나가 아닌, 596년 총회에서 그를 규탄하는데 앞장 섰던 니시빈의 대주교 그리고르였다.[55] 헤나나는 자신의 교장직은 지킬 수 있었지만 다스릴 교직원과 가르칠 학생이 없는 마지막 교장으로 남게 된다. 597년, 헤나나 대신 그리고르를 면직시킨 총대주교의 결정에 대다수 신학생과 교직원들은 집단행동으로 반발했다. 즉시 검은 덮개로 복음서와 십자가를 싸들고 학교를 떠나기 시작한 이들은 그리고르가 도시를 떠나기 직전 마지막으로 신발에 붙어있던 흙먼지를 털어냈던 그 성문을 통해 도시를 빠져나갔다.[56] 동방 교회 성인들의 이름을

---

54. 《시이르트 동방 교회사》기록에 따르면, 가브리엘이 그리스도인 아내와 이혼하고 조로아스터교 여자 둘과 재혼하자 니시빈 대주교 그리고르는 부정하다는 이유로 축복하기를 거부하고 도리어 그를 파면한다. 이에 앙심을 품은 가브리엘은 단격·단성 그리스도론자로 전향하고, 페르시아 황제 코스로우 2세와 황후 쉬린을 통해 페르시아 영토 내 단격·단성 그리스도론파를 지지한다(시이르트 동방 교회사 2.2.498-510).

55. 시이르트 동방 교회사 2.2.509-510.

56. 후대 동방 교회는 그리고르를 "순결한 삶에서는 세례 요한에, 복음 전파에서는 사도 바울에, 그리고 이단과의 싸움에서는 선지자 엘리야에 비견될 만한" 성인으로 추앙한다(시이르트 동방 교회사 2.2.507).

차례로 불러 기도하면서 도시를 빠져나가는 이들의 행렬을 거리로 나와 지켜보던 시민들은 장탄식하며 울었고, 학교에 남아 뒤에서 이들을 바라보던 자들은 조롱하며 기뻐했다. 대탈출에 동참한 이들은 삼백여 명이었고, 남은 자들은 헤나나를 포함해 겨우 이십여 명 남짓이었다.[57]

도시 성문에 도착한 삼백여 명의 행렬은 그제서야 기도를 멈추고, 서로 작별 인사를 나눈 뒤 각자의 길로 흩어진다. 《시이르트 동방 교회사》가 가장 먼저 명시한 행선지, 따라서 가장 많은 이들이 선택했을 유력한 행선지는 다름 아닌 니시빈 인근의 이즐라산 대수도원이었다.[58] 당시 대수도원의 초대 '랍반'은 구별된 '에스키마' 예복과 '수파라' 두발과 함께 자신의 제자들을 동방 시리아 교회 전통에 충실한 아들로서 헤나나의 추종 세력과 구별 지은 카쉬카르 출신의 아브라함이었다. 삼백여 명의 일원이자 후에 총대주교좌에 앉는 이쇼야브 3세는 니시빈을 떠나 (대수도원의 자녀 격인) 벳 아베 수도원에 정착한다.[59] 니시빈 신학교가 7세기 초 떨어뜨린 '동방 교회의 대표 신학교' 혹은 '동방 교회 신학의 파수대' 영예를 대신 집어든 세력은 니시빈 인근의 이즐라산 대수도원과 그 자녀 된 수도원들이었다.

---

57. 시이르트 동방 교회사 2.2.510-511.
58. 시이르트 동방 교회사 2.2.511.
59. 벳 아베 수도원은 초대 대수도원장 아브라함의 제자이자 시찰장 바바이의 동문이었던 수도사 야콥이 595/6년 (우르미아 호수 동부 연안) 마라가 지역에 세운 수도원이었다(참조, Brock, "Beth ʿAbe, Monastery of", E-GEDSH, 2021년 2월 12일 접속, https://gedsh.bethmardutho.org/Beth-Abe-Monastery-of).

대탈출이 일어났던 597년 이전부터 헤나나의 니시빈 신학교와 아브라함의 대수도원은 이미 경쟁하고 있었다. 570년대, 니시빈의 대주교 엘리아스는 헤나나의 니시빈 신학교에 맞설 대안으로 '벳사데' 신학교를 세운다. 니시빈 신학교와 대수도원 사이 "이즐라산 자락 초입"에 세워진 이 신학교의 제1, 2대 교장 '랍반'은 아비멜렉과 아브라함으로, 모두 대수도원장 아브라함의 제자 수도사들이었다.[60] 니시빈 신학교 세력과 이즐라산 대수도원 세력의 경쟁은 '597년 대탈출' 이후에도 지속되다가 급기야 612년 사산 왕조 페르시아의 황제 호스로 2세가 사산 왕조의 수도 크테시폰에 마련한 공개토론에서 대면한다. 이 자리에서 대수도원 세력은 헤나나 추종 세력이 로마 황제 유스티니아누스가 공인한 서방의 가르침을 따르고 있다고 고발한다.

> 단격시. 케노마을 지녔다는 것은 필연적으로 단성시. 키야나을 지녔다는 뜻입니다. 로마 황제 유스티니아누스가 [553년 콘스탄티노폴리스 서방 공의회에서] 공인한 대로 절반의 신성과 절반의 인성으로 이루어진 단격 존재가 있다면, 그 존재는 하나님도 사람도 아닌 제3의 존재일 것입니다.[61]

이러한 고발의 기저에는 서방 그리스도론을 따르는 헤나나의 추

---

60. 이쇼드나, 순결의 법칙 41-42; Chabot (1896), 23.
61. 바바이, 수도사 기와르기스의 생애; Bedjan, 483.

종 세력은 서방 통치자에게 충성하는 반역자라는 이미지를, 반면에 그것을 부정하는 자신들은 동방 통치자에게 충성하는 백성이라는 이미지를 호스로 2세에게 심어주려는 의도가 깔려 있었다.[62] 지엽적인 신학 논쟁을 치명적인 정치 논쟁과 엮어 호스로 2세를 토론판으로 끌어들인 전략가는 기와르기스였다. 그는 대수도원 출신 수도사로, 건강 문제로 공개토론에 참석하지 못한 당시 대수도원장이자 수도원 시찰장을 겸했던 바바이의 대리자였다. 바바이는 대리자뿐만 아니라 서신을 통해서 대수도원 세력에 든든한 힘을 보탠다.[63]

니시빈 신학교의 '랍반' 헤나나가 일으킨 파장은 동방 교회에게 가장 면밀한 언어와 논리를 사용해 그들의 신앙을 정식화할 계기를 마련해 주었다. 대수도원 세력은 공개 토론 이후 "동방 교회가 믿는 진리를 글로 정리해 증거"할 목적으로 신앙 정식을 작성해서 호스로 2세에게 최후 변론으로 보낸다.[64] 이 변증문은 두 '본성'과 두 '위격'

---

62. 공개 토론 후 대수도원 세력은 동방 교회의 신앙 정식을 문서로 최종 정리해서 호스로 2세에게 제출한다. 이 문서 서론에서 필진은 호스로 2세를 "온 세상을 빛과 온기로 덮는 태양"과 같은 통치자로, 반면 자신들은 인류의 역사를 통틀어 누구도 누려보지 못한 은택을 누리는 가장 행복한 백성으로 묘사한다(Chabot, *Synodicon orientale*, 563/580-581). 결론부에서는 호스로 2세가 이단자들이 넘치는 로마인의 땅까지 속히 평정해 진리로 다스리기를 바란다는 염원으로 최종 마침표를 찍는다(Chabot, *Synodicon orientale*, 567/585).
63. 시이르트 동방 교회사 2.2.529.
64. 이 문서의 표제는 다음과 같다―〈호르미즈드 4세의 아들이며 통치자 중의 통치자인 호스로 2세의 치세기 23년에 '제국의 대문'[즉, 수도 크테시폰]에 모인 동방 교회 주교들이 동방 교회가 믿는 진리를 글로 정리해 증거하라는 호스로 2세의 명을 받들어 작성한 신앙 정식이다〉(Chabot, *Synodicon orientale*, 564/581-582).

을 지닌 한 '분'이라는 신앙 정식^{혹은, 신앙고백}을 중심으로 예수 그리스
도의 정체성을 설파한다. 빛과 어둠, 성과 속, 그리고 선과 악 사이를
이분법적 관점으로 바라보는 조로아스터교 신자에게 복수의 대립적
요소들이 단수를 이루는 그런 불가사의한 존재를 변증하기란 조심
스럽고도 면밀한 접근이 요구되는 작업이었다. 대수도원 세력은 '보
존'과 '연합'이라는 이중 논리를 사용한다. 예수 그리스도 안에 보존
된 두 본성을 두 위격의 보존에 이르는 디딤돌로, 이어서 두 위격의
보존을 그가 참 하나님이자 동시에 참 사람이라는 신앙 정식에 이르
는 논리적 디딤돌로 사용한다. 그리고 두 본성과 두 위격의 연합이라
는 디딤돌을 그 옆에 나란히 맞추어 놓음으로써 예수 그리스도가 두
분이 아닌 한 분이라는 신앙 정식에 이른다.

> 하나님의 말씀으로서 예수 그리스도가 본래 지니고 계셨던 신성^{시. 알}
> ^{라후타} 그리고 인간으로 잉태되면서 취하신 인성^{시. 나쉬타} 사이는 무엇
> 으로도 끊을 수 없는 불가사의한 연합 관계입니다. 이런 연합으로 말
> 미암아 우리는 그를 한 분^{시. 파르소파}으로 인식합니다.[65]

　　두 본성과 위격의 보존은 "예수 그리스도는 누구인가?"라는 질
문에 "참 하나님이시며… 참 사람이시다"라고 답한 325년 니케아 공
의회에 대한 긍정이었다. 반면, 두 본성과 위격의 연합은 니케아 신
경이 남겨둔 "한 분이신 예수 그리스도는 어떻게 참 하나님이시며

65.　Chabot, *Synodicon orientale*, 565/582-583.

13세기 말, 아르메니아 글라조르 수도원 신학교의 수업[66]

동시에 참 사람이신가?"라는 파생 질문에 "그는 한 위격을 지녔으므로 한 분이다"라고 답하고 확정한 451년과 553년 서방 공의회에 대한 부정이었다. 대수도원 세력이 동방 교회를 대표해서 내놓은 대안은 보존된 두 위격이 이루는 "불가사의한 연합"이었다.

66. 삽화 출처—© [2021] Taron Saharyan, "Archbishop Esayi Ntchetsi (c. 1255-1338), abbot of the University of Gladzor, teaching" (2014년 3월 18일), <Wikimedia Commons>, https://commons.wikimedia.org/wiki/File:EsayiTeaching.jpg, 2021년 2월 12일 접속 (St. James's Monastery, Jerusalem; Ms. 365, fol. 2r).

동방 교회의 어머니

예수 그리스도의 정체성에 관한 동방 교회의 이해는 5세기 초부터 서방 교회와 차별화되기 시작해서 7세기 초 〈612년 신앙 정식〉을 통해 표준화된다. 고유한 그리스도론의 표준화는 5세기 초부터 서방 교회로부터 독립된 교권을 중심으로 형성, 발전하기 시작한 동방 교회 정체성^{혹은, 전통}의 상징화를 의미하기도 한다. 609년부터 공석 상태였던 총대주교를 대신해 동방 교회의 대표로서 그리스도론의 표준화 작업과 교회 정체성의 상징화 작업을 주도한 대리자는 아브라함에 이어 대수도원장이 된 바바이였다. 바바이가 이끄는 대수도원 세력은 〈612년 신앙 정식〉이 새로운 것이 아니라 오래된 것임을, 자신들이 주창한 것이 아니라 전해 받은 것임을 호스로 2세에게 호소한다.

> 우리는 이 가르침을 [구약의] 선지자와 [신약의] 사도 그리고 구주 예수 그리스도로부터 직접 받았습니다. 주 예수 그리스도의 제자[, 그리고 사도 토마의 제자] 앗다이가 온 세상을 비추는 빛이 떠오르는 우리 동방 지역에 이 가르침을 전해 주었습니다. 우리는 일체 변경하지 않고 앗다이로부터 받은 그대로 따르고 있습니다.[67]

신앙 정식의 원출처와 정통 전승자를 밝힘으로써 대수도원 세력은 이 정통 계보에 속한 7세기 전승자가 니시빈 신학교의 '랍반' 헤

---

67. Chabot, *Synodicon orientale*, 581.

나나가 아니라 이즐라산 대수도원의 '랍반' 아브라함과 바바이임을
강조한 것이다.

사실 아브라함과 바바이 모두 니시빈 신학교 출신이었다. 이집트
수도원 순례를 마치고 돌아온 아브라함은 이즐라산에 대수도원을
세우기 전 니시빈 신학교를 거쳐 간다. 바바이는 아브라함의 제자가
되기 전 도합 15년 동안 니시빈 신학교에 머물면서 의학과 신학 훈련
을 거쳐 의학 교사시. 말파나로 가르친다. 동방 교회의 수도원 시찰장으
로서 그가 시찰하고 개혁한 두 기관은 수도원과 신학교였다. 케파르
우젤 신학교를 포함해 마라가 지역에만 스물다섯 개 신학교를 신설
하거나 복원한 바바이는 동방 교회의 교리와 예전 그리고 '바바이 찬
송법'이 포함된 교과 과정으로 신학생들을 교육한다.[68] 니시빈 신학
교와 벳 아베 수도원을 거쳐 총대주교가 된 이쇼야브 3세는 고향 쿠
플라나에 신학교를 세울 때 바바이가 그랬듯이 모교인 니시빈 신학
교를 모델로 삼는다. 바바이가 마라가에 세운 신학교 스물다섯 곳 가
운데 다섯은 수도원에 속했고, 이쇼야브 3세가 고향에 세운 신학교
는 본래 벳 아베 수도원 안에 세울 계획이었다.[69]

니시빈 신학교 출신이면서 대수도원 전통의 창시자인 아브라함
과 바바이 그리고 이들의 제자인 총대주교 이쇼야브 3세를 통해 교
권자 양성 기관인 신학교와 수도사 양성 기관인 수도원은 자연스럽
게 밀착되기 시작했다. 이 과정의 자연스러운 귀결은 교권자와 수도

---

68. 수도사 교부 열전 3.2.296-297.
69. 수도사 교부 열전 2.7.131-2.10.153.

사 사이의 밀착이었다. 8세기 말, 대수도원 세력의 후원을 힘입어 총대주교가 된 티마테오스 이후로 교권자와 수도사 사이 그리고 신학교와 수도원 사이는 마침내 동체이명의 관계가 된다.[70] 이후로 동방 교회의 모든 수도사가 주교는 아니었으나, 모든 주교는 수도사였다. 마찬가지로, 동방 교회의 모든 수도원이 신학교는 아니었으나, 모든 신학교는 수도원과 관련 있었다. 수도원은 동방 교회를 다스리는 최고 교권자를 낳고 길러내는 어머니가 되었다.

612년 호스로 2세의 귀에 울렸던 동방 교회의 신앙 정식은 1287년, 로마 라테라노의 '세례 요한' 교회에 모인 추기경단의 귀에도 고스란히 울린다. 호노리오 4세의 타계[1287년 4월 3일] 이후 공석 상태인 로마 교황을 대신해 추기경단은 동방 교회의 총대주교 야발라하 3세가 보낸 총대사를 맞아 물었다.

> - 추기경단: 그대는 무엇을 믿습니까? 그대의 신앙고백을 들려주시오.
> - 사우마 총대사: 성육신하신 성자^{하나님의 아들} 안에서 이루어진 신성과 인성의 연합은 영원토록 나뉘지도 분리되지도 않으며, 섞이지도 바뀌지도 혹은 합성되지도 않습니다. 성육신하신 성자는 완전한 하나님이자 동시에 완전한 사람이시며, 두 본성과 두 위격을 지니되 한 분이십니다.[71]

---

70. 티마테오스를 도운 또 다른 주축 세력은 시리아어로 '스콜래스티카'라고 불린 신학자들로, 주요 신학교의 교장들이었다(바히브라야 동방 교회사 2.8.34; Lamy 3, 167-168).
71. 동방수도사 서유기, 일화 8

신앙고백의 내용을 묻는 질문은 신앙고백의 전승자를 묻는 질문 이나 다름 없었다.

> - 추기경단: 그대를 보낸 총대주교가 고백하는 신앙고백이 무엇이 오? 어느 사도가 그대의 출신 지역에 복음을 전해주었소이까?
> - 사우마 총대사: 존귀한 사도 토마와 그의 제자 앗다이와 마리가 동 방 지역에 복음을 전해주었습니다. 우리 동방 그리스도교도들은 이 들 사도가 전해준 복음을 오늘날까지 그대로 지키고 있습니다.[72]

사우마는 총대주교 야발라하 3세와 더불어 튀르크계 몽골인이었 다. 〈612년 신앙 정식〉은 크테시폰으로부터 천년의 시간을 거슬러 13 세기 대몽골혹은, 원나라까지 전해졌고, 동방의 큰 도시 대도북경를 떠나 크테시폰에 정착한 두 몽골인을 통해 이제 서방의 큰 도시 로마 앞에 나타난 것이었다. 451년 칼케돈 서방 공의회 이후 공식적으로 단격·양성 그리스도론또는, 기독론을 따르는 서방 라틴어권 교회에게 동방 시리아어권 교회 정체성의 상징이자 혼인 양격·양성 그리스도론을 전한 두 몽골인은 모두 동방 교회의 수도사였다. 그리고 총대사 사우마 는 본명이 '마르코스'인 총대주교 야발라하 3세의 '랍반'이었다.

---

72. 동방수도사 서유기, 일화 8

일화 5
동상이몽, 그리고 동명이인

유럽 십자군의 동진과 몽골군의 서진은 예루살렘을 중심으로 13세기 판 '범세계화 시대'라는 진풍경을 자아냈다. 교황과 대칸이 예루살렘 너머 하나의 세상이라는 동상이몽을 꾸는 동안 동방에서 서방으로 그리고 서방에서 동방으로, 주지周知의 세계와 미지未知의 세계를 넘나들며 두 세계를 가까이 끌어 당겨준 역군은 그리스도교 수도사와 무역상들이었다. 금욕과 물욕, 상반된 물질관을 지닌 이들 범세계 시민은 공히 주지의 관점으로 미지의 세계를 탐구하고, 미지의 관점으로 다시 주지의 세계를 재해석하고 재창조하는 '탈속적' 존재들이었다. 그런 관점에서 동방 수도사 마르코스와 서방 무역상 마르코, 동명이인의 두 그리스도교도는 13세기 범세계 시민의 전범典範이었다.

동방 교회의 보석

'랍반' 사우마가 로마 추기경단 앞에서 신앙고백을 구두 문답한 지 4년이 지난 1291년, 그의 제자 수도사 마르코스(혹은, 동방 교회의 총대주교 야발라하 3세)는 온 동방 그리스도인들이 그리스도교 신앙의 요체를 부지런히 배워 익히고 고백하기에 유용한 교육용 문서의 편찬을 시작한다. 총대주교가 편찬 작업을 위임한 인물은 아브디쇼[-1318년]로, 다름 아닌 경계 도시 니시빈의 대주교였다. 그리스도교 신앙의 "귀중한 주제들"을 짧은 분량 안에 집약했다 하여 저자 아브디쇼가 1298년에 편찬 작업을 마치고 총대주교에게 헌사하면서 붙인 시리아어 표제는 '마르가니타', 즉 "보석"이었다.[1] 제1권에서 '신론', 제2권에서 '창조론', 제3권에서 '그리스도론', 제4권에서 '교회론', 그리고 마지막 제5권에서 '종말론'을 주제로 다루면서 저자는 전체 주제인 '그리스도교 신앙'을 그리스도론을 다루는 제3권에서 "귀중한 주제들"을 나열하며 다음과 같이 규정한다.

> 그리스도교는 삼위일체 하나님, (본문에서 강론한) 예수 그리스도, 죽은 자의 부활과 심판, 그리고 영생을 믿는 신앙이다.[2]

오면체로 세공해 빚은 보석의 핵심, 동방 교회가 전해 받은 그리스도교 신앙이라는 귀중한 보석 중의 보석은 단연 그리스도론이었다.

---

1.   아브디쇼, 그리스도교 신앙의 보석[마르가니타] "서문"; Badger, 381.
2.   아브디쇼, 그리스도교 신앙의 보석 3.3; Badger, 395.

13세기 말에 작성된 작품 《마르가니타》에 집약된 그리스도론은 앞서 1287년 '랍반' 사우마가 로마 교회 추기경단 앞에서, 그보다 앞서 612년 대수도원 세력이 페르시아 황제 호스로 2세 앞에서, 그리고 훨씬 앞서 431년 네스토리오스가 에페소스 공의회에서 로마 황제의 대리자와 문답했던 그것, 곧 양격·양성 그리스도론이다. 신앙고백의 특성 자체가 고백하는 '화자'와 더불어 고백을 묻고 듣는 '청자'를 설정하고 있듯이, 또한 신앙고백의 테두리 안에 있는 '내부자'와 바깥에 있는 '외부자'를 구분하듯이, 《마르가니타》 역시 '타자他者'를 향한 의식이 행간을 채우고 있다. 동방 교회에 속한 내부자에게 그리스도교 신앙을 가르치는 교육 문서로 편찬된 《마르가니카》는 동시에 외부자에게는 동방 교회가 믿는 바를 변호하는 변증 문서였다.

《마르가니타》에서 행간行間이 아닌 행行을 통해 변증 상대를 노골적으로 드러낸 부분이 있다면 그 역시 그리스도론을 주제로 다룬 제3권이다. 제3권 4장은 4세기까지 니케아 신경에 상징화된 그리스도론을 일치 고백했던 동·서방 교회가 예수 그리스도 안에 신성과 인성이 "연합된 방식"을 묻는 새 질문에 답하는 방식에 따라 5세기부터 13세기까지 세 갈래로 분화된 과정을 서술한다.[3] 이 과정에서 올바른 그리스도론을 고백하는 내부자를 "동방인"으로 명시하면서, 나머지 두 외부자를 명시할 때도 마찬가지로 방위 개념과 민족 개념을 적용한다. 먼저, 동방에서 가까운 서방 지역에 거주하는 단격·단성 그리스도론 고백자들을 "콥트인", "이집트인", "에티오피아인", "시

3.　아브디쇼, 그리스도교 신앙의 보석 3.4; Badger, 397-400.

리아인", 그리고 "아르메니아인"으로, 그다음 동방에서 먼 서방 지역에 거주하는 단격·양성 그리스도론 고백자들을 (비잔틴혹은, 동로마 제국의 거주민을 총칭하는) "헬라인" 그리고 (서유럽인을 총칭하는) "프랑크인" 등으로 명시한다.[4] 《마르가니타》의 저자인 니시빈의 대주교 아브디쇼와 편찬자인 동방 교회의 총대주교 야발라하 3세가 의식한 외부의 변증 상대는 동방인들을 "네스토리오스 추종자들"로 부당하게 오명하는 서방인들이었다.[5]

야발라하 3세가 그리스도교 신앙의 진리를 집약하여, 작지만 귀한 '보석'으로 세공한 13세기 말은 지리·문화·민족적 이질성이 곧 신앙적 이질성을 의미하는 시대였다. 하지만 몽골인 야발라하 3세가 파견한 동향인 사우마가 이탈리아 제노바 출신 통역사 두 명과 함께 서방인의 영토를 순방했듯이, 그리고 로마 교황의 서신과 함께 동방 본토로 돌아오는 사우마 곁에 프랑스 왕의 서신을 간직한 프랑크인 대사가 동행했듯이 이질성이 단절성을 의미하는 시대는 결코 아니었다. 그리스도교를 믿는 동방인과 서방인 사이를 멀찍이 떨어뜨린 이질적 거리감과 함께 그 머나먼 길을 기어코 왕래하게 만드는 동질적 연대감이 공존하는 시대였다. 이같이 독특한 시대 풍경을 만들어 낸 것은 그리스도교가 태생적으로 동질성과 이질성(혹은, 일치성과 다양

---

4.   아브디쇼, 그리스도교 신앙의 보석 3.4; Badger, 399-400.
5.   아브디쇼, 그리스도교 신앙의 보석 3.4; Badger, 400—"네스토리오스가 동방 교회의 총대주교가 아니었음에도, 또한 그가 동방 교회의 공용어[시리아어]와 다른 언어[헬라어]를 사용했음에도 불구하고 동방인들은 [서방인들로부터] 부당하게도 '네스토리오스 추종자들'이라는 오명으로 불리고 있다."

성)을 동시에 품고 동·서방으로 퍼져나간 그 시작점을 향한 일종의 귀소본능歸巢本能이었다. 예루살렘은 7세기부터 이슬람교에게 빼앗긴 그리스도교의 보석이었고, 이 보석을 되찾고 싶어 하는 동·서방 그리스도교도들의 열망은 몽골군과 프랑크군이 합동 군사작전을 도모하는 13세기 판 범세계화 시대의 진풍경을 자아냈다.

그리스도교의 보석

사우마 총대사가 서방 순례의 성과로 가져온 로마 교황과 프랑스 왕의 서신은 앞서 사우마를 통해 전달된 일칸 아르군의 서신에 대한 답신이었다. 교황청 앞에서나 프랑스 왕 앞에서나 사우마의 입술을 통해 밝혀진 일칸 서신의 골자는 명확하고 동일했다.

> 일칸은… 시리아와 팔레스티나 일대를 평정하고 싶어 하십니다. 무엇보다 서방 그리스도교도들과 힘을 합쳐서 이집트 이슬람교도들즉, 맘루크 술탄국이 점령하고 있는 예루살렘을 되찾고 싶어 하십니다.[6]

하지만, 일칸의 제안에 당시 서방 라틴 유럽 세계에서 종교와 정치를 양분하던 두 세력이 내보인 첫 반응에는 답신 작성에 각각 사용한 라틴어와 프랑스 고어만큼 편차가 있었다.[7] 교황청의 우선 관심사

---

6.   동방수도사 서유기, 일화 8.
7.   프랑스 고어는 12세기 중반에서 13세기 중반 사이 서방 유럽 군주들과 귀족들의 언어로 자리 잡으면서 유럽 사회에서 라틴어가 공용어로 사용되던 형이상 영역을 제외하고 정치, 문학, 그리고 상업 등 형이하 영역에서 공용어

는 예루살렘보다 동방 그리스도교도들이 로마 교황의 전통과 권위 아래 있는지 여부였다.

> [동방 교회의 총대사인] 그대는 어떤 신앙고백으로 세례받았소이까? 어떤 그리스도교 전통을 따르시오? 로마 교황의 전통이오, 아니면 다른 전통이오? [8]

반면, 프랑스 왕 필리프 4세^{재위 1328-1350년}가 보인 첫 반응은 서방 군주들의 우선 관심사가 교권보다 예루살렘 자체였음을 드러낸다.

> 주 예수를 믿지 않는 몽골인들조차 예루살렘을 탈환하려고 아랍인들_{이슬람교도들}과 맞서 싸우려는 참에 하물며 주 예수를 믿는 우리 프랑크인들이 주 예수께서 기뻐하시는 뜻을 위해 군대를 대규모 파병하는 게 마땅한 도리 아니겠소?[9]

예루살렘에 대한 열망을 증명하려 프랑스 왕이 사우마 앞에 자

로 사용된다(참조, Kinoshita, "Marco Polo's *Le devisement dou monde* and the Tributary East", 60-61, 76). 프랑스 고어는 유럽 본토뿐만 아니라 시리아·팔레스티나 지역에 세워진 십자군 점령지에서도 공용어로 사용되었다(참조, Bartlett, *The Making of Europe*, 24-59). '유럽'이라는 단일 문화권 형성에 기여한 양대 언어를 따라 외부인은 유럽인을 '라틴인' 또는 '프랑크인'으로 부르게 되었다.

8. 동방수도사 서유기, 일화 8.
9. 동방수도사 서유기, 일화 10.

일칸 아르군의 1289년 양피지 서신(185x25cm)과 인장(辅国安民之宝)[10]

랑스럽게 내보인 것은 예수가 달렸던 십자가에서 떨어져 나온 목편이었고, 잉글랜드 왕^{에드워드 1세}이 보여준 것은 자기 몸에 새긴 십자가 문양이었다.

　사우마가 감지 못했을 리 없는 서방 교황과 군주 사이 편차와 그 사이를 채우는 미묘한 긴장감은 그들에게서 받아 1288년 9월 말_{(혹은,} _{10월 초)} 일칸 아르군에게 전달한 답신에서도 고스란히 감지된다. 프랑스 왕의 서신에는 일칸의 몽골군이 시리아와 팔레스티나 지역을 공격하면 프랑스·잉글랜드 연합군이 맘루크 술탄국의 본토 이집트를 공격하겠다는 합동 군사작전 제안이 담겨 있었다. 이에 호응한 일칸 아르군^{재위 1284-1291년}은 1289년 봄에 보낸 답신에서 1291년 1월에 다마스쿠스를 공격할 계획을 구체적으로 밝히면서, 작전 성공으로 맘루크 술탄국을 몰아낸다면 예루살렘을 서방 연합군에 조건 없이 이양할 것을 약속한다.[11] 제노바 출신으로 일칸의 서신을 전달한 부스카

10.　삽화 출처—ⓒ [2021] World Imaging, "Arghun Letter to Philippe Le Bel, in Mongolian language and script, Extract, 1289" (2007년 12월 20일), <Wikimedia Commons>, https://commons.wikimedia.org/wiki/File:Arghun LetterToPhilippeLeBelExtract1289.jpg, 2021년 2월 12일 접속.

11.　Mostaert, *Les Lettres de 1289 et 1305*, 18. 참조, Rossabi, *Voyager from Xanadu*, 173-174.

일칸 아르군이 주조해 속국 조지아에 유통시킨 '디르함' 은전의 앞면부[12]

렐로Buscarello de Ghizolfi에 따르면, 일칸은 이집트 원정에 필요한 군마를 해상 수송하는 데 어려움을 호소하는 서방 연합군에게 군마 2-3만 필을 지원해 주기로 추가 약속한다.[13]

예루살렘 탈환을 향해 일사천리로 몽골군과의 합동 군사작전을 도모했던 서방 군주들과 달리 교황 니콜라오 4세재위 1288-1292년는 페르시아와 메소포타미아 일대를 장악한 몽골인 군주가 앞서 제시한 우선순위를 뒤바꿔서 '선 세례, 후 예루살렘'을 역제안한다.[14] 여기서 세례는 구세주 예수로부터 '천국 열쇠'를 받은 사도장 베드로의 후계자이며,참고. 마 16.19 따라서 동방 교회의 총대주교보다 더 확실하게 죄

12. 아랍어로 "유일한 하나님이신 성부와 성자와 성령의 이름으로"라고 새겨져 있다. 삽화 출처—© [2021] Christoph Baumer, 2019, *The Church of the East*, I.B. Tauris & Bloomsbury Publishing PLC.

13. Rossabi, *Voyager from Xanadu*, 195 [n] 51.

14. Delorme, *Acta romanorum pontificum (1276-1304)*, 127.

사함과 구원을 보증할 수 있는 교황 자신이 베푸는 세례를 의미했다.

> 그대는 그 누구도 사망의 법에서 예외일 수 없음을, 그 누구도 사망
> 의 감옥에서 탈출할 수 없음을… 인정하시오. 그리고 하루 속히 결단
> 하고 내 앞으로 나와서 그리스도교 신앙을 받아들이고 고백하시오.
> … 그래야 이 세상 수고가 끝난 뒤에 영원한 지옥의 문으로 들어가는
> 일이 없을 것이오.[15]

일칸 아르군에게 교황이 베푸는 세례는 서방 군주들과 같이 로
마 가톨릭 교회의 일원이 될 수 있는 근시안적 가능성을, 따라서 이
들과 세력을 합쳐 예루살렘을 포함해 시리아와 팔레스티나 지역을
점령할 수 있는 원시안적 가능성을 의미했다. 그렇다면 교황 니콜라
오 4세는 동방에서 갑작스럽게 출몰한 미지의 침략자에게 베푸는 세
례를 통해 자신을 위한 어떤 가능성들을 보았을까?

사우마가 전달한 교황 서신의 수신자는 일칸 외에도 여럿 있었
다. 서방과 연합을 시도하는 동방 일칸국의 통치자부터 동방 지역에
주재하는 서방인까지, 동방 일칸국의 황후부터 서방 비잔틴^{동로마} 제
국의 황녀까지, 그리고 동방 교회의 총대주교부터 지역 주교까지, 교
황의 서신은 동방부터 서방까지 범세계 남녀를 상징적으로 아우른
다.[16] 모든 수신자가 자신과 친근한 대상인 양 저마다 칭송하는 말로

---

15. Delorme, *Acta romanorum pontificum (1276-1304)*, 124-125.
16. 참조, Rossabi, *Voyager from Xanadu*, 167-169.

[좌] 1288년, 귀국하는 길에 로마 근교 베롤리에 남긴 사우마의 밀랍 인장(5x3.5cm)[17]
[우] 1302년, 교황 보니파시오 8세에게 보낸 서신에 사용한 야발라하 3세의 인장[18]

---

17. 머리 뒤로 후광이 있고, 왼손은 허리에 대고 있으며, 오른손은 별을 들고 있다. 인장 테두리에 "동방에서 온 타타르인 사우마"라는 문구가 새겨져 있다. 14세기 사마르칸트 출신의 역사가 암루 이븐 마타의 기록에 따르면, 랍반 사우마는 키가 크고 건장했으며, 야발라하 3세(본명, 마르코스)는 잘생긴 얼굴에 매끈한 턱수염을 지녔다고 한다(암루 총대주교 열전 123-124; Gismondi, 71). 삽화 출처—ⓒ [2021] Ecole française de Rome (M. H. Laurent, "Rabban Saumâ, ambassadeur de l'Il-Khan Argoun, et la cathédrale de Veroli", *Mélanges d'archéologie et d'histoire* 70 (1958), [pl] 1.1).

18. 대칸 몽케가 1258년에 바그다드를 점령한 제1대 일칸 훌라구를 통해 총대주교 마키카 2세에게 하사한 인장으로 후임 총대주교 덴하와 야발라하 3세도 사용한다. 이 인장에 새겨진 튀르크어 명각은 동방 그리스도교도들을 총괄하는 권한이 대칸 몽케로부터 총대주교에게 위임되었음을 밝히며, 이 인장이 찍힌 허가증을 가진 그리스도교도만이 대칸을 예방할 수 있다는 내용을 담고 있다. 이 인장은 대칸국과 일칸국 그리고 동방 교회 사이 긴밀한 협력 관계를 상징한다(참조, Gillman, *Christians in Asia Before 1500*, 140-141). 삽화 출처—ⓒ [2021] Archivio Apostolico Vaticano (A.A.Arm. I-XVIII, 1800, 1).

서신을 시작한 교황 니콜라오 4세는 어떤 이에겐 지옥문으로 위협하며 속히 세례받기를 종용하기도, 또 어떤 이에겐 꿀벌같이 부지런하게 그리스도교 신앙을 세상 끝까지 전파하라고 격려하기도, 또 어떤 이에겐 그리스도교의 주요 교리에 관해 가르쳐 주기도 한다. 교황이 서신에다 그린 자화상은 서방 프랑크인뿐만 아니라 전 세계인을 마치 자기 자녀인 양 훈계하고, 가르치며, 인도하는 온 인류의 아버지였다. 몽골군과 서방 연합군이 맘루크 술탄국을 협공하기로 약속한 1291년 1월, 서방 군주들이 일칸 아르군에게 보낸 것은 군대가 아니라 서신이었고, 그 서신에는 '아버지' 교황이 십자군을 결성할 때까지 작전 개시를 미룰 수밖에 없다는 내용이 담겨 있었다.[19]

동상이몽

1095년 11월 27일, 클레르몽 공의회를 폐회하는 연설에서 교황 우르바노 2세[재위 1088-1099년]는 십자군 운동의 본질을 이슬람교도로부터 예루살렘을 되찾기 위한 '전쟁'이기에 앞서 죄로부터 영혼을 구원하기 위한 '성지 순례'로 규정한다.[20] 교황의 관점에서 후속 십자군

---

19. John Boyle, *The Cambridge History of Iran* 5, 372.
20. 우마이야 왕족이 929년 스페인 남부 지역에 세운 코르도바 칼리파국이 1031년 무너지자 이슬람교도들로부터 영토를 수복하려는 스페인 그리스도교도들의 전쟁 '레콩키스타'는 어느 때보다 고조되었고, 그 시발점이 된 콤포스텔라 대성당과 그 안에 안치된 사도 야고보의 성유물은 유럽 전역에서 순례의 대상으로 떠올랐다. 이러한 배경에서 시작된 십자군 운동은 유럽 영토 내 이슬람교도들과 전쟁을 벌이는 과정에서 결합된 성지 순례와 성전(聖戰)이 유럽 영토 외부까지, 예루살렘까지 확대된 운동이었다. 한편, 당시 유럽 사회에서는 장자가 모든 재산을 상속받는 '장자 상속권'(primogeniture) 제도가

원정 전쟁과 영토 점령은 그 자체로 무장 순례인 동시에 다른 서방 그리스도교도들의 순례를 돕는 무력 수단이었다. 서방 순례자들의 행렬과 함께 로마에서 예루살렘까지 동진한 것은 죄 사함과 구원을 위해 이들을 동방으로 보낸 '아버지' 교황의 수장권 혹은 가부장권이 었다. 1245년 리옹 공의회에서 교황 인노첸시오 4세^{재위 1243-1254년}는 아이유브 술탄국과 튀르크 용병 연합군에게 빼앗긴 예루살렘을^{1244년 8월} 재탈환하고자 프랑스 왕 루이 9세^{재위 1226-1270년}가 총지휘하는 제7차

확산되고 있었고, 이와 맞물려 로마 가톨릭 교회는 적법한 혼인 절차 및 출생 인증에 적극 개입하고 있었다. 그 결과 적법한 장자로 인정받지 못한 귀족 자제의 재산은 교회와 수도원으로 몰수되었고, 이후 경제적 생존과 이득을 위해 무장 기사가 되어 저지르는 이들의 살인과 약탈 행위가 사회적 문제로 대두되고 있었다. 교황 인노첸시오 4세는 성지 순례와 성전이 결합된 면죄부를 주어 이들 기사 계급에게 죄 사함 받고 명예를 회복할 합법적 기회를 열어 주었다(참조, MacCulloch, *Christianity*, 363-395; Cowdrey, *The Cluniacs and the Gregorian Reform*, 214-247; Asbridge, *The First Crusade*, 1-39). 교황은 종교적 명분에 걸맞는 1차 십자군의 총지휘자로 군주가 아닌 르퓌의 주교 아데마르를 임명한다(참조, 우르바노 2세, 플랑드르 귀족들에게 보내는 서신; Krey, 42-43). 교황의 연설은 클레르몽 공의회록에 남아 있지 않고, 다만 후대 기록을 통해 전해지고 있다. 대표적인 기록으로 클레르몽 공의회에 참석한 수도사 로베르투스가 《예루살렘의 역사》에 남긴 교황의 연설 일부는 다음과 같다—"하나님의 택정과 사랑을 특별히 입은 프랑크인들이여. … 예루살렘과 콘스탄티노폴리스가 하나님을 알지 못하는 민족에게 사로잡혀 있다는 소식을 그대들도 들었을 것이오… 이제 하나님께서 모든 민족 가운데 여러분을 택하셔서 사로잡혀 있는 하나님의 영토와 백성을 구해내도록 이 영광스런 전쟁을 그대들에게 맡기셨소. … 그러므로 죄 사함 받고자 한다면 예루살렘으로 성지순례를 떠나시오. … 어떤 사제와 성직자도 주교[아데마르]의 허락 없이 떠나서는 죄 사함 받을 수 없다는 사실을 명심하시오. 그리고 평신도도 마찬가지로 사제의 축복 없이 성지 순례를 떠나서는 안 된다는 사실을 명심하시오. …"(로베르투스, 교황 우르바노 2세 연설; Munro, 5-8).

십자군을 파병한다. 같은 공의회에서 교황이 보낸 또 다른 서방인 무리는 극동에서부터 예루살렘을 향해 무서운 속도로 질주해오는 또다른 동방인들에게 그리스도교 신앙을 가르칠 수 있는 수도사들이었다.[21] 미지의 동방인들을 통해 교황이 예지한 가능성은 그들의 통치자 대칸이 자신에게 세례받고 그리스도교로 개종할 가능성, 그래서 서방 십자군과 동방 십자군이 협공해서 예루살렘을 탈환할 가능성이었다.[22] 모든 묵시적 가능성의 끝에서 교황 인노첸시오 4세와 그의 후임자들이 궁극적으로 보고 싶어 했던 세상은 천국 열쇠를 받은

---

21. 1245년, 프란치스코회 수도사 카르피니; 1246년, 도미니코회 수도사 로쥬모와 아셀린.

22. 이러한 가능성의 바탕에는 구약 성경(창세기 14장)에 등장하는 멜기세덱 같이 제사장이자 동시에 왕인 '사제 왕' 요한(라. *Presbyter Johanne*)이 동방에서 군대를 이끌고 출현하여 무슬림의 포위를 파쇄하고 유럽을 구해줄 것이라는 묵시론적 기대감이 깔려있었다. '사제 왕' 요한을 향한 13세기 서방 세계의 뜨거운 관심은 유럽인들의 인식에 예루살렘 너머 미지의 동방 세계에 대한 폭넓은 관심의 문을 열어 주었다. 이 문을 통해 동방으로부터 진기한 이야깃거리를 가져다 들려준 이들은 수도사들과 상인들이었고, 이들을 동방으로 보낸 후원자는 교황이었다. 교황 그레고리오 10세의 특사로 파견받아 1275년경 원나라 대도에 도착한 베네치아 상인의 아들 마르코 폴로는《세계이야기》를 통해 옹구트 왕 귀와르기스를 '사제 왕' 요한의 친손자로 유럽 사회에 소개한다(마르코 폴로, 세계 이야기 2.64-68; 2.74). 교황 니콜라오 4세의 특사로 파견받아 1294년 대도에 도착한 수도사 몬테코르비노는 옹구트 왕 귀와르기스를 인도를 다스렸던 '사제 왕' 요한의 후손으로 소개하며 그가 자신의 변증에 감화받아 마침내 동방 교회를 떠나 서방 가톨릭 교회의 품으로 돌아왔다고 보고한다(요한 몬테코르비노 서신 [1305]; Moule, 173). 하지만 정작 동방 그리스도교도인 옹구트 왕족으로부터 '사제 왕' 요한의 후손이라는 이미지를 도용해 유럽 십자군과 연합 군사 작전을 도모한 동방의 통치자는 몽골의 대칸 귀위크와 쿠빌라이였다.

사도장 베드로의 후계자가 서방 로마부터 예루살렘을 거쳐 동방 대
도^{북경}까지 다스리는 지상 단 하나의 '그리스도 왕국'크리스텐덤/Christen-
dom이었다.

1248년 말, 그러니까 교황 인노첸시오 4세가 1245년에 파견한 수
도사 카르피니^{Giovanni de Piano Carpini}가 서방인 최초로 몽골 카라코룸에
도착해 대칸 귀위크의 즉위식1246년 8월 24일에 참석한 지 약 2년 후, 키
프로스 섬에 주둔하고 있던 십자군 사령관 루이 9세 앞에 타브리즈
에 주둔하고 있던 몽골 원정 대장이 보낸 특사단이 나타난다. 그들이
전한 서신에는 이듬해 봄에 서방군이 이집트 거점의 아이유브 술탄
국을 공격하면 몽골군이 바그다드 거점의 압바스 칼리파국을 공격
하겠다는 협공 제안이 담겨 있었다. 이 역사적 제안을 천우신조의 징
표로 승화시킨 것은 대칸 귀위크의 친모가 '사제 왕' 요한의 딸이며,
대칸 자신도 최근 그리스도교로 개종한 신자로서 예루살렘 탈환을
열망하고 있다는 첨언이었다.[23] 서신을 전한 특사단 역시 동방 교회
의 그리스도교도들이었다. 고무된 루이 9세는 교황 인노첸시오 4세
가 1246년 몽골 원정 대장에게 특사로 보냈던 수도사 로쥬모^{André de}
^{Longjumeau}를 다시 대칸에게 특사로 보내 화답한다. 1245년 리옹 공의
회에서 교황 인노첸시오 4세가 보고 싶어 했던 묵시적 미래가 점점
현실화 되어가는 듯 보였다.

그러나 역사적 협동 군사 작전은 몽골 제국의 통치 체계가 지닌
특수성 안에서 일어난 돌발적 사건에 가로막혀 좌절된다. 몽골의 초

---

23.   참조, Rossabi, *Voyager from Xanadu*, 14.

대 대칸 칭기즈는 광활한 정복지를 넷째 막내아들부터 첫째까지 역순으로 본토에서 가까운 영토를 분봉하는 연방 체제를 구축하였다.[24] 분봉 원칙에 따라 서방 원정군의 선봉을 맡은 첫째 아들 주치의 계파는 원하는 만큼 자기 영토를 서방으로 확장할 수 있는 특권과 함께 대칸의 부재 시 분봉 칸들의 회합인 '쿠릴타이'를 소집할 수 있는 '아카칸'의장으로서 특권을 소유했다. 하지만 그 댓가로 주치 계파에선 그 누구도 대칸에 오르지 못했다. 동방의 본국과 서방의 위성국을 동시에 통치하기란 당시로서 물리적으로 불가능했다. 칭기즈의 대칸 승계자는 수도 카라코룸에서 가장 가까운 영토를 분봉 받은 셋째 아들 오고타이재위 1229-1241년와 장손자 귀위크재위 1246-1248년였다.

하지만 루이 9세의 특사가 몽골 본토에 이르렀을 때 귀위크는 이미 사망한 뒤였고,1248년 4월 20일 대칸 승계를 결정하는 지역 분봉 칸들의 회합인 '쿠릴타이大會議'는 계파 갈등으로 말미암아 언제 열릴지 기약도 없는 미궁 속으로 빠져들고 있었다. 최고 군사권과 조세권을 지닌 대칸의 부재는 서방 정복 활동의 잠정 중단을 의미했다. 1251년 봄, 팔레스티나 지역에서 악전고투하고 있던 루이 9세에게 돌아온 특사가 전한 것은 몽골군에게 항복하고 매년 조세를 바치라는 형식적인 공갈 협박뿐이었다.[25] 귀위크 사망 후 3년의 진통 끝에 장자 툴루이 계파에서 몽케가 대칸으로 추대되자1251년 7월 마지막 희망을 담아 1253년에 보낸 프란치스코회 수도사 뤼브룩Willem van Rubroeck 역시

---

24. 서방 정복 영토를 분봉 받은 형제들과 달리 넷째 아들 툴루이는 대칸의 북동부 영지, 곧 몽골 부족의 고토를 분봉받는다.

25. 참조, Rossabi, *Voyager from Xanadu*, 14 [n] 24.

그리스도교로 개종시키려 드는 오만한 수도사 말고 왕실 특사를 보내 정중히 항복 조건을 받으라는 굴욕적 서신과 함께 돌아온다.[26]

서방 교황과 마찬가지로 동방 대칸 역시 지상 단 하나의 왕국을 바라보고 있었다. 다만 그 왕국을 다스리는 최고 통치자 역시 단 하나여야 했던 것이 문제였다. 로마와 카라코룸(1264년 이후, 상도와 대도)에서 미지의 상대를 마주 보며 키워나간 이들의 동상이몽은 이렇게 실체 없이 끝나가는 것 같았다. 하지만 그 계기로 시작된 전례 없는 13세기 '범세계화 운동'은 멈추지 않았고 도리어 동상이몽의 유효 기간을 이후 반세기 남짓 더 연장해 준다.

대칸 몽케는재위 1251-1259년 정복을 통한 조세 증가로 대칸의 자격을 증명하고 분봉 연방국들에 대한 집권력을 강화할 목적으로 친동생 쿠빌라이와 훌라구에게 각각 남송 원정과 서방 원정을 맡긴다. '흑해-카스피해 초원지대'Pontic-Caspian steppe를 기준으로 이북 지역인 킵차크 지역은 이미 주치 계파의 본거지몽. 울루스였던 상황에서 몽케와 훌라구에게 남은 선택지는 이남 지역, 곧 아랍계 압바스 칼리파국 그리고 이집트계 아이유브 술탄국의 잔존 세력과 맘루크 술탄국이 차지하고 있는 이슬람교도들의 본거지였다. 1256년 일칸에 즉위한 쿠빌라이는 1258년 2월에 바그다드 함락과 함께 압바스 칼리파국을 종속

---

26. 이러한 배경에서 수도사 뤼브룩은 《몽골 기행》에서 몽골 사회와 문화를 혐오스런 시선으로 바라본다. 예를 들어, 몽케 대칸이 보여준 오만함에 대해 다음과 같이 경멸적인 어조로 평가를 남긴다(뤼브룩, 몽골 기행 34.7; Jackson, 239)—"[오만한 파라오를 굴복시킨] 모세처럼 기적 행하는 능력이 내게 있지 않고서야 저자가 내 앞에서 공손해질 일은 없을 것이다."

시키고 흑해와 우르미아 호수 사이 타브리즈 초원 지대로 물러나 일
칸국의 지배체계를 정비한다.[27] 1260년 1월과 3월에 차례로 시리아
의 주요 도시 알레포와 다마스쿠스를 함락시키며 남진하던 일칸 몽
골군을 9월 3일 팔레스티나 북부 아인잘루트에서 멈춰 세운 세력은
이집트 카이로에서 출정한 맘루크 술탄국의 군대였다. 이후로 맘루
크 술탄 군대에 번번히 막혀 남서진에 실패한 일칸 훌라구는 오히려
시리아까지 내주고 유프라테스강 동편 연안으로 물러 앉게 된다.[28]
그 무렵 몽골 본토에서는 1259년 8월에 사망한 몽케의 대칸 승계 자
리를 두고 남송 원정 대장인 쿠빌라이와 수도 방위 대장인 아리크부
카 형제가 세력 다툼 중이었다. 툴루이 가문 형제의 내전이 분봉 칸
국들로 확전되면서 몽골 제국은 쿠빌라이를 지지하는 일칸국과 차
가타이 칸국 그리고 아리크부카를 지지하는 주치 칸국과 오고타이
칸국 사이 대립 구도 속에 양분된다. 1264년에 내전에서 최종 승리
한 대칸 쿠빌라이는 대칸국의 수도를 유라시아 초원지대 이북 카라

---

27. 튀르크어 '일'은 "종족", "지역", 혹은 "분봉" 등을 뜻한다.

28. 아랍어 '맘루크'는 "소유된 자"라는 뜻으로, 아이유브 술탄국에선 전투에 참
      전하거나 군대 노역에 참여하는 노예를 가리키는 전문 용어였다. 맘루크들
      은 주로 몽골 군을 피해 도망쳤거나 몽골 군에 사로잡혔다 노예로 팔린 자들
      로서, 중앙아시아 지역의 튀르크족 출신들이 주축 세력을 이루었다. 이들은
      전투력을 인정받아 아이유브 술탄국의 친위대를 맡을 정도로 신흥 군벌로서
      세력을 키워가다 결국 쿠테타를 일으켜 아이유브 왕조를 끝내고 맘루크 왕
      조를 창건한다. 일칸국의 서방 국경선을 유프라테스강으로 결정지은 아인잘
      루트 전투를 이끈 맘루크 지휘관은 튀르크족 출신 바이바르스 장군이었다.
      몽골군의 튀르크족 정복은 부메랑이 되어 그들의 서진을 가로 막았다. 참조,
      Amitai-Preiss, *Mongols and Mamluks*, 214-235; Jackson, *The Mongols and the
      West*, 113-128; Morgan, *The Mongols*, 130-151.

코룸에서 이남 상도와[1264년] 대도로[1267년] 옮기고 1271년 국호를 '대원대몽골국'으로 개칭한다. 하지만 몽골 연방 제국은 유라시아 대초원지대를 기준으로 남·북으로 갈라지게 되었다.

　분봉 칸국들이 자신의 집권력에서 이탈하는 상황에 위기의식을 느낀 대칸 쿠빌라이 그리고 맘루크 술탄국에 가로막혀 있는 소칸 훌라구, 이들 형제에게 필요한 돌파구는 서방 원정의 재개였고, 재개의 열쇠는 서방 그리스도교도들이었다.[29] 일칸 훌라구에게는 원정 대장 시절 시리아 인근 지역의 서방 그리스도교도들과 연합군을 결성해 아이유브 술탄국의 잔존 군벌 세력을 상대로 승리하고 시리아 지역의 패권을 장악한 기억이 있었다. 1259년 당시 훌라구의 연합군은 몽골군의 선봉대장 키트부카 같은 양격·양성 그리스도론 고백자부터 아르메니아 왕 헤툼 1세[재위 1226-1270년] 같은 단격·단성 그리스도론 고백자 그리고 조지아 왕 다위드 울루 7세[재위 1247-1270년] 같은 단격·양성 그리스도론 고백자까지, 삼대 그리스도교 전통이 모두 참여한 초유의 연합군이었다. 이듬해 1260년, 안티오키아 공작국과 트리폴리 백작국의 공동 지배자로서 서방 프랑크인을 대표한 보두앵 6세[재위 1251-1275년]의 합류는 1245년 리옹 공의회에서 교황 인노첸시오 4세가 그 가능성을 처음 가늠해 보았던 '세계 십자군'의 첫 실현이나 다름 없었다. 맘루크 술탄국이라는 더 강한 적을 몰아내는데 일칸 훌라구에

---

29. 대칸 쿠빌라이의 지지 세력이었던 '이남' 차카타이 칸국마저 1266년부터 카이두 칸이 이끄는 오고타이 칸국과 맞붙은 전쟁에서 패배하여 1271년부터 속국으로 전락하고 만다. 그 여파로 일칸국은 북동 방면으로 몽골 '이북' 세력과 남서 방면으로 친무슬림 세력에게 둘러싸이게 된다.

게 필요한 것은 다만 이보다 더 큰 규모의 연합군이었다. 1263년, 훌라구는 일칸으로 즉위한 지 2년 후 교황 우르바노 4세^{재위 1261-1264년}에게 특사를 보내 연합군 결성을 제안한다. 제7차 십자군 원정 대장 루이 9세가 1253년에 마지막 제안을 보낸 지 십 년 만에 돌아온 몽골인의 화답이었다.[30]

동명이인

일칸 훌라구의 적극적 제안에 교황 우르바노 4세는 '선 세례, 후 예루살렘'이라는 교황청의 전통적 입장을 내세워 원칙적으로 반응한다.[31] 답신이 도착하기 전 이미 사망한 훌라구를 대신해 유화책으로 설득에 나선 이는 대칸 쿠빌라이였다. 그는 1265/6년 교황 클레멘스 4세^{재위 1265-1268년}에게 두 형제를 특사로 보내 7대 기초 학문과 신학에 능한 그리스도교 현자 백여 명을 파견해 줄 것을 요청한다.[32] 그리고 예루살렘 '성묘' 교회에서 성유를 얻어다 줄 것도 특사에게 별도로 요청한다. 대칸의 형제 특사는 교황의 타계^{1265년 11월} 이후 3년의 기다림 끝에도 불구하고 로마에서 얻을 수 없었던 답신을 예루살

---

30. 참조, Richard, "Le début des relations entre la Papauté et les Mongols de Perse", 294; Jackson, "The Crisis in the Holy Land in 1260", 484; Meyvaert, "An Unknown Letter of Hulagu, Il-Khan of Persia, to King Louis IX of France", 249.

31. 참조, Rachewiltz, *Papal Envoys to the Great Khans*, 151.

32. 마르코 폴로, 세계 이야기 "서문", 8; Kinoshita, 6. 중세 유럽의 7대 기초/교양 학문은 언어 3학과(문법, 논리학, 수사학)와 측량 4학과(산술, 음악, 기하, 천문학)로 구성되었다(참조, Kinoshita, *The Description of the World*, 6 [n] 22).

렘에서 성유와 함께 모두 얻을 수 있었다. 테오발도 비스콘티는 교황 클레멘스의 종군 특사로 제9차 십자군과 함께 예루살렘 라틴 왕국의 수도 아크레에 주재 중이던 1271년 교황 그레고리오 10세^{재위 1271-1276}년로 선출되었고, 오랜 기다림 끝에 빈손으로 대도로 돌아가는 길이 었던 대칸의 특사 편에 답신과 답례품을 보낼 수 있었다.³³ 1275년, 대 칸 쿠빌라이는 상도를 떠난 지 십여 년 만에 돌아온 특사 형제가 예 루살렘으로부터 가져온 서신과 성유를 받고 크게 기뻐한다. 대칸이 자신의 '칸발리크'^{칸의 도시}에서 향유하고 싶어 한 것은 서방 영토의 산 물이었고, 궁극적으로 소유하고 싶어 한 것은 서방 영토 자체였다. 기뻐하던 대칸 쿠빌라이는 두 특사 형제 곁에 서 있는 낯선 서방인을 발견하고 신원을 묻는다. 이에 베네치아인 니콜로 폴로는 아들 마르 코를 처음 소개한다.³⁴

대칸이시여, 제 아들이고 당신의 것입니다.

베네치아 출신의 무역상 마르코 폴로가 예루살렘을 떠나 상도에 처음 도착한 그해,^{1275년} 온구트 출신의 수도사 마르코스는 대도를 떠 나 예루살렘으로 향한다. 서방인 마르코에게서 예루살렘 '성묘' 교회 의 성유를 전해 받은 대칸 쿠빌라이는 동방인 마르코스에게 자기 옷 몇 벌을 건네주며 요단강 물에 담궜다가 예루살렘 '성묘' 교회 제단

---

33. 마르코 폴로, 세계 이야기 "서문", 11-13; Kinoshita, 8-9.
34. 마르코 폴로, 세계 이야기 "서문", 15; Kinoshita, 10.

위에 올려 줄 것을 위탁한다.[35] 여름이 지난 그해 대도의 궁궐 한 모
퉁이에서 서로 마주쳤을지도 모르는 두 동명이인은 이십여 년이 지
난 1294년 일칸국의 타브리즈 궁궐에서 다시 조우할 기회를 맞는다.
1291년, 대칸의 특사 자격으로 교황에게 파견된 마르코 폴로는 교황
및 서방 군주들에게 전할 서신과 함께 제4대 일칸 아르군의 새 카툰
(칸의 아내)이 될 몽골 바야우트 귀족의 딸 코카친과 송나라 공주를 대동
한다. 폴로 특사 일행은 일칸국과 주변 분봉 칸국들 사이 지역 분쟁
으로 불확실한 육로 대신 상대적으로 안전하고 익숙한 해로를 택해
1292년 초 남송의 항구(천주(?))에서 출항했지만, 바다에 익숙한 베네치
아 출신에게도 길고 고된 수십 개월의 항해 끝에 1293/4년 겨울 호
르무즈 해협을 거쳐 일칸국의 수도 타브리즈에 도착할 수 있었다.[36]
하지만 일칸 아르군은 이미 1291년 3월에 사망한 뒤였고, 후임 제5대
일칸 가이하투(재위 1291-1295년)는 두 신부를 아르군의 아들이자 자신의
조카 가잔(제6대 일칸)과 혼인시킨다. 한편, 1294년 1월 바그다드에서 '랍
반' 사우마의 장례를 치른 동방인 마르코스(혹은, 야발라하 3세)는 계절이
바뀌자 총대주교청 도시 마라가로 복귀했고, 부활절(4월 25일)을 맞아 타

---

35. 수도사 사우마와 마르코스가 대칸 쿠빌라이로부터 위탁 파견 받는 장면은
    13세기 야콥파 시리아 교회의 대주교이자 역사가였던 '히브리인' 그리고리
    오스의 기록(바히브라야 동방 교회사 2.13.62; Lamy 3, 451-452) 그리고 14
    세기 사마르칸트 출신의 동방 교회 역사가 암루 이븐 마타의 기록에 담겨 있
    다(암루 총대주교 열전 123-124; Gismondi, 71). 쿠빌라이는 이들 수도사에게
    대칸의 영토 어디라도 통과할 수 있는 통행증, "순코르"라고 불린 금패도 함
    께 하사했을 것이다.
36. 마르코 폴로, 세계 이야기 "서문", 17-19; Kinoshita, 10-11. 참조, Yule,
    "Introductory Notices" to *The Book of Ser Marco Polo*, lii-liv.

브리즈로 일칸 가이하투를 예방한다.[37] 제4대 일칸 아르군이 직접 마르가에 새 총대주교청을 세워주고 바그다드에서 총대주교를 모셔왔듯이, 그리고 제5대 일칸 가이하투가 수차례 총대주교청을 예방했듯이 몽골인 군주와 교주 사이는 대략 72km 떨어진 타브리즈와 마라가 사이 마상馬上 거리만큼 지척이었다.[38] 그해 타브리즈의 일칸 궁궐에서 열린 몽골 왕족의 혼인식에서 동방 교회의 총대주교 마르코스와 대칸의 서방 특사 마르코가 조우했다는 자료 증거는 없지만 정황 증거는 이미 그 장면을 상상하게 한다.[39]

1275년부터 1294년까지, 그러니까 대칸의 '칸발리크'에서 첫 조우한 동명이인의 동방인과 서방인이 소칸의 '칸발리크'에서 다시 조우하기까지 걸린 이십여 년 동안 역사 속 두 사람은 대도와 로마 사이를 활보한 13세기 범세계인 행렬의 일원이었다. 제2대 일칸 아바카가 1276년에 교황에게 특사로 보낸 조지아 출신 바살리 형제, 제4대 일칸 아르군이 1285년에 천문학자 이사 '켈레메치'와 함께 교황특사로 보낸 제노바 출신 드안포시와 우게토, 그리고 1287년에 이들 제

---

37. 참조, 동방수도사 서유기, 일화 13.
38. 참조, 동방수도사 서유기, 일화 7, 12. 마라가는 초대 일칸 훌라구가 지어주고 후원하는 천문대가 존재하는 학문의 도시이기도 했다. 직경 28m 둘레에 4층 규모로 지어진 관측 시설 외에도 사만여 권의 장서를 구비한 도서관 및 연구원과 학생을 위한 부대 시설을 갖춘 마라가 천문대는 천문학자 나시르 알딘 알투시에 이어 사디르 알샤리아 부카리가 최첨단 연구를 이끌어 나가는 굴지의 천문학 연구소였다(참조, Starr, *Lost enlightenment*, 458-463).
39. 마르코 폴로는 혼인식에 참석한 뒤 수개월 동안 타브리즈에 머무르다가 트라브존 흑해 항구와 콘스탄티노폴리스를 거쳐 1265/6년 베네치아에 영구 귀국한다(참조, 마르코 폴로, 세계 이야기 "서문", 19; Kinoshita, 12-13).

노바인들과 함께 보낸 사우마와 사바디누스, 교황 니콜라오 4세가
1289년에 일칸과 대칸에게 특사로 보낸 프란치스코회 수도사 몬테
코르비노, 일칸 아르군이 1290년에 교황에게 특사로 보낸 몽골인 차
간. 다양한 인종 배경에 무역상, 제빵사, 마부, 통역사, 그리고 수도사
등 다양한 종사 배경을 지닌 이들 범세계인은 하나같이 그리스도교
도들이었다.[40] 이들의 출발지, 종착지, 혹은 기착지였던 타브리즈, 즉
동방의 대도와 서방의 로마 사이 경계 도시는 서방인 마르코의 눈에
온 세계의 축소판으로 보였다.

> 타브리즈는 [여러 교역로가 교차하는] 유리한 입지 조건 덕에 인도, 바그
> 다드, 모술, 호르무즈, 그리고 그 외 여러 지역에서 수많은 무역상들
> 이 찾는 도시이다. 이들이 실어 온 외국 상품을 구매하려고 찾아온
> 무역상들 중에는 [베네치아와 제노바 출신] 서방 라틴인도 많다. … '타
> 브리즈인'이라 불리는 이 도시의 시민들은 아르메니아, 조지아, 그리
> 고 페르시아 등 다양한 인근 지역 출신에 네스토리오스^{양격·양성론} 교
> 파와 야곱^{단격·단성론} 교파가 섞여 있는 그리스도교도들이다. 그리고
> 무함마드를 경배하는 이들도 있다.[41]

　도시에 세워진 교회당 건물 안에서 예배드렸을 그리스도교도의

---

40. 대칸 쿠빌라이의 통역관으로 출발하여 일칸국에 천문학 관료로 파견된 이사
　　'켈레메치'(몽. "통역관")에 관해 다음 문헌을 참고하라—김호동, "이사 켈레
　　메치(1227-1308)의 생애와 활동", 75-114.
41. 마르코 폴로, 세계 이야기 1.30; Kinoshita, 24-25.

존재를 증빙하는 실물 자료라면, 서방 헬라비잔틴 그리스도교도들도 타브리즈의 거리를 활보했을 게 분명하다.[42] 수도사 몬테코르비노Giovanni da Montecorvino는 로마에서 대도로 가는 길에 기착한 타브리즈에서 특사 임무를 수행하는 동안 그곳에 세워진 두 곳의 프란치스코회 수도원 중 한 곳에서 머문다. 그리고 루카롱고Pietro di Lucalongo라는 이탈리아 출신 무역상이 이끄는 상단과 함께 1291년 대도로 떠난다.[43] 타브리즈가 13세기 범세계의 축소판이었다면 그리스도교도를 대표해서 그 거리를 활보한 범세계인은 수도사와 무역상들이었다.

금욕과 물욕, 상반된 물질관을 지닌 두 시민 계층의 어색한 동행은 공통된 지향성 덕분에 가능했다. 추구하는 존재 목적은 서로 달랐어도 익숙한 주지의 세계에서 낯선 미지의 세계로 떠나는 '탈속적' 존재 방식은 서로 닮았다. 서방 라틴 세계에서 무역상은 "이방인과 계속 접촉한다"는 이유로, 그래서 "여러 가지 기존 사회 관습에 어긋나게 행동한다"는 이유로, 결과적으로 다른 시민에게까지 불순한 영향을 미쳐 "기존 사회 질서를 어지럽힌다"는 이유로 필요악적 존재로 자리매김하던 사회 계층이었다.[44] 13세기 라틴 교회를 대표한 신학자 토마스 아퀴나스가 이방인들로부터 지키려 했던 이상적인 사회는 하나님에게 기도하는 (수도사 포함) 성직자 계층이 다스리고, 용맹

42. 참조, Fiey, *Communautés syriaques en Iran et Irak des origines à 1552*, 281
43. 참조, Dawson, *Mission to Asia*, 229.
44. 아퀴나스, 군주통치론 2.3; Dyson, 50-51. 무역상에 대한 아퀴나스의 견해는 자급자족하는 도시 사회를 이상 사회로 바라본 아리스토텔레스의 가르침을 따른다(참조, 아리스토텔레스, 정치학 1.1252b27; LCL 264, 8-9).

"성전에서 환전 상인을 몰아내는 예수 그리스도", 지오토 디 본도네 (1304년 작)[45]

하게 싸우는 기사 계층이 영토와 질서를 지키며, 일하는 농노 계층이 충분한 식량을 생산하는 '크리스텐덤'이었다.[46] 이 봉건주의 세계에서 무역상은 농노들이 미처 공급하지 못한 필수품 및 사치품을 외계로부터 공급하는, 일종의 준외국인 노동자였다.

지중해 북서부 '유럽'의 농토에 터를 잡고 웅크리고 있던 라틴 크리스텐덤 세계가 십자군 순례 운동을 통해 11세기부터 진출하기 시

---

45. 삽화 출처— © [2021] Petrusbarbygere, "Expulsion of the Money-changers from the Temple" (2005년 4월 2일), <Wikimedia Commons>, https://commons.wikimedia.org/wiki/File:Giotto_-_Scrovegni_-_27-_-_Expulsion_of_the_Money-changers_from_the_Temple.jpg, 2021년 2월 12일 접속.

46. 참조, Duby, *The Three Orders*, 13-20.

작한 지중해 동부 '레반트' 지역(그리고 그 너머 동방)은 무역상이 "온 세
계를 떠돈다"는 이유 때문에 정반대로 환대받는 또 다른 세계였다.
이 세계에서 무역상은 찾아올 때는 통치자가 원하는 것을 가져다주
고 떠나서는 통치자의 명성을 온 세상에 널리 전하는, 일종의 외교
대사였다.[47] "어떤 이보다 세상 여러 곳곳을 견문했노라" 자부하는
베네치아 무역상 마르코 폴로를 총애한 이는 다름 아닌 동방의 통치
자 쿠빌라이 대칸이었다.[48] 마르코의 견문록이 루스티켈로 다 피사
Rustichello da Pisa의 필력을 힘입어 《세계 이야기Le Devisement du monde》라는 원
제로 1298년 유럽 세계에 처음 소개되기 훨씬 이전에 그 안에 담긴
놀라운 이야기를 누구보다 먼저 마르코에게서 직접 듣고 그 값을 후
하게 쳐주었던 원독자 역시 쿠빌라이였다.[49] 대칸 귀위크와 몽케에게
냉대 받고 돌아간 서방 수도사 카르피니와 반-뤼브룩과 달리 수도사
몬테코르비노가 대도에 첫 라틴 교회를 설립할 수 있었던 것도 마르
코가 세상 각지에서 가져온 어떤 '보석'보다 값진 이야기에 대해 대

47. 참조, 유서프 발라사구니, 영광스런 통치 지혜 58; Dankoff, 184. 11세기 중앙
아시아의 튀르크 시인 유서프 발라사구니가 카쉬카/카스 지역 통치자 아들
에게 헌정한 이 지혜서는 지혜로운 군주론을 설파한다는 점에서 아퀴나스
의 13세기 작《군주통치론》과 비교 대상이 된다. 무역상의 외교관 역할과 관
련해서는 다음 문헌을 참고하라—Cutler, "Gifts and Gift Exchange as Aspects
of the Byzantine, Arab, and Related Economics", 247-278.
48. 마르코 폴로, 세계 이야기 "서문", 16; Kinoshita, 10.
49. 참조, Kinoshita, "Marco Polo's *Le Devisement du monde* and the Tributary
East", 72-73. 참조, 마르코 폴로, 세계 이야기 "서문", 16-17; Kinoshita, 10-
11—"[16] 마르코는 대사로 파견되는 곳마다 대칸에게 이야기해 줄 새롭고
신기한 거리를 찾아 열심히 보고 다녔다. … [17] 대칸은 그런 마르코를 총애
하여 서훈해 주었고 다른 신하들이 질투할 만큼 가까운 심복으로 삼았다."

칸 쿠빌라이가 지불한 값의 일부였다.

몽골 대칸의 동방이 수도사보다 (마르코 같은) 무역상을 환대한 물욕의 세계였다면, 로마 교황의 서방은 무역상보다 (마르코스와 사우마 같은) 수도사를 환대한 금욕의 세계였다. 이토록 이질적인 두 세계를 예루살렘을 중심으로 하나의 범세계로 통합하려 했던 쌍방간 동상이몽이 그나마 시도될 수 있었던 것은 수도사와 무역상이라는, 주지의 세계에서 미지의 세계로 떠나는 '탈속적' 존재들 덕분이었다. 그런 관점에서 '동방 수도사' 마르코스와 '서방 무역상' 마르코, 동명이인의 두 그리스도교도는 13세기 범세계 시민의 전범典範이었고, 공교롭게도 이들이 1298년 같은 해에 세상에 내놓은 기록물《마르가니타보석》와《세계 이야기》는 주지의 관점으로 미지의 세계를 탐구하는 범세계 시민 정신을 집약한 '보석'이었다.[50] 타브리즈를 떠나 베네치아로 돌아간 무역상 마르코가《세계 이야기》를 통해 서방 라틴 세계에 전한 것은 유럽인 사이에 역사상 가장 위대한 통치자로 인식되어 왔

---

50. 같은 관점에서 마르코스의 스승 '랍반' 사우마가 서방 특사를 마치고 돌아와 (1288) 기록, 정리한 순례기를 바탕으로 편찬한《동방수도사 서유기》를 마르코 폴로의《세계 이야기》와 견주어 그 가치에 대해 평가할 수 있다. 외국어 습득과 구사 능력은 수도사 사우마와 무역상 마르코 같은 '탈속적' 존재들이 지닌 공통의 소양이었다. 사우마가 일칸 아르군의 서방 특사로 뽑힐 때 중대한 일을 처리할 수 있는 지혜만큼 중요하게 고려된 요인이 탁월한 외국어 구사 능력이었고(참조, 동방수도사 서유기, 일화 7), 마르코가 대칸 쿠빌라이에게 초반 깊은 인상을 남긴 부분도 놀랍도록 빠른 몽골어 습득 능력과 더불어 페르시아어, 튀르크어, 그리고 몽골어를 포함하여 4개의 동방어를 읽고 쓸 줄 아는 구사 능력이었다(참조, 마르코 폴로, 세계 이야기 "서문", 16; Kinoshita, 10).

던 알렉산드로스 대왕보다 훨씬 크고 놀라운 세계를 통치하고 있는
대칸 즉 '모든 통치자들의 통치자'에 대한 명성이었다.[51] 타브리즈를
떠나 마라가로 돌아간 수도사 마르코스가 《마르가니타》를 통해 사
도 전통으로 확정하고 지켜 나가도록 동방 교회에 새로 가르친 것은
서방 (라틴 그리고 헬라) 교회가 진작부터 지켜오던 일곱 가지 성례聖禮였
다.[52] 주지의 관점으로 미지의 세계를 탐구하는 범세계 시민 정신, 그

---

51. 1298년 이후 출간된 견문록의 또 다른 제목은 《Le Livre du grand caam》와 《Le
  Livre des merveilles》로서, '놀라움(merveilles) 가득한 세계의 소유자는 대칸
  (grand caam)이다'라는 인식을 서방 유럽인들에게 심어준 것이야말로 마르
  코가 쿠빌라이에게 안겨준 가장 마지막이자 가장 값진 선물이었다. 알렉산
  드로스 대왕을 향한 당시 서방 유럽인들의 인식은 대표적으로 12세기 작 서
  사시 《알렉산드로스 야사》에 반영되어 있는데, 특히 율리우스 카이사르의
  입을 빌어 알렉산드로스 대왕을 "세상 모든 통치자 가운데 가장 위대한 통
  치자(tous li mieudres des princes terriens)"로 칭송한다(알렉산드로스 야사
  1.5.204; Armstrong, 159). 《세계 이야기》에서 서방인 마르코 폴로 역시 《알
  렉산드로스 야사》에 기록된 마케도니아인의 발자취를 동방 세계에서 좇는
  다(마르코 폴로, 세계 이야기 1.23, 1.40, 1.45, 1.47, 6.202). 하지만 그 길의 끝
  에서 알레산더보다 위대한 통치자 대칸 쿠빌라이를 만난다—"쿠빌라이는 대
  칸 즉 '모든 통치자들의 통치자'라고 불릴만한데, 잘 알려진 바대로 그는 소
  유한 백성과 영토와 재화를 가지고 최초의 인간 아담 이후로 지금까지 존재
  해 왔고 또 앞으로 존재할 그 누구와 견주어봐도 가장 위대한 통치자이기 때
  문이다"(마르코 폴로, 세계 이야기 2.76; Kinoshita, 67).
52. 7 성례는 교황 니콜라오 4세가 사우마를 통해 야발라하 3세에게 전달한
  1288년 서신에서 삼위일체론과 죄론 등과 함께 강론한 주요 신학 주제 중 하
  나였다. 그로부터 3년 후인 1291년부터 편찬 작업을 시작해서 1298년에 마
  친 《마르가니타》는 서방 교회와 활발히 교류하는 과정에서 동방 교회가 고
  유한 신학적 정체성을 재정립하려 노력했음을 방증하는 결과물이다. 7 성
  례를 예로 들면, 이전까지 동방 교회의 성례는 그 개념에 비해 숫자와 종류
  가 시대별로 지역별로 편차가 있었지만 이후로 서방 교회의 성례론을 선택

정신의 궁극점은 미지의 관점으로 주지의 세계를 재해석하고 재창
조하는 정신이었다.

수용하여 《마르가니타》에서 고유하게 정립한 전통을 현재까지 지키고 있다.
서방 라틴 교회와 비교해, 동방 교회의 7 성례는 병자 성례와 혼인 성례 대
신 [6] 유교병 성례와 [7] 십자가 성호 성례를 포함한다(마르가니타 4.1.404).
[4] 성찬 성례와 관련해 서방 (라틴, 헬라) 교회와 마찬가지로 성찬 떡이 본
질적으로 예수 그리스도의 몸으로 변화한다는 '화체설'을 따르면서도(마르
가니타 4.5.409), 성찬 성례에 사용되는 떡과 관련해 (효모가 없는) '무교병'
을 사용하는 서방 라틴 교회와 차별적으로 '유교병'을 사도 전통으로 인정
한다. 그러면서 라틴 교회와 같은 "서방인"이면서도 "동방인"과 마찬가지로
'유교병'을 성찬 성례에 사용하는 헬라 교회를 방증으로 제시한다(마르가니
타 4.6.410).

일화 6
주지에서 미지로

　　1294년 타브리즈를 떠난 대칸의 교황 특사 마르코 폴로는 지중해 항구 아크레 대신 흑해 항구 트라브존에서 출발해 콘스탄티노폴리스를 경유하는 우회 항로를 통해 베네치아에 도착한다.[1] 베네치아에서 대도로 가는 길에는 1271년 처음 밟았던 아크레를 이십여 년 후 대도에서 베네치아로 돌아오는 길에 다시 밟지 못한 것이다. 1291년, 예루살렘 왕국의 수도이자 팔레스티나의 마지막 라틴 영토였던 아크레를 향해 맘루크 군대의 포위망이 좁혀오자 '선 세례' 조건마저 떼고 급박하게 전한 교황의 원군 요청에 그해 3월 사망한 일칸 아르군은 응답할 수 없었고 도시는 5월에 함락 당하고 말았다. 아크레 함락 이후 서방 라틴 크리스텐덤은 약 2세기 동안 점령했던 '레반트' 곧 시리아와 팔레스티나 지역에서 물러나 다시는 정치 집단으로서

1.　마르코 폴로, 세계 이야기 "서문", 19; Kinoshita, 14.

발 딛지 못한다.[2]

아크레 함락과 예루살렘 왕국의 종말은 1245년 리옹 공의회에서 교황 인노첸시오 4세가 가늠해 보았던 지상 단 하나의 크리스텐덤이 신기루처럼 사라지는 순간이었다. 동시에 신학자 아퀴나스가 우려했던 일들이 유럽에서 가시화되기 시작한 순간이기도 했다. 지난 2세기 동안 "이방인과 계속 접촉"했던 유럽의 순례자들이 본토로 돌아오면서 기존 사회 관습에 어긋나게 행동하며 사회 질서를 어지럽히는 일들이 일어나기 시작했다.[3] 1309년 교황 클레멘스 5세가 로마에서 프랑스 아비뇽으로 교황청을 옮긴 기점부터 라틴 크리스텐덤에 거대 지각 변동이 일어나기 시작하더니, 1378년부터 1449년까지 로마 교황과 아비뇽 교황 아래 라틴 크리스텐덤은 이분화되었다. 그럼에도 라틴 크리스텐덤의 추가 분열을 막고 있었던 마지막 지지대는 잉글랜드 왕 에드워드 1세가 일칸국의 서방 특사 사우마 앞에서 자랑했던 것, 곧 하나의 신앙고백이었다.

> 그렇다면 아르군 일칸과 그의 백성들에게 이렇게 전해주시오. 프랑크인들의 영토에서 본 것 중에 그 어떤 것보다 진귀한 두 가지가 있는데, 하나는 예수 그리스도를 주로 고백하는 단 하나의 신앙고백만 있다는 사실이고, 나머지 하나는 프랑크인들은 전부 이 신앙고백을

---

2. 참조, Richard, *The Crusades*, 465-466; Ashtor, *Levant Trade in the Later Middle Ages*, 17-25.
3. 아퀴나스, 군주통치론 2.3; Dyson, 50-51.

따른다는 사실이라고 말이오.[4]

　　그렇기에 역설적으로 1530년 루터파의 '아우크스부르크 신앙고백'을 시작으로 16세기에 지역별로 토착어를 사용해서 제정한 다수의 신앙고백혹은, 신앙 표준문서들은 다름 아닌 단일 라틴 크리스텐덤을 향한 해체 선언이나 다름없었다.[5] 다양한 언어와 신앙고백에 따라 경계선이 재편된 다양한 크리스텐덤을 다스리는 최고 통치자는 더 이상 한 사람의 교황이 아닌 왕과 영주와 시의회 같은 다양한 형태의 정치권력이었다. 서방 특사 사우마가 13세기 말에 감지했던 교황과 군주들 사이 입장차는 14-16세기 (지중해 무역상들이 주도한) 르네상스 운동과 (수도사 마르틴 루터가 촉발한) 종교개혁이라는 산파를 통해 태어날 유럽 국가주의(또는, 민족주의) 시대의 태동이었다.

　　'서방 라틴 크리스텐덤'이라는 주지의 세계를 재해석하고 재창조한 이들은 이방인들보다는 '성지'라는 미지의 세계에서 돌아온 유럽인 순례자들이었다. 예루살렘과 주변 일대를 "거룩한 땅"으로 부르기 시작한 이는 4세기 로마 황제 콘스탄티누스였다.[6] 그리스도교

4.　동방수도사 서유기, 일화 10.
5.　예를 들어, 잉글랜드 6개 조항(1539), 프랑스 신앙고백(1557), 헬베틱/스위스 신앙고백(1560), 스코틀랜드 신앙고백(1560), 벨직/네덜란드 신앙고백(1561), 하이델베르크 교리문답(1563), 그리고 로마 교리문답(1566) 등이 있다. 참조, MacCulloch, *Reformation*, 217-545 (Part II, Europe Divided: 1570-1619); esp, 317-346 (Ch. 7, "The New Europe Defined, 1569-72").
6.　에우세비오스, 콘스탄티누스 황제의 생애 3.25-32; GCS 7, 94-99. 참조, 그리스도교 동유기, 일화 1, "순례, 예루살렘을 새 예루살렘으로 바꾸다"

역사에서 서방 첫 공의회를 325년 니케아에서 처음 소집한 이도, 개막 연설에서 자신을 참석한 주교들과 같은 "하나님의 종"으로 동격화한 이도, 그리고 공의회가 진행되는 동안 주교들의 수장 역할을 자처하며 교회 일치의 가시적 상징으로 우뚝 올라선 이도 그였다. 그렇게 콘스탄티누스는 황제가 천상에 있는 예수 그리스도로부터 통치권세를 위임받은 지상 섭정자가 되어 정치 아래 종교를 다스리는 세상, 곧 '황제형'(혹은, '헬라형') 크리스텐덤의 창시자가 되었다. 반면, 니케아 공의회를 통해 (알렉산드리아와 안티오키아의 주교와 함께) 대주교로 격상한 로마의 주교는 서로마 영토가 게르만족들의 영토로 재편되는 과정에서 발생한 5-6세기 정치적 혼돈기를 거쳐 라틴인들의 대주교에서 교황으로 격상했다. 그리고 이후 천년의 시간 동안 '교황형'(혹은, '라틴형') 크리스텐덤을 건설하며 종교 아래 정치를 다스렸다. 11세기부터 십자군 원정을 통해 콘스탄티누스의 성지로 순례를 다녀온 유럽의 그리스도교도 군주들이 16세기에 이르러 마침내 자신들의 통치 영토에 '재생'르네상스시킨 것은 4세기 콘스탄티누스가 창시한 황제형 크리스텐덤이었다. 이는 천년을 구가해 온 교황형 크리스텐덤의 대체를 의미했다.

서방 황제 콘스탄티누스가 니케아 서방 공의회를 통해 창시한 서방 크리스텐덤 전통으로 세례받은 또 다른 수세자는 '요한'이라는 이름의 주교를 공의회에 대표자로 보낸 동방 시리아 교회였다.[7] 410년에 열린 동방 교회의 역사적인 초대 총회는 본질적으로 니케아 공

---

7.   에우세비오스, 콘스탄티누스 황제의 생애 3.7; GCS 7, 84-85.

의회를 '재생' 혹은 '재현'하는 한 편의 드라마였다. 동방 교회의 주교 40인이 "위대하고 거룩한 서방 공의회"에 참석했던 318인 서방 교회 주교들의 '페르소나'^{배역}이었다면, 서방 교회 대표로 동방 총회에 참석한 마르투로폴리스^{터키 실반}의 주교 마루타스는 "동방과 서방 사이 일치와 화합의 매개자"라는 의미에서 동방 대표로 서방 공의회에 참석했던 페르시아인 주교 요한의 페르소나였다.[8] 총회에서 마루타스는 안티오키아 대주교 및 예하 지역 주교들이 공동명의로 작성한 서신, 곧 니케아 공의회의 주요 결정을 정리한 서신을 읽는다.[9] 이를 듣고 나서 곧 "더할 나위 없이 기뻐하며 기운이 소생한" 동방 주교들을 향해 총대주교 이삭은 다음과 같이 공표한다.

> 위대하고 거룩한 서방 공의회에서 하나님의 지혜로 충만한 교부들이 공표한… 이 모든 참된 교령과 영광스런 교례를 하나라도 받들어 지키지 않는 자는 누구라도 파면되어 마땅하다.[10]

이에 동방 주교 40인은 한 마음으로 화답하며 자기 이름을 서명한다.

하지만 325년 이후 약 백 년 만에 크테시폰에서, 곧 동방의 콘스탄티노폴리스에서 니케아 공의회를 재생하는데 누구보다 가장 중요한 역할을 맡은 이는 로마 황제 콘스탄티누스의 '페르소나'였다. 동

---

8.   410년 동방 교회 총회록; Chabot (1902), 18/255.
9.   410년 동방 교회 총회록; Chabot (1902), 20/258-259.
10.   410년 동방 교회 총회록; Chabot (1902), 21/260.

방 교회 총회록은 "하나님을 사랑한 공의로운 통치자" 콘스탄티누스를 수식하는 존칭 '승리자'를 페르시아의 샤 야즈데게르드 1세^{재위}^{399-420년}에게 부여한다. 총회록에서 칭송한 '승리자' 야즈데게르드의 업적은 백 년 전 팔레스티나 카이사레이아의 주교 에우세비오스가 이웃 두로 교회의 재건식을 기념하여 작성한 봉헌록을 끝맺으면서 칭송한 원조 '승리자'의 업적과 공명한다.

> [에우세비오스, 교회사] 얼마 전까지만 해도 악덕한 통치자들에 의해 황폐되었던 이곳저곳에서 생명이 회복되는 것을 우리는 보았다. 보다시피 하나님의 성전은 다시 한번 땅을 딛고 높이 솟아 올라 이전에 초토화 되었던 모습을 기억할 수 없을 만큼 훨씬 더 영화롭고 장엄한 모습으로 우리 앞에 서 있었다. … [8] 최고 통치자이신 성부와 구원자이신 성자가 함께 하시므로 황제 아버지[콘스탄티누스]와 아들[크리스푸스]이 군사를 나누어 하나님의 원수들을 사방에서 격파하여 승리를 취했다. 하나님께서 당신의 뜻대로 이 모든 일들을 이루셨도다…[11]

> [동방 교회 410년 총회록] '통치자 중에 통치자'^{페. 샤한샤}이며 '승리자' 야즈데게르드는 통치 원년에… 하나님의 교회에게 가해졌던 핍박을 거두고, 그리스도를 따르는 양 떼들을 짓누르던 어둠의 세력을 몰아냈다. 그가 전국에 내린 칙령을 따라 선대 통치자들의 손에 파괴되었

---

11. 에우세비오스, 교회사 10.2, 9; GCS 9/2, 858-860, 900.

던 교회 건물마다 장엄한 모습으로 재건되었고, 무너졌던 제단마다 정성스럽게 복구되었으며, 하나님을 믿는 신앙 때문에 심문받고 투옥되어 고초 겪던 자들은 풀려나게 되었고, 교회의 각급 성직자들과 지도자들은 거룩한 동역자 무리와 함께 두려움 없이 전국을 활보하게 되었다.[12]

410년 동방 교회 총회의 제12 교령은 동방 영토의 모든 그리스도교도를 "그리스도의 재림 때까지" 다스릴 총대주교 권한이 크테시폰의 주교에게 있음을 공표하면서, 그런 권한을 총대주교에게 위임한 '승리자' 야즈데게르드를 동방 교회와 그리스도교도를 다스리는 최고 통치자로 인정한다.[13]

동방 교회가 초대 총회를 통해 야즈데게르드 1세에게 부여한 궁극적인 의미는 '동방의 콘스탄티누스'였다. 이는 페르시아 사산 왕조에서 아랍 압바스 왕조를 거쳐 몽골 일 왕조로 통치 세력이 바뀌는 천년의 변화 속에서도 동방 교회가 모든 통치자에게 변함없이 걸었던 궁극적인 기대이기도 했다. 다만 서방 유럽군의 동진과 동방 몽골군의 서진이 만들어낸 13세기 범세계화 풍경, 그 한가운데 서게 된 동방 교회의 기대는 어느 때보다 열렬히 타올랐다.

칸들의 궁중에 천막 교회가 세워져 있기도 합니다. 칸들은 그리스도교도들을 높이 예우해주며, 저를 보내신 아르군 일칸같이 그리스도

---

12.   410년 동방 교회 총회록; Chabot (1902), 18/254.
13.   410년 동방 교회 총회 제12 교령; Chabot (1902), 26-27/266.

를 믿는 자들도 있습니다.[14]

　서방 총대사 사우마가 로마 교회의 추기경단 앞에 그리스도교도 군주로서 소개한 아르군 일칸은 실제보다 바람에 가까운 모습이었다. 사우마가 일칸 아르군을 견주어 소개한 선망의 대상은 비잔틴 황제 안드로니코스 2세를 비롯한 서방의 그리스도교도 군주들이었고, 이들의 궁극적 원형은 비잔틴 제국의 수도 콘스탄티노폴리스에서 보았던 불그스름한 석관 안에 안치된 '승리자' 콘스탄티누스 황제였다.[15] 사우마 수도사의 기록에서 정작 '승리자' 존칭을 받은 일칸국 몽골 군주는 아르군의 동생이자 후계자였던 가이하투^{재위 1291-1295년}였다.

　　'승리자' 가이하투 일칸이 하나님을 경외하는 언행과 심사 그리고 교
　　회에 베푸는 넉넉한 씀씀이로 말미암아 그리스도교도들은 큰 위로
　　와 용기를 얻었다. 교회의 위세와 영광은 나날이 드높아져 갔다. 특
　　별히 야발라하 총대주교가 성심을 다해 교회를 돌본 덕분에 그리고

---

14. 동방수도사 서유기, 일화 8.
15. 비잔틴 황제와 프랑스 왕을 알현한 사우마 총대사의 인사말 속에 그리스도교도 군주가 다스리는 크리스텐덤에 대한 동방 교회의 선망이 묻어난다—"그리스도를 섬기는 [안드로니코스 2세] 황제 폐하를 뵙자마자 모든 피로와 피곤이 깨끗이 사라져버렸습니다. 황제 폐하께서 다스리시는 제국을 제 두 눈으로 보기를 얼마나 고대했는지 모릅니다. 우리 주님이시여, 황제의 제국을 세세토록 보존하소서!"(동방수도사 서유기, 일화 7); "칭송받기에 합당하다고 귀로만 들어왔던 [필리프 4세] 폐하의 지극한 위엄과 영광을 오늘 마침내 제 두 눈으로 직접 보게 되었습니다!"(동방수도사 서유기, 일화 10).

[좌] 1260년(5월 1일)에 발행된 동방 교회 성구집에 동방인의 용모 위에
　　 몽골식 왕관을 쓴 모습으로 그려진 콘스탄티누스 황제와 어머니 헬레나[16]
[우] 327년, 꿈에서 받은 계시대로 십자가를 찾은 콘스탄티누스 황제[17]

---

16. 초대 일칸 훌라구는 다국적 그리스도교 연합군과 함께 1260년 1월과 3월에
　　 알레포와 다마스쿠스를 차례로 점령했다(참조, 그리스도교 동유기, 일화 5,
　　 "동상이몽"). 튀르크 몽골계 케레이트족 출신으로 동방 그리스도교도였던
　　 그의 아내 도쿠즈 카툰은 몽골 군대가 바그다드를 점령했을 때 도시 내 교회
　　 와 그리스도교도를 특별히 보호하는 등 동방 교회의 수호자로 추앙받고 있
　　 었다. 이러한 배경에서 성구집 속 콘스탄티누스와 헬레나의 모습이 훌라구
　　 와 도쿠즈를 빙의한 것이라는 해석이 자연스레 나왔다. 한편, (훌라구가 메
　　 소포타미아와 시리아 일대에 출현하기 이전인) 13세기 초에 제작된 또 다른
　　 성구집 속 유사한 삽화(British Library, Add. Ms. 7170.58)는 1260년 삽화 속
　　 인물을 훌라구와 도쿠즈로 단정하려는 해석을 유보시키면서도, 동방에도 콘
　　 스탄티누스 황제 같은 그리스도교도 통치자가 출현하기를 기대하는 동방 교
　　 회의 오랜 염원을 1260년 삽화와 함께 일관되게 보여준다. 참고로 13세기 시
　　 리아 지역의 역사가 바히브라야는 《연대기》에서 훌라구의 아내 도쿠즈가 아
　　 닌 (같은 케레이트족 출신) 어머니 소르각타니를 신실하고 참된 그리스도교
　　 도로서 네 아들을 경건한 통치자로 길렀다는 점에서 콘스탄티누스 황제의
　　 어머니 헬레나에 직접 비교하며 칭송한다(바히브라야 연대기, 465). 하지만
　　 훌라구의 업적에 대해 도쿠즈 카툰과 더불어 "그리스도교를 강성하게 만든

지혜를 다해 몽골 궁중과 우호 관계를 굳게 다져 놓았기 때문에 가능한 일이었다.[18]

가이하투에게 수여된 이 존칭은 그가 콘스탄티누스의 배역을 몽골인 군주들 중 어느 누구보다 충실히 감당했음을 의미하기보다는, 그의 폐위와 함께 군주들이 '동방의 콘스탄티누스'가 되길 바라는 동방 교회의 기대와 염원이 잠시 열렬히 타오르다 끝내 사그라들고 말았음을 의미했다.

제5대 일칸 가이하투를 폐위시키고 등극한 바이두는 7개월여 만에 지방 무슬림 세력의 후원을 받은 아르군의 아들 가잔에게 폐위 당한다. 1295년, 제7대 일칸에 등극한 가잔[재위 1295-1304년]은 그해 6월 '마

두 위대한 빛"이었다고 칭송하면서도(바히브라야 연대기, 465), 어느 구절에서도 훌라구와 콘스탄티누스를 나란히 놓고 직접 비교하지 않는다. 참조, Kominko, "Constantine's Eastern Looks", 177-194; Angold, *The Cambridge History of Christianity* 5, 387; Fiey, "Iconographie syriaque, Hulagu, Doquz Khatun et six ambons?", 59-64. 삽화 출처—© [2021] Biblioteca Apostolica Vaticana (Vat. syr. 559, fol. 223v.).

17. 13세기에 제작된 '페쉬타' 시리아 성경 사본에 그려진 삽화. 콘스탄티누스가 알려준 대로 그의 어머니 헬레나가 예루살렘에 방문하여 예수가 못 박힌 십자가를 베누스/아프로디테 성전 지하 창고에서 찾았다고 알려졌지만 실증은 없다. 동방 시리아 교회는 매년 9월 13일을 '십자가 발견' 절기로 지킨다. 삽화 출처—© [2021] Uriel1022, "The Feast of the Discovery of the Cross" (2018년 7월 22일), <Wikimedia Commons>, https://commons.wikimedia.org/wiki/File:Nestorian_Peshitta_Gospel_%E2%80%93_Feast_of_the_Discovery_of_the_Cross.jpg, 2021년 2월 12일 접속.

18. 동방수도사 서유기, 일화 12.

흐무드'로 개명하면서 자신과 함께 일칸국의 국교를 이슬람교로 개종한다. 가잔과 후임 울제이투의 치세기 동안 동방 교회는 중앙 정부의 방관 속에 무슬림 지방 장관들이 지역 주민을 선동하여 주도한 대규모 탄압과 학살 등으로 급속히 위축된다.[19] 1317년에 총대주교 야발라하 3세가 눈 감으며 마지막으로 본 현실은 '승리자' 가이하투의 치세기였던 1294년에 그의 스승 사우마 수도사가 눈 감으며 마지막으로 바랐던 기대와 반대로 동떨어져 있었다. 야발라하 3세의 죽음은 그가 "성심"과 "지혜"를 다해 굳게 다져 놓았던 동방 교회와 일칸 군주 사이 우호 관계의 종식을 의미했고, 나아가 동방 교회가 5세기부터 염원해 온 서방 '황제형' 크리스텐덤의 종식을 의미했다.

　14세기부터 티무르 제국과 명 중국, 16세기부터 사파비 제국과 오스만 제국의 그늘 아래 살아가게 된 동방 교회는 지속적인 탄압과 간헐적인 전염병 그리고 만성적인 고립 속에 극동과 중앙아시아 외지로부터 소멸되기 시작해서 메소포타미아 내지에서조차 북부 쿠르디스탄 고산 지대로 내몰린다.[20] 그럼에도 타 종교 통치자 아래 종교적 소수자로 살아남는 능력은 오랜 세월을 거치며 내재되고 특화된

---

19. 대표적으로 1310년 아르벨라(아르빌)에서 동방 그리스도교도들을 대상으로 발생한 학살 사건은 몽골인 상부의 지시를 무시한 무슬림 군대장의 주동으로 이뤄졌다. 피해자에 대한 보상과 가해자에 대한 처벌은 이뤄지지 않았고, 주동자는 오히려 무슬림들 사이에 영웅으로 추앙받았다(참조, Wilmshurst, "The Church of the East in the 'Abbasid Era'", 194).

20. 참조, Phan, *Christianities in Asia*, 243; Baum-Winkler, *The Church of the East*, 104-105; Wilmshurst, *The Ecclesiastical Organisation of the Church of the East, 1318-1913*, 345-347.

동방 교회 고유의 유전적 특성이었다. 절체절명의 위기 앞에 이 유전적 특성은 15세기 중반 '총대주교 친족 세습제'라는 전례 없는 변이 형태로 발현된다.[21] 그리스도교도 군주가 다스리는 세속 크리스텐덤에 대한 오랜 열망을 잃어버린 동방 교회의 상실감은 '순결을 사랑하는' 탈속적 존재에 대한 오랜 애착으로 오롯이 환원되었다. 8세기 말부터 공식적으로 동방 교회의 모든 (총대)주교는 수도사들이었다.

다른 한편, 동방 교회 고유의 유전적 특성은 무슬림 통치자 앞에 한 번도 복종한 적 없는 서방 교황, '순결을 사랑하는' 또 다른 탈속적 존재를 향한 새로운 애착으로 특이 발현되기도 한다. 총대주교 친족 세습제에 반대한 일단의 동방 교회 주교들 주도로 서방 교황을 새 총대주교로 삼는 '칼데아 가톨릭 교회'가 1553년 출범한다. 라틴 유럽 내지에서 단일 '범'가톨릭그리스도교 전통이 여럿으로 연쇄 분열되던 시기에 정작 유럽 외지에서는 서방 교황을 수장으로 삼는 '범'그리스도교 연합 운동이 동방 교회 내지에서부터 시작된다. 교황의 수장권을 인정하는 조건으로 동방 교회 고유의 신앙고백, 예전, 그리고 자치권을 보장받는 연합 방식, 곧 일치성과 다양성이 공존하는 '범'그리스도교 연합 운동의 방식은 이슬람의 그늘 아래 생존하는 법을 이제부터 배워 나가야 하는 다른 지역 그리스도교 전통에게 새로운

---

21. 생존을 위해 동방 교회가 선택한 특단의 대책은 총대주교 계승의 안정화였다. 동방 시리아 교회의 총대주교는 독신 서약한 수도사 출신이었으므로 세습은 부자 사이가 아닌 친족 사이에 이루어졌다. 참조, Wilmshurst, *The Ecclesiastical Organisation of the Church of the East, 1318-1913*, 19-22; Wilkinson, *Orientalism, Aramaic and Kabbalah in the Catholic Reformation*, 86-88; Filoni-Condon, *The Church in Iraq*, 35-36.

대안이 되었다.

그리스도론	전신	변경 연도	후신
양격·양성론	동방 시리아 교회	1553	칼데아 가톨릭 교회
	인도 말랑카라 정교회	1559	인도 말라바르 가톨릭 교회
단격·양성론	서방 헬라(비잔틴) 교회	1589	우크라이나 우니아트 가톨릭 교회
	서방 시리아 교회	1729	시리아 멜키트 가톨릭 교회
단격·단성론	콥트 정교회	1741	콥트 가톨릭 교회
	아르메니아 사도 교회	1742	아르메니아 가톨릭 교회
	서방 시리아 (야곱파) 정교회	1782	시리아 가톨릭 교회

16세기 동방 시리아 교회로부터 시작된 소수파 교회와 로마 가톨릭 교회 사이 범연합 운동[22]

그리스도교는 태생부터 예수 그리스도 한 분과 여러 사도 사이, 예루살렘과 땅끝 사이, 그리고 일치성과 다양성 사이에서 흔들리며 살아갈 불안정한 혹은 활기찬 존재였다. 13세기에 다시 예루살렘으로 모여들었다가 또다시 땅끝으로 흩어지게 된 그리스도교가 재차 확인한 것도 다름 아닌 자신의 태생적 존재 방식, 곧 일치된 주지에서 다양한 미지로 나아가며 미지를 통해 주지를 재해석하고 재창조하는 존재 방식이었다. 한국 교회와 그리스도교도들에게 현재가 또 다른 미지로 들어서는 전환의 시기라면, 그것은 이러한 존재 방식을 지닌 그리스도교가 이 민족의 세계에 토착화되어간 역사를 거치면서 '우리' 사이에 대개 일치해 온 주지가 무엇인지 재확인하고 재해

---

22. 가톨릭 교회에 귀속하지 않은 세력은 현재 '동방 성사도 가톨릭 앗시리아 교회'(줄여서, '동방 앗시리아 교회')라는 구별된 이름으로 동방 시리아 그리스도교 전통을 계승하고 있다.

석해야 하는 시기라는 의미일 것이다. 더 나아가, '우리'의 역사적 주지가 세계 그리스도교가 재해석하고 재창조해 온 역사적 주지와 어떻게 공명하는지 성찰해야 하는 시기라는 의미일 것이다. 미지를 밝혀나갈 빛은 주지에서 나온다.

《동방수도사 서유기》 연대기표

1206	· 테무친, 초대 대칸 즉위와 몽골 연합국 성립
1230(?)	· 수도사 사우마, 대도에서 대주교구 시찰장의 아들로 출생
1244	· 수도사 마르코스, 온구트(남수도 카오샹)에서 대주교구 부주교의 아들로 출생 · 아이유브 술탄국, 예루살렘 재점령 (8/23)
1245	· 교황 인노첸시오 4세, 리옹 공의회 소집 　≫ 예루살렘 수복할 제7차 십자군 파병 (총사령관, 프랑스 왕 루이 9세) 　≫ 몽골 대칸 귀이크에게 수도사 세 명(카르피니, 로쥬모, 아셀린)을 특사 　　파견
1246	· 프란치스코회 수도사 카르피니, 몽골 카라코룸 도착
1248	· 몽골 근동지역 원정 대장, 루이 9세에게 특사 파견하여 연합 군사작전 제안 · 루이 9세, 대칸 귀위크에게 특사 카르피니 수도사 파견 · 대칸 귀위크, 사망 (4/20)
1250	· 아이유브 술탄국 패망, 맘루크 술탄국 성립
1253	· 루이 9세, 대칸 몽케에게 프란치스코회 뤼브룩 수도사를 특사 파견
1256	· 훌라구, 초대 일칸 즉위와 일칸국 성립
1258	· 일칸 훌라구, 압바스 칼리파국의 수도 바그다드 점령 (2/10)
1259	· 일칸 훌라구, 그리스도교 연합군과 함께 시리아 지역 내 무슬림 군벌 세력 공격 　≫ 아르메니아 군대 (헤툼 1세) 　≫ 조지아 군대 (다위드 울루 7세) 　≫ 안티오키아 공작국과 트리폴리 백작국 군대 (보두앵 6세) · 대칸 몽케, 사망 (8/11) 　≫ 대칸 승계 자리를 두고 아리크부카와 쿠빌라이 내전(-1264)
1260	· 폴로 형제(니콜로, 마페오), 콘스탄티노폴리스에서 카라코룸으로 출발 · 맘루크 술탄국, 아인잘루트 전투에서 일칸 군대 대파 (9/3)
1263	· 일칸 훌라구, 교황 우르바노 4세에게 특사 파견
1264	· 쿠빌라이, 대칸 즉위 　≫ 카라코룸에서 상도로 천도
1265	· 폴로 형제, 상도 도착 (대칸 쿠빌라이) · 일칸 훌라구, 사망 (2/8) 　≫ 아바카, 제2대 일칸 즉위 (2/8)
1265/6	· 대칸 쿠빌라이, 교황 클레멘스 4세에게 폴로 형제를 특사로 파견 　≫ 신학과 학문에 능통한 그리스도교도 백여 명 파견 요청 　≫ 예루살렘 '성묘' 교회에서 성유 요청

1267	· 대칸 쿠빌라이, 상도에서 대도로 천도 · 일칸 아바카, 교황 클레멘스 4세에게 제1차 특사 파견
1268	· 교황 클레멘스 4세, 사망 (11/29) 　≫ 교황좌 2년 9개월 동안 공석
1269	· 폴로 형제, 아크레 거쳐 베네치아 도착
1271	· 대칸 쿠빌라이, 국호를 대원대몽골국(大元大蒙古國)으로 개칭 · 잉글랜드 왕자 에드워드, 제9차 십자군과 함께 아크레 상륙 　≫ 일칸 아바카에게 연합 군사작전 제안 　≫ 일칸국과 차카타이 칸국 사이 국경선 분쟁으로 무산 　≫ 교황 종군 특사 테오발도, 아크레에서 교황 그레고리오 10세로 추대 · 마르코 폴로, 아버지와 삼촌과 함께 대도로 출발 　≫ 예루살렘에서 성유 획득 　≫ 아크레에서 교황 그레고리오 10세로부터 특사로 파견
1273	· 일칸 아바카, 교황 그레고리오 10세에게 제2차 특사 파견 　≫ 1260년부터 일칸국에 거주 중이던 도미니코회 수도사 데이비드 애쉬비
1275(?)	· 마르코 폴로, (쿠빌라이 대칸의 여름 수도) 상도 도착 　≫ 이후 17년 동안 대칸 특사로 동아시아 지역 여행 · 수도사 사우마와 마르코스, 예루살렘 순례 시작 　≫ 대칸의 위탁받아 통행패와 함께 대도 출발
1276	· 일칸 아바카, 교황 요한 21세에게 제3차 특사 파견 　≫ 조지아 출신 그리스도교도 바살리 형제
1277	· 일칸 아바카, 잉글랜드 왕 에드워드 1세에게 특사 파견
1279	· 대칸 쿠빌라이, 남송 정복
1281	· 수도사 마르코스, 동방 교회 총대주교 야발라하 3세로 즉위 (11/2, 37세)
1282	· 일칸 아바카, 사망 (4/4) 　≫ 아흐메드 테구데르, 제3대 일칸 즉위 (5/6)
1284	· 일칸 아흐메드 테구데르, 사망 (8/10) 　≫ 아르군, 제4대 일칸 즉위 (8/11)
1285	· 일칸 아르군, 교황(호노리오 4세)에게 제1차 특사 파견 　≫ 대칸 쿠빌라이의 천문학 관료 이사 켈레메치 　≫ 근동 지역에서 활동하던 제노바 출신 무역상/통역사 드안포시와 우게토
1287	· 교황 호노리오 4세, 사망 (4/3) · 일칸 아르군, 교황(호노리오 4세)에게 제2차 특사 파견 (4월) 　≫ 사우마 총대사 　≫ 동방 그리스도교도 사바디누스 　≫ 제1차 특사 드안포시와 우게토

1288	· 교황 니콜라오 4세, 즉위 (2/22) · 사우마 총대사, 로마에서 교황과 함께 사순절부터 부활절(3/28)까지 보냄 　≫ 사순절 다섯째 주일 성찬례 집례 (3/14) · 사우마 총대사, 귀국 (9월 말) 　≫ 일칸에게 공식 보고서 제출 　≫ 페르시아어로 비공식 여행기 기록
1289	· 일칸 아르군, 프랑스 왕(필리프 4세)과 잉글랜드 왕(에드워드 1세)에게 서신 　≫ 제노바 출신 부스카렐로가 전달 　≫ 1291년 1월에 다마스쿠스(일칸군)와 카이로(잉글랜드·프랑스 연합군) 　협공 계획 　≫ 잉글랜드 왕, 교황에게 결정 전가 · 맘루크 술탄국, 트리폴리 점령 · 교황 니콜라오 4세, 일칸 아르군과 대칸 쿠빌라이에게 특사 파견 　≫ 프란치스코회 수도사 몬테코르비노
1290	· 일칸 아르군, 교황(니콜라오 4세)에게 제3차 특사 파견
1291	· 일칸 아르군, 사망 (3/10) 　≫ 가이하투, 제5대 일칸 즉위 (7/23) · 맘루크 술탄국, 팔레스티나 지역에서 마지막 라틴 영토였던 아크레 점령 　(5/18) · 대칸 쿠빌라이, 교황(니콜라오 4세)에게 마르코 폴로를 특사로 파견 　≫ 일칸 아르군의 새 신부 두 명(코카친, 송나라 공주)과 타브리즈까지 동행 　≫ 타브리즈에서 동명이인 마르코스(총대주교 야발라하 3세)와 조우(?)
1294	· 수도사/총대사 사우마, 사망 (1/10) · 대칸 쿠빌라이, 사망 (2/18)
1295	· 마르코 폴로, 베네치아 도착 · 일칸 가이하투, 사망 (3/21) 　≫ 바이두, 제6대 일칸 즉위 (3/24) 　≫ 가잔, 제7대 일칸 즉위 (10/4)
1298	· 총대주교 야발라하 3세, 동방 교회 교리서 《마르가니타》 편찬 · 마르코 폴로, 《세계 이야기》 혹은 《동방견문록》 첫 출판
1299	· 프란치스코회 수도사 몬테코르비노, 대도에 첫 라틴 교회 설립
1302	· 총대주교 야발라하 3세, 교황(보니파시오 8세)에게 교회와 신학 주제로 서신
1309	· 교황 클레멘스 5세, 로마에서 아비뇽으로 유수(-1376/7)
1317	· 총대주교 야발라하 3세, 사망 (11/15)
1318	· 후임 총대주교 티마테오스 2세, 《총대주교 마르 야발라하와 랍반 사우마의 생애》 편찬

《그리스도교 동유기》연대 도표

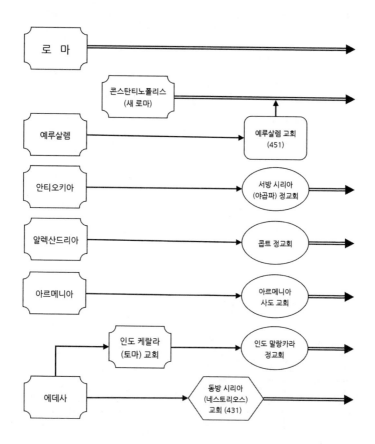

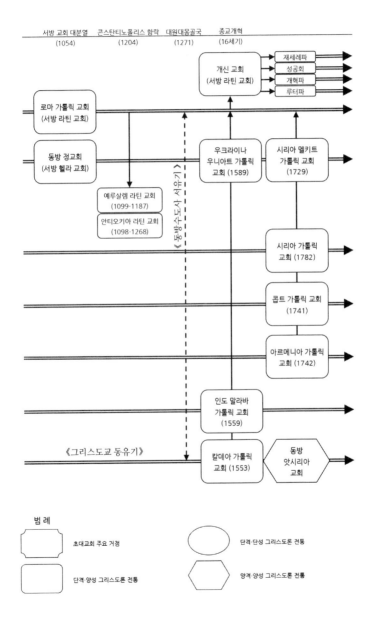

초대교회 주요 거점

단격·양성 그리스도론 전통

단격·단성 그리스도론 전통

양격·양성 그리스도론 전통

범 례

《동방수도사 서유기》 비평본 및 번역본

시리아어 비평본—Bedjan, Paul. *Histoire de Mar Jab-Alaha, Patriarche*, et de Raban Sauma. Leipzig: O. Harrassowitz, 1895 [2nd ed.]; Idem, *The History of Mar Jab-Alaha and Rabban Sauma*. Gorgias Historical Texts 14. Piscataway: Gorgias Press, 2007 [reprint].

프랑스어 번역본—Chabot, J. B. *Histoire de Mar Jabalaha III et du moine Rabban Çauma: traduite du Syriaque et annotée*. Paris: Ernest Leroux, 1895.

영어 번역본—Montgomery, James A. *The History of Yaballaha III, Nestorian Patriarch, And of His Vicar, Bar Sauma, Mongol Ambassador to the Frankish Courts at the End of the Thirteenth Century*. New York: Columbia University Press, 1927.

《그리스도교 동유기》 1차 참고 문헌

나르사이, 동방 교회 삼대 교부에게 바치는 찬송 시가; Martin, J. P. P. "Homélie de Narses sur les trois docteurs nestoriens," *Journal asiatique* 9.14, 15 (1899-1900): [Syriac] 446-493/ [French] 469-525.

니시빈 신학교 정관; Vööbus, Arthur. *The Statutes of the School of Nisibis*. Stockh: ETSE, 1961.

니시빈 신학교 설립기; Becker, Adam H. *Sources for the History of the School of Nisibis*. TTH 50. Liverpool University Press, 2008: 94-160.

니케아 공의회(325년) 교령; Schaff, Philip and Henry Wace. *The Seven Ecumenical Councils*. NPNF 14. Grand Rapids: Eerdmans, 1979.

네스토리오스 서신; Pusey, P. E. & E. B. "Preface", *Cyril of Alexandria: Five Tomes against Nestorius*. Oxford: J. Parker and Rivingtons, 1881: i-cv.

네스토리오스 설교; Pusey, P. E. & E. B. "Preface", *Cyril of Alexandria: Five Tomes against Nestorius*. Oxford: J. Parker and Rivingtons, 1881: i-cv.

당회요(唐會要); 웡샤오쥔 편, 임영택 역. 《중국어 경교 전적 해석》. 서울: 민속원 아르케 북스 141, 2019.

토마행전; Klijn, A. F. J. *The Acts of Thomas*. SNT 108. Leiden: Brill, 2003.

도로테오스 설교; Pusey, P. E. & E. B. "Preface", *Cyril of Alexandria: Five Tomes against Nestorius*. Oxford: J. Parker and Rivingtons, 1881: i-cv.

동방 교회 총회록 및 교령; Chabot, J. B. *Synodicon orientale ou recueil de synodes nestoriens* [Syriac]/[French]. Paris: Klincksieck, 1902.

디다스칼리아; Connolly, Richard H. *Didascalia Apostolorum*. Oxford: The Clarendon Press, 1929.

디다케; Ehrman, Bart D. *The Apostolic Fathers, Volume I: I Clement. II Clement. Ignatius. Polycarp. Didache*. LCL 24. Cambridge, MA: Harvard University Press, 2003.

디오그네투스 서신; Marrou, Henri-Irénée. *A Diognete*. SC 33. Paris: Éditions du Cerf, 1951.

디오 카시우스, 로마사; Cary, Earnest. *Roman History, Volume Viii: Books 61-70*. LCL 176. Cambridge: Harvard University Press, 1925.

라시드 알딘, 연대기 집사; Jahn, Karl. *Geschichte Ġāzān-Ḫān's aus dem Ta'rīḫ-I-mubārak-i-Ġāzānī des Rašīd al-Dīn Faḍlallāh b. 'Imād al-Daula Abūl-Ḫair*. London: Luzac, 1940.

로베르투스, 교황 우르바노 2세 연설 (1095); Munro, Dana C. "Urban and the Crusaders." *Translations and Reprints from the Original Sources of European History* 1/2. Philadelphia: University of Pennsylvania, 1895: 5-8.

뤼브룩, 몽골 기행; Jackson, Peter. *The Mission of Friar William of Rubruck: His Journey to the Court of the Great Khan Möngke, 1253-1255*.

London: Routledge, 2017.

마르코 폴로, 세계 이야기[동방견문록]; Kinoshita, Sharon. *Marco Polo: The Description of the World*. Indianapolis: Hackett Publishing, 2016.

마리 총대주교 열전; Gismondi, Henricus. *Maris Amri et Salibae de patriarchis nestorianorum commentaria. Maris textus versio latina*. Rome: De Luigi, 1899.

바르하벳샤바 동방 교회사; Becker, Adam H. *Sources for the History of the School of Nisibis*. TTH 50. Liverpool University Press, 2008: 47-85.

바바이(대수도원장), 수도사 기와르기스의 생애; Bedjan, P. *Histoire de Mar-Jabalaha, de trois autres patriarches, d'un prêtre et deux laïques, nestoriens*. Paris: O. Harrassowitz, 1895.

바히브라야 동방 교회사; Lamy, Thomas J. and Jean B. Abbeloos. *Chronicon ecclesiasticum*. Lovanii: Peeters, 1872-1877.

바히브라야 연대기; Budge, E. A. Wallis. *The Chronography of Gregory Abû'l-Faraj 1225-1286, the Son of Aaron, the Hebrew Physician Commonly Known as Bar Hebraeus, Being the First Part of His Political History of the World*. Oxford: Oxford University Press, 1932.

보르도 성지 순례기; Wilkinson, John. *Egeria's Travels to the Holy Land*. Warminster: Aris & Phillips, 1999.

시므온[벳 아르샴 주교] 서신; Becker, Adam H. *Sources for the History of the School of Nisibis*. TTH 50. Liverpool University Press, 2008: 25-39.

시이르트 동방 교회사; Scher, Addai. *Histoire nestorienne (Chronique de Séert)*, PO 4 (1.1); PO 5 (1.2); PO 7 (2.1); PO 13 (2.2). Paris: Firmin-Didot et Cie, 1903-1919.

아브디쇼, 동방 교회 법령집; Badger, George P. *The Nestorians and Their Rituals* [Nomocanon]. London: J. Masters, 1852.

―――, 그리스도교 신앙의 보석[마르가니타]; Badger, George P. *The Nestorians and Their Rituals*. London: J. Masters, 1852.

아나스타시오스 설교; Pusey, P. E. & E. B. "Preface", *Cyril of Alexandria: Five Tomes against Nestorius*. Oxford: J. Parker and Rivingtons, 1881: i-cv.

아리스토텔레스, 정치학; Rackham, Harris. *Politics*. LCL 264. Cambridge: Harvard University Press, 2005.

아타나시오스, 수도사 안토니오스의 생애; Schaff, Philip and Henry Wace. *St. Athanasius: Select Works and Letters*. NPNF (2) 14. Grand Rapids: Eerdmans, 1987.

아프라핫 논증; Valavanolickal, Kuriakose A. *Aphrahat Demonstrations* I. ME 23. Kerala, India: St. Ephrem Ecumenical Research Institute, 2005.

알렉산드로스 야사; Armstrong, Edward C., Alfred Foulet, and Bateman Edwards. *The Medieval French "Roman d'Alexandre."* Princeton: Princeton University Press, 1937.

암루 총대주교 열전; Gismondi, Henricus. *Maris, Amri et Salibae de patriarchis nestorianorum commentaria. Amri et Salibae textus versio latina*. Rome: De Luigi, 1897.

야곱[스루가야 주교] 서신; Becker, Adam H. *Fear of God and the Beginning of Wisdom: The School of Nisibis and Christian Scholastic Culture in Late Antique Mesopotamia*. Philadelphia: University of Pennsylvania Press, 2006.

오리게네스, 켈수스를 논박함; Koetschau, Paul. *Origenes Werke 1: Gegen Celsus [Contra Celsum]*. GCS 1 & 2. Leipzig: Hinrichs, 1899.

―――, 요한복음 주석; Preuschen, E. *Origenes Werke 4: Der Johanneskommentar*. GCS 10. Leipzig: J.C. Hinrichs, 1903.

요한 몬테코르비노 서신(1305); Moule, A. C. *Christians in China Before the Year 1550*. Mansfield Centre: Martino Publishing, 2011: 171-176.

우르바노 2세(교황), 플랑드르 귀족들에게 보내는 서신(1095); Krey, August. C. *The First Crusade: The Accounts of Eyewitnesses and Participants*. Princeton: Princeton University Press, 1921: 42-43.

유서프 발라사구니, 영광스런 통치 지혜; Dankoff, Robert. *Wisdom of Royal Glory (kutadgu Bilig): A Turko-Islamic Mirror for Princes*. Chicago: University of Chicago Press, 1983.

이그나티오스, 스미르나 교회 서신; Roberts, Alexander and James Donaldson. *The Apostolic Fathers with Justin Martyr and Irenaeus*. ANF 1. Grand Rapids: Eerdmans, 1979.

이쇼드나, 순결의 법칙; Chabot, J. B. *Le livre de la chasteté*. Rome: Ecole française de Rome, 1896.

에게리아 성지 순례기; Wilkinson, John. *Egeria's Travels to the Holy Land*. Warminster: Aris & Phillips, 1999.

에우세비오스[유세비우스], 교회사; Schwartz, Eduard and Theodor E. Mommsen. Die *Kirchengeschichte*. GCS 9/1 & 9/2. Leipzig: J.C. Hinrichs, 1903-1908.

──────, 복음 논증; Heikel, Ivar A. *Die Demonstratio Evangelica*. GCS 23. Leipzig: Hinrichs, 1913.

──────, 콘스탄티누스 황제의 생애; Heikel, Ivar A. *Über das Leben Constantins: Constantins Rede an die Heilige Versammlung*. GCS 7/1. Leipzig: Hinrichs, 1902.

에프렘, 이단 반박 찬가; Beck, Edmund. *Des Heiligen Ephraem des Syrers Hymnen contra Haereses*. CSCO 169. Louvain: L. Durbecq, 1957.

아퀴나스, 군주통치론; Dyson, R. W. *St Thomas Aquinas: Political Writings* [*De regno ad regem Cypri*]. Cambridge: Cambridge University Press, 2002.

토마, 수도사 교부 열전; Budge, Ernest A. W. *The Book of Governors: The Historia Monastica of Thomas Bishop of Margâ, A.d. 840*. 1 [Syriac]; 2 [English]. London: Kegan Paul, Trench, Trübner, 1893.

티마테오스 총대주교 서신 no. 41, 47; Labourt, Jerome. *De Timotheo I: Nestorianum Patriarcha (728-823) et Christianorum orientalium condicione sub Chaliphis Abbasidis*. Paris: Victor Lecoffre, 1904.

────── no. 13, 17; Braun, Oskar. *Timothei patriarchae I epistulae, I*.

CSCO 74 [Syriac]/[French]. Paris: J. Gabalda, 1914.

────── no. 40; Cheikho, Hanna P. J. *Dialectique du langage sur Dieu de Timothée I (728-823) à Serge.* Rome: Institutum Studiorum Orientalium, 1983; *Dialectique du langage sur Dieu: Lettre de Timothée I (728–823) à Serge. Étude, traduction et édition critique.* Ph.D. dissertation, Rome: Pontificia Studiorum Universitas, 1983.

────── no. 54; Hurst, Thomas R. *The Syriac Letters of Timothy I (727-823): A Study in Christian-Muslim Controversy.* Ph.D. Dissertation. Washington, DC.: Catholic University of America, 1986.

테오도레토스, 시리아 수도사 열전; Gutberlet, Constantin. *Bibliothek der Kirchenväter* 1/50. München: Kösel & Pustet, 1926.

파울리누스, 마카리우스 서신; Walsh, Patrick G. *Letters of St. Paulinus of Nola*, Vol. 2. ACW 36. New York: Newman Press, 1967.

필론, 플라쿠스 황제 반박; Colson, F. H. *Against Flaccus.* LCL 363. Cambridge, MA: Harvard University Press, 1941: 302-406.

────── , 가이우스 황제에게 보내는 공문; Colson, F. H. *On the Embassy to Gaius* [*Legatio ad Gaium*]. LCL 379. Cambridge, MA: Harvard University Press, 1962.

플리니우스 소자(小者), 트라야누스 서신; Radice, Betty. *Letters, and Panegyricus.* LCL 55. Cambridge: Harvard University Press, 2000.

히에로니무스[제롬], 마태복음 주석; Migne, Jacques P. *Sancti Eusebii Hieronymi Stridonensis presbyteri opera omnia.* PL 26. Paris: Apud Garnier fratre, 1845.

────── , 수도사 힐라리온의 생애; Migne, Jacques P. *Sancti Eusebii Hieronymi Stridonensis presbyteri opera omnia.* PL 23/2. Paris: Apud Garnier fratre, 1883.

────── , 마르셀라 서신; Hilberg, Isidorus. *Epistulae 1-70.* CSEL 54. Vindobonae: F. Tempsky, 1910.

후게버르크, 수도사 빌리발트 순례기; Holder-Egger, Oswald. *Hodoeporicon Willibaldinum.* MGH 15. Hannoverae: Impensis Bibliopolii

Hahniani, 1887: 80-117.

콘스탄티노폴리스 공의회(381년) 교령; Schaff, Philip and Henry Wace. *The Seven Ecumenical Councils*. NPNF (2) 14. Grand Rapids: Eerdmans, 1979.

키릴로스[스키토폴리스 출신 수도사], 팔레스티나 수도사 열전; Price, Richard. *Lives of the Monks of Palestine*. CSS 114. Athens, Ohio: Cistercian Publications, 2008.

키릴로스[예루살렘 주교], 예비신자 학습; Migne, Jacques P. *Patrologiae cursus completus: Cyrilli, archiepiscopi Hierosolymitani*. PL 33. Paris: Apud Garnier fratre, 1886.

Assemani, Giuseppe S. *Bibliotheca orientalis* 3/2. Rome: Typis Sacrae Congregationis de Propaganda Fide, 1728.

Chabot, J. B. *Chronicon anonymi auctoris ad annum Christi 1234 pertinens*. Vol. 2. CSCO 82. Parisiis: J. Gabalda, 1916.

Delorme, Ferdinand M., and Aloysius L. Tăutu. *Acta Romanorum Pontificum ab Innocentio V ad Benedictum XI (1276-1304): e regestis Vaticanis aliisque fontibus collegerunt*. Città del Vaticano: Typis Polyglottis Vaticanis, 1954.

Ibn al-Nadīm, Muḥammad ibn Isḥāq. *Kitâb al-Fihrist* (MS. arabe 4458); Moule, A. C. *Christians in China Before the Year 1550*. Mansfield Centre: Martino Publishing, 2011.

Johannes Rufus, and François Nau. *Plérophories*. PO 8. Paris: Firmin-Didot, 1912: 11-183.

Mai, Angelo. *Scriptorum veterum nova collectio e Vaticani codicibus* 10. Rome: Typis Vaticanis, 1838.

Mostaert, Antoine, Francis W. Clasvs, and Philippe LeBel. *Les lettres de 1289 et 1305 des ilkhan Ar un et Öljeitü à Philippe le Bel*. Cambridge: Harvard University, 1962.

《그리스도교 동유기》 2차 참고 문헌

김호동.《동방 기독교와 동서문명》. 서울: 까치, 2002.

———. "이사 켈레메치(1227-1308)의 생애와 활동."〈중앙아시아연구〉
　　11(2006): 75-114.

서원모. "역사신학적 관점에서 본 기독교와 이슬람: 초기 압바스 시대 기
　　독교인의 대응을 중심으로." *Muslim-Christian Encounter*. 6-1 (2013):
　　7-47.

———. "아시아교회사의 첫 장으로서 시리아 교회: 역사 서술의 쟁점."
　　〈장신논단〉 46.4(2014): 89-116.

이장식.《아시아 고대 기독교사》. 서울: 기독교문사, 1990.

이재화. "동방 경교와 서방 시리아 고대교회: 망각과 투쟁의 역사, 랍반
　　바르 사우마의 생애를 중심으로." *Muslim-Christian Encounter*. 10-2
　　(2017): 147-183.

정수일. "라빤 바사우마(Rabban Bar Sauma)의 서아시아 및 서유럽 사행."
　　《실크로드 사전》. 서울: 창비, 2013.

Amitai-Preiss, Reuven. *Mongols and Mamluks: The Mamluk-Īlkhānid War,
　　1260-1281*. Cambridge: Cambridge University Press, 2010.

Angold, Michael. *The Cambridge History of Christianity: Easern Christi-
　　anity*. Vol. 5. Cambridge: Cambridge University Press, 2008.

Asbridge, *Thomas S. The First Crusade: A New History*. Oxford: Oxford
　　University Press, 2005.

Ashtor, Eliyahu. *Levant Trade in the Later Middle Ages*. Princeton: Prince-
　　ton University Press, 2014.

Asmussen, Jes P. *Xuāstvānīft: Studies in Manichaeism*. Copenhagen: Pros-
　　tant apud Munksgaard, 1965.

Bar, Doron. "Rural Monasticism as a Key Element in the Christianization
　　of Byzantine Palestine." *Harvard Theological Review* 98.1 (2005):
　　49-65.

Bartol'd, V. Vladimirovič, and Rudolf Stübe. *Zur Geschichte des Christen-*

tums in Mittel-Asien bis zur mongolischen Eroberung. Tübingen: J.C.B. Mohr, 1901.

Bartlett, Robert. *The Making of Europe: Conquest, Colonization and Cultural Change 950-1350*. London: Penguin, 2003.

Baum, Wilhelm, and Dietmar W. Winkler. *The Church of the East: A Concise History*. London: Routledge, 2010.

Baumer, Christoph. *The Church of the East: An Illustrated History of Assyrian Christianity* [E-book]. London: I.B. Tauris & Bloomsbury Publishing PLC, 2019.

Bell, Gertrude L. *Churches and Monasteries of the Tûr'abdin and Neighboring Districts*. Heidelberg: Winter, 1913.

Boyle, John A. *The Cambridge History of Iran: The Saljuq and Mongol Periods*. Vol. 5. Cambridge: Cambridge University Press, 1968.

Brock, Sebastian P. "Two Letters of the Patriarch Timothy from the Late eighth Century on Translations from Greek." *Arabic Sciences and Philosophy* 9 (1999): 233-246.

———. "Poetry and hymnography (3): Syriac." *The Oxford Handbook of Early Christian Studies*. Oxford: Oxford University Press, 2011: 657-671.

———. *An Introduction to Syriac Studies*. Piscataway: Gorgias Press, 2017.

———. "Beth ʿAbe, Monastery of." *Gorgias Encyclopedic Dictionary of the Syriac Heritage: Electronic Edition*. Gorgias Press, 2011; online ed. Beth Mardutho, 2018. https://gedsh.bethmardutho.org/Beth-Abe-Monastery-of.

Brock, Sebastian P, Riccardo Grassetti, and Witold Witakowski. *The Hidden Pearl: The Syrian Orthodox Church and Its Ancient Aramaic Heritage*. Vol. 2. Piscataway: Gorgias Press, 2002.

Bumazhnov, Dimitrij F. "Qyāmā before Aphrahat: The Development of the Idea of Covenant in Some Early Syriac Documents." *Syrien im 1. -*

7. Jahrhundert nach Christus. Akten der 1. Tübinger Tagung zum Christlichen Orient (15. - 16. Juni 2007). STAC 62. Tübingen: Mohr Siebeck, 2011: 65-81.

Cowdrey, H. E. J. *The Cluniacs and the Gregorian Reform.* Oxford: Clarendon Press, 1970.

Cutler, Anthony. "Gifts and Gift Exchange as Aspects of the Byzantine, Arab, and Related Economics." *Dumbarton Oaks Papers* 55 (2001): 247-278.

Dauvillier, Jean. "Les provinces chaldéennes 'de l'extérieur' au moyen âge." *Mélanges offerts au R. P. Ferdinand Cavallera.* Toulouse: Bibliothèque de l'Institut Catholique, 1948: 260-316.

Dawson, Christopher. *Mission to Asia.* Toronto: University of Toronto Press, 2008.

Dickens, Mark. "Syriac Gravestones in the Tashkent History Museum." *Hidden Treasures and Intercultural Encounters.* OPO 1. Wien: LIT, 2009: 13-49.

―――. "Patriarch Timothy I and the Metropolitan of the Turks." *Journal of the Royal Asiatic Society of Great Britain & Ireland.* 20.2 (2010): 117-139.

―――. "The Importance of the Psalter at Turfan." *From the Oxus River to the Chinese Shores.* OPO 5. Zürich: LIT, 2013: 357-380.

Dillemann, Louis. *Haute Mésopotamie orientale et pays adjacents: contribution a la géographie historique de la région, du Ve s. avant l'ére chrétienneau VIe s. de cette ére.* Paris: Geuthner, 1962.

Duby, Georges, Arthur Goldhammer, and Thomas N. Bisson. *The Three Orders: Feudal Society Imagined.* Chicago: The University of Chicago Press, 1982.

Fiey, Jean M. "Aonès, Awun et Awgin." *Analecta Bollandiana* 80 (1962): 52-81.

―――. "Iconographie syriaque, Hulagu, Doquz Khatun et six ambons?"

Le Muséon 88 (1975): 59-64.

————. *Communautés syriaques en Iran et Irak des origines à 1552*. London: Variorum Reprints, 1979.

Filoni, Fernando, and Edward Condon. *Church in Iraq*. Washington D.C.: Catholic University of Ameirca Press, 2017.

Gero, Stephen. *Barsauma of Nisibis and Persian Christianity in the Fifth Century*. CSCO 426. Louvain: Peeters, 1981.

Gillman, Ian, and Hans-Joachim Klimkeit. *Christians in Asia Before 1500*. Ann Arbor: University of Michigan Press, 1999.

Goodman, Martin. "Trajan and the Origins of Roman Hostility to the Jews." *Past & Present* 182 (2004): 3-29

————. *Judaism in the Roman World: Collected Essays*. Leiden: Brill, 2007.

Grabar, Oleg, and Muḥammad al-Asʿad. *The Shape of the Holy: Early Islamic Jerusalem*. Princeton: Princeton University Press, 1996.

Griffith, Sidney. "The Gospel in Arabic: The Gospel in Arabic: An Inquiry into its Appearance in the First Abbasid Century." *Oriens Christiannus* 69 (1986): 126-167.

————. "Asceticism in the Church of Syria: The Hermeneutics of Early Syrian Monasticism." *Asceticism*. New York: Oxford University Press, 1995: 220-245.

————. *Church in the Shadow of the Mosque: Christians and Muslims in the World of Islam*. Princeton: Princeton University Press, 2012.

Grousset, René. *The Empire of the Steppes: A History of Central Asia*. New Brunswick: Rutgers University Press, 2010.

Guggenheimer, Heinrich W. "Introductions." *The Jerusalem Talmud: First Order Zeraïm; Tractate Berakhot*. Berlin: Walter de Gruyter, 2000: 1-38.

Gutas, Dimitri. *Greek Thought, Arabic Culture: The Graeco-Arabic Translation*. London: Routledge, 1998.

Hage, Wolfgang. *Syriac Christianity in the East: Lectures Given at the St.*

Ephrem Ecumenical Research Institute, Kottayam in March 1997. Kotta-yam: St. Ephrem Ecumenical Research Inst, 1997.

Hamilton, John. "Le texte turc en caractères syriaques du grand sceau cru-ciforme de Mar Yahballaha III." *Journal Asiatique* 260 (1972): 155-170.

Hirschfeld, Yizhar. *Judean Desert Monasteries in the Byzantine Period.* New Haven: Yale University Press, 1992.

Hitti, Philip K. *History of the Arabs: From the Earliest Times to the Present.* Basingstoke: Palgrave Macmillan, 2002.

Hunter, Erica C. D. "The Conversion of the Kerait to Christianity in A.D. 1007." *Zentralasiatische Studien* 22 (1989/1991): 142-163.

Hurst, Thomas R. *The Syriac Letters of Timothy I (727-823): A Study in Christian-Muslim Controversy.* Ph.D. Dissertation. Washington, DC.: Catholic University of America, 1986.

Jackson, Peter. "The Crisis in the Holy Land in 1260." *The English Histori-cal Review* 95 (1980): 481-513.

―――. "Abaqa Khan." *Encyclopædia Iranica*, I/1. London: Routledge & Kegan Paul, 1983: 61-63.

―――. "Arḡūn Khan." *Encyclopædia Iranica*, II/4. London: Routledge & Kegan Paul, 1986: 402-404.

―――. *The Mongols and the West, 1221-1405.* Harlow: Pearson Longman, 2005.

Jenkins, Philip. *Jesus Wars: How Four Patriarchs, Three Queens, and Two Emperors Decided What Christians Would Believe for the Next 1,500 Years.* New York: HarperOne, 2011.

Jullien, Florence. "Aux sources du monachisme oriental. Abraham de Kashkar et le développement de la légende de Mar Awgin." *Revue de l'histoire des religions* 225 (2008): 37-52.

Kinoshita, Sharon. "Marco Polo's Le Devisement dou monde and the Trib-utary East." *Marco Polo and the Encounter of East and West.* Toronto:

University of Toronto Press, 2008: 60-86.

Klein, Wolfgang W. *Das nestorianische Christentum an den Handelswegen durch Kyrgystan bis zum 14. Jh.* Turnhout: Brepols, 2000.

Koltun-Fromm, Naomi. "Yokes of the Holy-Ones: The Embodiment of a Christian Vocation." *Harvard Theological Review* 94 (2001): 205-218.

Kominko, Maja. "Constantine's Eastern Looks: The Elevation of the Cross in a Medieval Syriac Lectionary." *Series Byzantina* 8 (2010): 177-194.

Laurent, M. H. "Rabban Saumâ, ambassadeur de l'Il-Khan Argoun, et la cathédrale de Veroli." *Mélanges d'archéologie et d'histoire* 70 (1958): 331-365.

Loosley, Emma. *The Architecture and Liturgy of the Bema in Fourth-to Sixth-Century Syrian Churches.* Ph.D. Dissertation. London: University of London, 2001.

MacCulloch, Diarmaid. *Reformation: A History.* New York: Penguin Books, 2005.

────. *Christianity: The First Three Thousand Years.* New York: Penguin Books, 2014.

Maclean, Arthur J, Edward C. Ratcliff, and G H. Box. *East Syrian Daily Offices.* London: Rivington, 1894.

Malech, George D. *History of the Syrian Nation and the Old Evangelical-Apostolic Church of the East.* Piscataway: Gorgias Press, 2006.

McVey, Kathleen. "The Memra of Narsai on the Three Nestorian Doctors as an Example of Forensic Rhetoric." *Orientalia Christiana Analecta* 221 (1983): 87-96.

Meyvaert, Paul. "An Unknown Letter of Hulagu, Il-Khan of Persia, to King Louis IX of France." *Viator* 11 (1980): 245-259.

Moffett, Samuel H. *A History of Christianity in Asia.* Vol. 1. Maryknoll: Orbis Books, 1998.

Morgan, David. *The Mongols.* Malden: Blackwell, 2008.

Morris, Colin. *The Sepulchre of Christ and the Medieval West: From the Be-*

*ginning to 1600. Oxfo*rd: Oxford University Press, 2005.

O'Connor, J. Murphy. *The Holy Land: An Oxford Archaeological Guide from Earliest Times to 1700*. Oxford: Oxford University Press, 2008.

Ollrog, Wolf-Henning. *Paulus und seine Mitarbeiter: Untersuchungen zu Theorie und Praxis der paulinischen Mission*. Neukirchen-Vluyn: Neukirchener Verlag, 1979.

Paolillo, Maurizio. "White Tatars: The Problem of the Origin of the Ongut Conversion to Jingiao and the Uighur Connection." *From the Oxus River to the Chinese Shores*. OPO 5. Zürich: LIT, 2013: 237-254.

Pelikan, Jaroslav. *Christianity and Classical Culture: The Metamorphosis of Natural Theology in the Christian Encounter with Hellenism*. New Haven: Yale University Press, 1993.

Pelliot, Paul. *Recherches sur les chrétiens d'Asie centrale et d'Extrême-Orient* 1. Paris: Imprimerie Nationale, 1973.

Phan, Peter C. *Christianities in Asia*. Oxford: Wiley-Blackwell, 2011.

Platt, Andrew. "Changing Mission at Home and Abroad." *Winds of Jingjiao: Studies on Syriac Christianity in China and Central Asia*. OPO 9. Zürich: LIT, 2016: 161-182.

Rachewiltz, Igor de. *Papal Envoys to the Great Khans*. London: Faber and Faber Ltd, 1971.

Richard, Jean. "Le début des relations entre la Papauté et les Mongols de Perse." *Journal Asiatique* 237 (1949): 291-297.

―――. *The Crusades, C.1071-C.1291*. Cambridge: Cambridge University Press, 1999.

Rossabi, Morris. *Voyager from Xanadu: Rabban Sauma and the First Journey from China to the West*. Berkeley: University of California Press, 2010.

Smine, Rima. "Reconciling Ornament: Codicology and Colophon in. Syriac Lectionaries British Library Add. 7170 and. Vatican Syr. 559." *Journal of the Canadian Society for Syriac Studies* 13 (2013): 77-87.

Smith, Jonathan Z. *Map Is Not Territory: Studies in the History of Religions*.

Chicago: University of Chicago Press, 1993.

Starr, S. Frederick. *Lost Enlightenment: Central Asia's Golden Age from the Arab Conquest to Tamerlane*. Princeton: Princeton University Press, 2015.

Stewart, Columba. "Rethinking the History of Monasticism East and West." *Prayer and Thought in Monastic Tradition*. London: T&T Clark, 2014: 3-16.

Theißen, Gerd. "Wanderradicalismus: Literatursoziologische Aspekte der Überlieferung von Worten Jesu im Urchristentum." *Zeitschrift für Theologie und Kirche* 70.3 (1973): 245-271.

Vailhé, R.P.S. "Répertoire alphabétique des monastères de Palestine." *Revue de l'orient chrétien* 5 (1900): 19-48, 272-292.

Vaissière, Etienne de La. *Chrétiens en route vers Pékin: la mission vers l'Asie VIe-XIIIe siècle*. Paris: Bayard, 2008

Vaziri, Mostafa. "Buddhism during the Mongol Period in Iran." *Buddhism in Iran: An Anthropological Approach to Traces and Influences*. New York: Palgrave Macmillan, 2012: 111-131.

Vööbus, Arthur. *A Letter of Ephrem to the Mountaineers: A Literary-Critical Contribution to Syriac Literature*. Contributions of the Baltic University 25. Pinneberg: Baltische Universität, 1947.

―――. *History of the School of Nisibis*. Louvain: Secrétariat du CSCO, 1965.

Walker, Peter. *Holy City, Holy Places?: Christian Attitudes to Jerusalem and the Holy Land in the Fourth Century*. Oxford: Clarendon Press, 1990.

Wigram, William A. *An Introduction to the History of the Assyrian Church: The Church of the Sassanid Persian Empire, 100-640 A.D.* London: Society for promoting Christian knowledge, 1910.

Wilken, Robert L. *The Christians As the Romans Saw Them*. New Haven: Yale University Press, 1984.

―――. *The Land Called Holy: Palestine in Christian History and Thought*.

New Haven: Yale University Press, 1992.

Wilmshurst, David. *The Ecclesiastical Organisation of the Church of the East: 1318-1913*. Leuven: Peeters, 2000.

―――. "Beth Sinaye: A Typical East Syrian Ecclesiastical Province?" *Winds of Jingjiao: Studies on Syriac Christianity in China and Central Asia*. OPO 9. Zürich: LIT, 2016: 253-266.

―――. "The Church of the East in the 'Abbasid Era'." *The Syriac World*. London: Routledge, 2019.

Wilkinson, Robert J. *Orientalism, Aramaic and Kabbalah in the Catholic Reformation: The First Printing of the Syriac New Testament*. Leiden: Brill, 2007.

Workman, Herbert B. *The Evolution of the Monastic Ideal: From the Earliest Times Down to the Coming of the Friars*. Boston: Beacon Press, 1962.

Yule, Henry. "Introductory Notices." *The Book of Ser Marco Polo, the Venetian: Concerning the Kingdoms and Marvels of the East*. Cambridge University Press, 2010 [reprint]: xxxi-clxi.